Eva Des l

The summer

EVA DES LAURIERS

THE SUMMER WE KISSED

Roman

Aus dem amerikanischen Englisch
von Catrin Frischer

dtv

In diesem Buch begegnen wir der Figur Leti, einer nicht-binären Person mit den selbst gewählten Pronomen they/them/their. Diese Pronomen wurden verwendet, da die deutsche Sprache sich noch nicht einheitlich auf Pronomen für nicht-binäre Personen geeinigt hat. Wir haben uns daher entschieden, der Figur ihre Pronomen zu lassen, die im englischen Original verwendet werden.

MIX
Papier | Fördert gute Waldnutzung
FSC® C083411

Deutsche Erstausgabe

Titel der amerikanischen Originalausgabe: ›I Wish You Would‹,
2024 erschienen bei Henry Holt and Company,
einem Imprint von Macmillan Publishing Group, LLC
Published by arrangement with Rights People, London

Tumblingerstraße 21, 80337 München
produktsicherheit@dtv.de

Innenmotive: Freepik.com, upklyak/Freepik.com
Lektorat: Katharina Herzberger
Umschlaggestaltung: zero-media.net, München
Umschlagmotive: FinePic®, München, unter Verwendung von Midjourney
Gesetzt aus der Le Monde Livre
Satz: Fotosatz Amann, Memmingen
Druck und Bindung: CPI books GmbH, Leck
Printed in Germany · ISBN 978-3-423-74121-7

Für Justin,
dessen Liebe alle Liebe übertrifft

1

Natalia

Nach dem Prom-Ball, 2:08 Uhr

Mir fallen so ungefähr neunzehn Gründe ein, gerade jetzt nicht mit Ethan in sein Zimmer zu gehen.

Eins: das Leichtathletiktraining morgen früh. Zwei: die Abschlusslerngruppe danach. Drei: die ganze Sache mit dem »diese Gefühle um jeden Preis vermeiden«.

Doch dann sehe ich sein typisch verhaltenes Lächeln und er sagt mit einer Stimme, die durch die späte Stunde ganz rau geworden ist: »Lautsprecherduell?«, und die Gründe verpuffen.

Da um uns herum alle in eine Art Prom-Trance gefallen sind, wäre es wirklich das Cleverste, auch schlafen zu gehen.

Ich grinse und gehe nach ihm die Treppe hoch.

Als ich seine Tür hinter mir schließe, sind wir endlich nur noch zu zweit. So ist es mir am liebsten.

Na ja, früher jedenfalls.

Ich schaue mich um. Hat sich irgendwas verändert in den Monaten, in denen ich es vermieden habe herzukommen? Nichts Krasses. Wie üblich ist es aufgeräumt, aber bewohnt. Die himmelblauen Wände sind mir so vertraut wie meine eigenen. Bücher stapeln sich vor dem Bett. Allerlei Gerät und Geschirr auf dem riesigen Schreibtisch. Mein Blick streift das gerahmte Foto, das ich ihm letztes Jahr geschenkt habe. Von uns beiden am Strand, wir lachen, die Augen zugekniffen, die Schultern aneinandergedrückt, die Haare wild im Wind. Das ganze Zimmer ist irgendwie gemütlich und beruhigend und tröstlich. Genau wie Ethan selbst.

»Da«, sagt er und wirft mir einen seiner Pullis zu.

Ich unterdrücke ein Lächeln. Ich musste nicht mal drum bitten.

»Hoffen wir mal, dass er sauber ist«, murmele ich.

Er verdreht die Augen und streckt sich auf seinem riesigen Bett aus, um Musik auszusuchen. Nichts als Gliedmaßen, Größe und glatte Muskeln, geformt auf dem Basketballfeld.

Ich ziehe mir den Pulli – riecht nach ihm – über den Kopf und verstreue dabei ein paar Haarnadeln aus meiner Hochsteckfrisur. Die entkommenen Strähnen fange ich wieder ein.

Als ich mich umdrehe, ist Ethans Blick auf mich gerichtet, als hätte er mich beobachtet. Sofort guckt er wieder auf sein Handy.

Mein billiges schwarzes Ballkleid hatte ich schon früher abgelegt und mich umgezogen. War mir peinlich, wie es da neben Ethans perfekt maßgeschneidertem Anzug hing. Ich hatte mich ja schon lange damit abgefunden, dass mein Kleid nicht mit den Designer-Outfits mithalten konnte, die der Rest der Schule heute Abend tragen würde. Ist nichts Neues für mich. Aber dass ich das Gefühl haben würde, selber Nichts zu sein, das war neu.

Andere Welten.

Die Worte hallen in meinem Kopf nach. Diese Warnung, von der ich Ethan nichts erzählt habe. Vieles habe ich meinem Freund in letzter Zeit nicht erzählt.

Wir machen es uns auf dem Bett bequem wie immer, Seite an Seite, eine Armlänge voneinander entfernt, auf die Ellenbogen gestützt, einander zugewandt. Unsere Körper kennen die Choreografie unserer Freundschaft noch, auch wenn ich es nicht mehr tue.

Ich schnappe mir mein Handy, um meine Wahl fürs Lautsprecherduell zu treffen. So nennen wir unseren Wettstreit darum, sich als Erster mit dem Bluetooth-Lautsprecher zu verbinden. Ist albern, aber typisch Ethan und Natalia – und genau das brauchen wir, um die Spannungen zu lockern, die sich zwischen uns eingenistet haben.

»Lass mich raten, du gehst auf *Sad Girl Indie Album*?«, sagt er.

Mein Daumen scrollt nicht weiter. Genau das hatte ich vor. Aber die Genugtuung gönne ich ihm nicht. »Du musst schon warten, bis ich gewinne.«

Er senkt das Kinn, sodass wir auf Augenhöhe sind. »Du bist so lange nicht hier gewesen, wahrscheinlich erinnert sich der Lautsprecher überhaupt nicht mehr an dich.«

Er zieht mich auf, aber da schwingt was Klitzekleines mit. Vielleicht Schmerz. Mit Sicherheit Verwirrung. Ich weiche dem aus, indem ich mich auf den Bauch wälze und die Knöchel zum Meerjungfrauenschwanz verschränke.

Ethan guckt einmal kurz auf meine Füße, dann sieht er mich wieder an. »Natalia«, sagt er ganz ruhig, »trägst du Schuhe in meinem Bett?«

Ich werfe einen Blick über die Schulter auf meine baumelnden Füße. »Nein? Flipflops zählen nicht.«

»Alles, was Sand in mein Bett schleppt, zählt.« Ethan starrt mich sauer an.

»Man merkt wirklich, dass dein Sternzeichen Jungfrau ist«, sage ich und zappele mit den Füßen, um ihn zu ärgern.

»Sagt der Kontrollfreak«, nuschelt er kopfschüttelnd. Er drückt sich mit einem Arm hoch. Seine großen Hände umfassen meine nackten Fußgelenke mühelos und stoppen das Gezappel. Langsam zieht er mir die Flipflops aus, die mit einem leisen Plopp auf dem dicken Teppich landen. Mein Bauch registriert, wie seine Fingerspitzen ein ganz kleines Stück an meinem Bein entlanggleiten, ehe er loslässt.

»Du kannst so ein Monster sein, wenn keiner guckt.«

Ich lasse die Wimpern klimpern. »Einer meiner besonderen Vorzüge.«

»Das ist mir klar«, sagt er liebevoll.

Er lehnt sich wieder zurück und ich kann nicht umhin, die klaren Konturen seines Kinns und der Wangenknochen zu betrachten. Diese Kurven und Kanten, die ich in- und auswendig kenne. Zum hundertsten Mal juckt es mich in den Fingern, ihn zu zeichnen, und ich balle die Hände zu Fäusten, um den Drang zu unterdrücken.

Ihm ist es zwar extrem peinlich, aber ein Wunder ist es nicht, dass er heute Abend zum Prom-King gewählt worden ist. Und das auch noch als Junior, eine Jahrgangsstufe vor dem Abschluss. Diese tintenschwarzen strubbeligen Haare, diese durchdringenden Augen … Er ist ein dunkler Prinz aus dem Märchenbuch.

Er kneift die Augen zusammen. »Warum guckst du mich so an?«, fragt er neugierig.

»Weiß nicht. Wie denn? Halt die Klappe«, sage ich schnell.

»O…kay.«

Der Lautsprecher gibt ein leises Blubb von sich, Zeichen dafür, dass er jetzt verbunden ist. Wir warten. Als ein Lofi-Beat ertönt, stöhne ich und Ethan grinst hämisch. Vielleicht hat er recht und sein Lautsprecher erinnert sich nicht an mich. Das macht mich trauriger, als es sollte.

»Wusstest du …?«, beginnt er, bricht dann aber ab. »Egal … ist blöd.«

»Das glaube ich nicht«, sage ich.

Ehe die Beliebten auf ihn aufmerksam wurden, hat Ethan sich nie als blöd bezeichnet, und mir sträuben sich die Nackenhaare. Ich mag seine Abschweifungen zu Fakten, Spekulationen und Zitaten. So weiß ich, worüber er gerade nachdenkt. Erwartungsvoll schaue ich ihn an.

»Na gut … Weißt du, woher das Wort Jungfrau ursprünglich stammt?«

»Äh, nein?«, sage ich. Ich klinge bitchy, denn es ist schon schwer genug, diese Gefühle auszublenden, wenn nicht Prom ist und ich mit ihm allein bin. Und jetzt guckt er tieftraurig in den Mondschein und redet von Jungfräulichkeit? Womit kommt er als Nächstes? Mit unserem lächerlichen Pakt aus dem ersten Highschooljahr?

Ethan zerrt an einem losen Faden an seinem T-Shirt. Er wickelt ihn erst um eine Fingerspitze, dann wickelt er ihn wieder ab und windet ihn um die andere.

»Historisch ist der Begriff austauschbar mit Maid, und das ist ja Quatsch, weil dieser Zustand nicht nur auf Mädchen zutrifft.«

Moment mal.

Ich richte mich auf, mit großen Augen. »Ethan Forrester, willst du mir damit sagen, dass du mit jemandem geschlafen hast?«

Er glotzt mich an. »Was? Nein!«

Ärgerlicherweise ist meine Erleichterung offensichtlich. Ich will mir Ethan gar nicht auf diese Weise mit jemandem vorstellen, aber es wäre gelogen zu behaupten, ich hätte noch keine derartigen Spekulationen angestellt. Er ist immer schön gewesen, aber es ist wirklich niemandem entgangen, dass der Schlaksige Ethan zum Heißen Ethan mutiert ist. Und ich bin dagegen auch absolut nicht immun gewesen.

»Du bist also immer noch Jungfrau und jungfräulich?« Soll ein Witz sein.

»Also, das kommt auf die Definition an«, sagt er, ohne mich anzuschauen. »Aber, ja, genau genommen.«

Die Hitze steigt mir den Nacken hoch. »Oh. Das ist … irgendwie sehr genau«, stammele ich. »Wann haben wir denn beschlossen, dass das ein Thema ist, über das wir reden?«

»Du hast doch direkt danach gefragt!«

Mädchen wie du bringen Jungs dazu, schlimme Sachen zu tun. Ob das eine von diesen Sachen ist? Ich muss echt das Thema wechseln.

»Davon mal abgesehen«, Ethan richtet den Blick auf mich, »reden wir doch über alles andere.«

Schuldgefühle prasseln auf mein Brustbein nieder. Nicht alles.

Huch, was mach ich denn? Ich sollte nicht mitten in der Nacht neben Ethan liegen und über unsere Sexleben reden. Oder deren Nichtvorhandensein. In meinem Fall. Aber … ich schaffe es auch nicht, mich von der Stelle zu bewegen. Ich nage an meiner Lippe, jeder Nerv meines Körpers ist in Alarmbereitschaft.

»Also, ich hoffe, du weißt, dass du es mir erzählen kannst … wenn es da mal was mitzuteilen gibt«, sagt er.

Die Stille zwischen uns ist kurz, aber spannungsgeladen. So als würde sich das Meer zurückziehen, kurz bevor die donnernde Welle anrollt.

»Wer sagt denn, dass es da nichts gibt?« Diese Schärfe im Ton kommt eindeutig von meinem Konkurrenzdenken.

Er setzt sich schnell auf, dunkle Locken fallen ihm in die Stirn, er wischt sie mit einer Handbewegung zurück. Seine normalerweise blasse Haut läuft rot an und wir sind uns so nah, dass ich sehen kann, wie seine Halsschlagader schneller pumpt. »Es gibt da was? War es Tanner?«

»Nein«, gestehe ich ein. »Er wollte, aber … Nein.«

Deshalb bin ich am Ende allein zur Prom gegangen, die ich organisiert hatte. Tanner Brown hatte mich in letzter Minute sitzen gelassen, weil ich – und ich zitiere – »es nicht wert war«. Bin mir nicht sicher, ob er damit seine Zeit meinte, die Eintrittskarte für die Prom oder die Tatsache, dass ich mir danach kein Hotelzimmer mit ihm nehmen wollte. Aber wir waren erst drei Wochen zusammen. Ich hatte nicht vor, meine Unschuld an jemanden zu verlieren, der nicht länger gehalten hatte als meine letzte Tankfüllung. Egal wie neugierig ich auf die ganze Sache auch war.

Offensichtlich erleichtert lässt Ethan sich auf das Kissen neben mir fallen. »Gut. Ich versteh nicht, wie du diesen Typen überhaupt daten konntest.«

Ich auch nicht, ehrlich gesagt. Aber niemand sonst hatte mit mir zur Prom gehen wollen und es wäre erbärmlich gewesen, wenn die amtierende Präsidentin ganz allein da auftauchen würde. Und genauso war es auch. Aber wie alle wissen, kann man sich so was ja nicht aussuchen und so weiter.

»Nicht jedem werden so die Türen eingerannt wie dir«, sage ich.

Ethan verdreht die Augen, als würde er überhaupt nicht ständig Textnachrichten checken. Drei verschiedene Mädchen haben gefragt, ob er mit ihnen zur Prom geht. Er hat gesagt, er habe abgelehnt, weil er wusste, dass sie ihn nur wegen seines Vaters gefragt hatten. Möglich ist das, aber ebenso, dass sie ihn mögen. Jetzt mögen ihn alle.

»Das bedeutet doch nicht, dass du dir einfach irgendjemanden aussuchen musst. Tanner ist so ein Vollidiot. Du hast was viel Besseres verdient.«

»Zum Beispiel?«

Ethan stupst mich mit der Schulter an. »Ich wäre mit dir gegangen.«

»Ein Mitleidsdate? Nein, danke«, sage ich und schubse die Gefühle weg, weg, *weg*.

Er runzelt die Stirn ein bisschen. »Im ersten Highschooljahr hättest du Ja gesagt.«

Ich schiebe die Pulliärmel bis über die Ellenbogen, mir wird warm. »Wovon redest du?«

»Erinnerst du dich nicht mehr? An unseren Pakt?«, sagt er und schaut mir endlich in die Augen.

Er hat es wirklich gesagt. Die Leinwand vor meinem inneren Auge flammt in Rosatönen auf. Blühend, sprühend und rosig.

»Ich erinnere mich«, sage ich vorsichtig.

Als ob ich das vergessen könnte. Damals hatten wir uns geschworen, füreinander da zu sein beim ersten Mal, falls wir bis zum Abschlussjahr noch keinen Sex gehabt hätten. Ich wollte meine Unschuld nicht an ein Arschloch verlieren und Ethan hatte derart Panik vor Mädchen, dass er überzeugt war, sonst als Jungfrau sterben zu müssen.

»Aber ich war auch das einzige Mitglied deines Waluigi-Fanclubs. Ich habe nicht gerade die besten Entscheidungen getroffen.« Ich albere weiter herum, um das Kribbeln in meinem Bauch zu dämpfen.

Nachdenklich starrt er vor sich hin. »Wenn du mich nicht in meiner Waluigi-Phase lieben kannst, hast du mich als Prom-King nicht verdient.«

Ich lache und streiche mir eine Haarsträhne hinters Ohr. Sein Blick folgt der Bewegung.

»Ich kann es immer noch nicht fassen. Ich glaub, da hat noch nie einer aus unserem Jahrgang gewonnen.«

Seine Aufmerksamkeit gilt nun wieder der Decke, dicke Brauen ziehen sich zusammen. »Wahrscheinlich war es Betrug.«

»Unverschämtheit. Ich habe die Stimmen höchstpersönlich ausgezählt.« Als hätte ich ihm schlechte Nachrichten beizubringen, sage ich: »Du wirst damit leben müssen, dass du die ironischen Emo-Stimmen abbekommen hast.«

Er lacht, aber ich merke, wie unangenehm ihm die ganze Sache ist. Die einzigen grellen Lichter, die Ethan wirklich mag, sind die seines Gaming-PCs und der Leselampe. Er ist schüchtern und kapiert einfach nicht, warum ihm irgendwer Beachtung schenken sollte, abgesehen davon, dass sein Arschloch-Dad ein ganz kleines bisschen berühmt ist. Er hat nicht die geringste Ahnung, wie cool er selbst ist, so ganz für sich allein.

Ein heftiger Windstoß treibt den würzigen Geruch nach Meer durchs Fenster, ich schließe die Augen und atme tief ein. Warme Fingerspitzen wandern träge meinen Unterarm auf und ab. Keine Ahnung, ob Ethan klar ist, was er da macht, wenn er nachdenkt, aber ich hab's schon immer geliebt. Die Berührung hinterlässt Gänsehaut. Mit einem Seufzen sinke ich tiefer ins Bett.

Eine Weile liegen wir so da, nachdenklich schweigend. Die weiche blaue Tagesdecke ist so gemütlich, Müdigkeit zerrt an mir. Ethan streichelt mir den Arm, meine Augenlider werden immer schwerer.

Ich bin schon fast eingeschlafen, als er sagt: »Natalia, ich glaube, du bist mein Lieblingsmensch.«

Schon sind die Augen wieder offen, unsere Blicke treffen sich.

Wie ich es hasse, dass ich ihn so gern küssen möchte.

Ich kann gar nicht glauben, was ich da sage, aber die Worte fliegen mir trotzdem aus dem Mund: »Und wenn wir es tun? Was wir uns geschworen haben?«

Ethans Hand erstarrt. »Was?«

»Na ja, warum nicht? Wir sind jetzt fast in der Abschlussklasse, wir sind beide Single, wir mögen uns. Du bist kein … na, du weißt schon, grauenvoller Anblick.«

»Danke?«

»Mit irgendeinem x-beliebigen Typen würde ich mich niemals so sicher fühlen wie mit dir.«

Wenn Jungs mich näher kennenlernen, sagen sie alle in etwa das Gleiche: Ich bin zu heftig, ich stresse sie, ich muss mich mal locker machen. Die denken, sie kriegen das Mädchen, das ich vorgebe zu sein. Nett. Selbstbewusst. Glücklich. Keiner will mich so, wie ich in echt bin – dieses Wrack, das ich innen drin bin.

Sitzen gelassen am Abend vor der Prom.

Aber hier ist mein bester Freund und er ... strahlt. Licht scheint durch ihn hindurch und er erschafft Farbe für mich. Er ist ganz er selbst. Lässt mich genau die sein, die *ich* bin. Kein Schutzschild, kein künstliches Lächeln. Ich bin sein Lieblingsmensch. Und er ist meiner.

Seine Miene ist unergründlich. »Du verarschst mich.«

Ich setze mich auf, der Gedanke macht sich selbstständig. »Tu ich nicht. Ich weiß ... irgendwie ist es komisch ...«

»Hm, ja, *irgendwie*«, sagt er, ein Hauch von Röte überzieht sein Gesicht. »Wir sind nur befreundet.«

Ich ignoriere das unerwartete Krampfen im Bauch. »Ich weiß ... Ich mach dir ja auch keinen Heiratsantrag oder so. Es wäre ja nur zum Ausprobieren. Das war doch der Zweck von diesem Pakt, dass wir lernen, wie das ist, mit einer ... Vertrauensperson, oder?«

Ich rede mir ein, dass unsere Freundschaft das überlebt, wenn wir es so machen. Wir kriegen es, was immer *es* auch ist, aus dem System und sind befreundet wie vorher. Keine Gefühle mehr. Dann ist alles wieder in Ordnung. Mit uns ist wieder alles in Ordnung.

»Du hast davon angefangen. Und heute war Prom«, sage ich.

»Moment, du meinst *heute* Nacht? Im Sinne von ... jetzt sofort?« Seine Stimme wird schriller.

Ich zucke mit den Schultern, mein Herz rast. »Nein? Vielleicht? Was meinst du?«

»Hm. Das ist eine, hm, unvorhergesehene Entwicklung der Ereignisse.«

Je nervöser Ethan ist, desto förmlicher wird er. Das lässt mich innehalten. Und bei diesem Innehalten höre ich alles, was ich eben gesagt habe, noch mal aus seiner Perspektive – und jetzt will ich am liebsten sterben.

»Absolut. Vergiss es. Das war die schlechteste Idee aller Zeiten.«

Er kämpft gegen ein Lächeln an. »Nein. Das ist immer noch der Hummertag.«

Ich vergrabe das Gesicht zwischen den Händen. »Oh Gott. Erinnere mich nicht daran.«

»Hey, wenn du nicht gewesen wärst, wüsste ich immer noch nicht genau, wie allergisch ich auf Schalentiere reagiere.«

Als ich über meine Hände hinweg zu ihm rüberschiele, fangen wir beide an zu lachen. Und ich gehe davon aus, dass das seltsame Gespräch damit beendet ist, in dem ein offenbar sexbesessener Dämon in mich gefahren ist, der bereit war, sich mit demselben Typen nackig zu machen, dem ich letzten Sommer einen EpiPen in die Haut rammen musste, nachdem ich ihn zu einem Hummerbrötchenwettessen herausgefordert hatte.

Doch als ich mich zurück in die Kissen lege, fängt Ethan wieder mit diesen Berührungen an. Mein Arm. Dann mein Schlüsselbein, das ist Neuland. Unsere Blicke treffen sich. Und dann gerät einfach alles ins Wanken, als er die Hand um meine Hüfte legt und mich näher an sich zieht. Auf den Ellenbogen gestützt schaut er auf mich runter und mustert mein Gesicht forschend. Die Musik hat aufgehört. Das einzige Geräusch sind unsere Atemzüge, die immer schneller und schneller werden.

»Würdest du … das wirklich machen wollen?«, fragt er.

Da ich nie gern hinterherhinke, ziehe ich mir mit zitternden Händen Pulli samt Unterhemd über den Kopf. Seine Augen werden ganz groß, als er meinen nackten Oberkörper wahrnimmt. Den BH habe ich noch an, trotzdem werde ich rot unter seinen Blicken.

Ich bemühe mich, ganz ruhig zu klingen: »Komm schon. Am Strand haben wir uns schon in weniger gesehen.«

»Das hier ist was anderes«, sagt er.

Ich schlucke. »Ich weiß.« Ich merke das daran, wie sein Blick meine Haut in Flammen aufgehen lässt. »Wenn du nicht willst, ist es okay.«

»Nein, ich …« Seine Stimme versagt, er räuspert sich. »Ich will.«

Dann zieht er mit einer einzigen geschmeidigen Bewegung das Hemd aus und lässt es auf den Boden fallen. Ich hab gedacht, ich könnte damit umgehen, ihn so zu sehen. Aber wenn der Typ, bei dem du dich auf der ganzen Welt am sichersten fühlst, schön ist und seine nackte Haut deine streift, dann brechen offenbar alle Dämme.

»Hast du Kondome?«, frage ich.

Er schluckt, dann nickt er.

Mädchen wie du …

Aber die Warnung geht unter, als er näher heranrückt, den Kopf an meine Schulter legt. Ich spüre heißen Atem am Hals, als er murmelt: »Ich kann gar nicht fassen, dass das hier passiert.«

»Ich kann nicht fassen, dass du redest«, erwidere ich trocken.

Seine Brust bebt vor Lachen und ich lächele in sein Haar. Etwas zögerlich lasse ich die Finger durch die schwarze Pracht gleiten. Ich spüre sein Zittern. Er zieht den Kopf zurück und schaut mich an mit seinen nussbraunen Augen.

»Gott, Natalia«, flüstert er.

Dann schmiegt mein bester Freund sich an mich und küsst mich.

2

Natalia

Senior Sunrise,
zweieinhalb Monate später, 7:07 Uhr

Heute ist der Himmel voller Geheimnisse. Ich hasse Geheimnisse.

Der Küstennebel wabert durch die Zedern, die meine Straße säumen. Viel zu gruselige Vibes für einen Morgen Ende August. Würde ich an Zeichen glauben, könnte man meinen, dass diese ganze Schaueratmosphäre versucht, mir was über den heutigen Tag mitzuteilen. Ist also eine gute Sache, dass ich nicht an so was glaube, denn der Senior Sunrise muss perfekt sein. Er wird perfekt werden.

Auch wenn ich Ethan sehen muss.

Hinter mir quietscht die Haustür. Auf Puschen tapst Mom die Verandatreppe runter, beinahe bleibt sie an dem riesigen Pappplakat hängen, das an meinen Beinen lehnt. Ich schiebe es aus dem Weg, während sie mit einer Wortsalve in Spanisch das Telefongespräch mit einer meiner Tanten beendet. Danach lässt sie sich neben mir nieder, wickelt den rosa Pullover mit der einen Hand fester um sich, in der anderen hält sie einen dampfenden Kaffeebecher. Ihre ausdrucksvollen braunen Augen sind müde und ihre schnurgeraden schwarzen Haare sind das glatte Gegenteil der lockigen Mähne, die ich zum seidig glänzenden Pferdeschwanz hochgebunden trage.

»Immer noch nicht da?«, sagt sie.

»Offensichtlich«, murmele ich.

Ich werfe einen Blick auf die Uhr. In dieser trüben Morgenstimmung warte ich nun schon seit sieben Minuten vor unserem – na ja, nun wohl eher Dads – Haus. Egal was, egal wo, es scheint so, als würde ich immer auf Ethan warten. Wenn ich es mir leisten könnte, mein Auto reparieren zu lassen, wäre ich gar nicht erst von Mitfahrgelegenheiten mit meinem besten Freund abhängig.

Wenn wir denn überhaupt noch beste Freunde sind.

Für mich ist es immer noch unfassbar, dass wir den ganzen Sommer nicht geredet haben. Okay, klar, wir reden im Gruppenchat mit Rainn und Sienna, aber wir achten beide peinlich genau darauf, nie direkt auf irgendwas zu reagieren, was der andere gesagt hat. Mehr als zu wissen, dass der andere noch lebt, bringt das nicht.

Mom seufzt, schwer und unheilschwanger. »Ich wünschte wirklich, du hättest diese Übernachtungsparty nicht geplant. Ausgerechnet heute.«

Irgendwie schaffe ich es, nicht die Augen zu verdrehen. »Das ist keine Verschwörung gegen dich. Das ist der Senior Sunrise.«

Der Senior Sunrise ist eine heilige Tradition der Liberty Prep Schule. Die Abschlussklasse versammelt sich am letzten Ferienwochenende bei Sonnenaufgang, um Ziele und Absichten zu formulieren und das letzte gemeinsame Schuljahr mit den berüchtigten Lion Letters zu beginnen. Mir graut bei dem Gedanken, tatsächlich irgendwas von dem aufzuschreiben, was ich durchgemacht habe.

»Als dein Dad auf der Liberty war, wurde nicht übernachtet.«

Sie hat recht. Normalerweise verbringt man nur ein paar Stunden miteinander. Aber ich habe vorgeschlagen, den Senior Sunrise zu einem Campingausflug über Nacht abzuwandeln, damit es was ganz Besonderes wird. Als Präsidentin der Schülerschaft ist es mein Job, Vorfreude aufs nächste Schuljahr zu wecken, auch wenn ich selber nicht in Stimmung bin.

Mom seufzt, als ich nicht reagiere. »Mija, ich weiß ja, dieser Sommer war nicht der leichteste, aber dein Vater und ich finden …«

Ich schaue wieder in den dunklen Himmel, blende das nun Folgende aus und verziehe mich in meinen Kopf, um im Geiste zu malen.

Ich stelle mir vor, wie das Licht morgen früh den Himmel erobern wird. Die Farben, die es über uns alle sprenkelt. Goldtöne, Pink und – wenn wir Glück haben – Lila. Die Neuanfänge, die der Sonnenaufgang verheißt. So einen könnte ich gerade gut gebrauchen.

»Hörst du zu?« Moms müde Stimme dringt zu mir durch.

»Jaja«, lüge ich.

Wieder seufzt sie. »Das regeln wir schon. Bestimmt.«

Das. Gemeinsam haben meine Eltern entschieden, dass mit diesem Wort meine auseinanderfallende Welt bezeichnet wird. *Das* bedeutet die Scheidung. *Das* bedeutet die unmögliche Wahl, die ich noch vor dem Ende des Wochenendes zu treffen haben. Mom oder Dad.

Wenn ich bei meinem Vater bleibe, habe ich null Chancen, mich weiter mit Kunst zu befassen, weil das »ein abwegiges, prekäres Leben« ist. Wenn ich zu meiner Mutter ziehe, werde ich meine Schule und mein ganzes Leben hier aufgeben. Den Strand, das Amt als Schulpräsidentin, Ethan.

Endlich leuchtet diffuses Scheinwerferlicht durch den Nebel, dann kommt ein Auto ruckartig und schuldbewusst vor meinem Haus zum Stillstand.

Er ist da.

Doch da stimmt was nicht. Ethans Auto ist eine unauffällige Karre mit einem »I NEED SPACE«-Sticker von der NASA auf der einen Seite und einem ausgeblichenen »GOLDEN STATE WARRIORS«-Sticker auf der anderen. Aber dieses Ding – dieses schnittige, schicke Elektroauto, das nur von den reichsten, widerlichsten Typen an unserer Schule gefahren wird – ist das totale Gegenteil von Ethan.

»Sieht ganz so aus, als hätte Roger ihn endlich überzeugt«, sagt Mom.

Mein Magen sackt eine Etage tiefer. Ethans Vater liebt es, mit seinem Reichtum um sich zu schmeißen, als würde auf der Welt nur Geld was bedeuten. Ethan hat das immer abgelehnt. Früher jedenfalls.

Die Fahrertür hebt sich wie ein verdammter Fledermausflügel, Ethan klettert raus und alles spielt sich plötzlich wie in Zeitlupe ab.

Zweieinhalb Monate räumliche Trennung haben nichts dazu beigetragen, das hier leichter zu machen. Irgendein Haarpflegeprodukt hat seinen Lockenschopf ein bisschen gezähmt und der graue Tag lässt seine haselnussbraunen Augen strahlen und betont seine dunklen Brauen. Er trägt eine rostfarbene Jeans hochgekrempelt, sodass die schwarzen Hightop-Chucks zu sehen sind – und einen schlichten schwarzen Hoodie, der sich an seinen schlanken Körper schmiegt.

Ethan ist hier, schön, greifbar und viel zu spät.

Durch den dichten Nebel kommt er zu mir gelaufen, sein fragender Blick quetscht mir das zerbrechliche Herz zusammen.

Wie gern würde ich die Arme um ihn schlingen und seinen Duft einatmen, denn nur so sind die langen Wochen ohne ihn aufzuwiegen. Aber das kann ich nicht. Abgesehen davon haben wir auch keine Zeit dazu.

Ich hebe mein Zelt vom Boden auf und drücke es Ethan in die Arme, der so gar keine Gelegenheit bekommt, was zu sagen. Er grunzt, als ihn das Bündel trifft, und ich stapele noch den Schlafsack obendrauf, damit auch sein makelloses Gesicht verschwindet.

»O…kay«, sagt er hinter dem Berg. Seine Stimme ist immer noch kratzig und rau vom Schlaf.

Ich bin froh, dass er mein Lächeln nicht sehen kann.

Eine schnelle Umarmung für Mom, dann schnappe ich mir das Plakat von der Veranda und laufe die Auffahrt runter zum Auto. Doch ich kriege das verdammte Ding nicht auf, weil kein Griff dran ist. Einen Moment lang starre ich es an. An der Stelle, an der ein Türgriff sein sollte, befindet sich ein schmaler silberner Streifen, aber nichts, was irgendwie einrasten könnte. Ob der meinen Fingerabdruck braucht? Oder eine Haarprobe? Ich bin klug und durchaus in der Lage, eine Tür zu öffnen. Und dennoch …

Als ich aufschaue, beobachtet Ethan mich mit einem belustigten Glitzern in den Augen. Dieser Gesichtsausdruck ist mir so vertraut, ich werde ein bisschen milder.

»Hi«, sage ich. Das purzelt einfach so heraus, dieses Wörtchen, das sich danach sehnt, ihn wieder zu mir zurückzuholen. Und es scheint, als wüsste er das.

»Hi«, erwidert er, sein Mundwinkel hebt sich.

Irgendwas piept und die Beifahrertür schwenkt hoch, so wie seine vorhin. »Endlich …«

Aber ich rede nicht weiter, weil Claire Wilson auf dem Beifahrersitz thront. Auf meinem Platz.

»Hey, Natalia«, sagt sie mit einem kleinen Lächeln.

Mir sträubt sich das Nackenhaar. Als Katze wäre ich total aufgeplustert. Aber ich kleistere mir mein bestes Präsidentinnenlächeln an, um das zu überspielen. Ich habe jede Menge Übung darin vorzugaukeln, dass mit mir alles in bester Ordnung ist. Und offenbar brauche ich diese Fähigkeit auch heute.

»Hey!«

Aber ganz im Ernst, seit wann fahren wir Claire Wilson – mit ihrem taufrischen sommersprossigen Teint und den strahlend blauen Haarsträhnen – irgendwohin? Und dann ausgerechnet zu dem Startschuss-Event für unser Abschlussjahr, das ich den ganzen Sommer lang geplant habe. Nachdem Ethan und ich uns so ungefähr ein Jahrzehnt lang nicht gesehen haben?

»Ethan hat angeboten zu fahren«, sagt Claire, als ob das völlig normal wäre.

Die beiden wohnen gegenüber voneinander in derselben Straße, seit Ethan letztes Jahr nach Cliffport Heights gezogen ist. Das Viertel ist bekannt für riesige Villen und die umwerfende Aussicht aufs Meer. Aber Claire ist nie auf seinem Radar gewesen. Bis jetzt, nehme ich mal an. Dieser Stich in der Rippengegend muss wohl von der Kälte kommen.

»Toll. Je mehr, desto besser!«, sage ich strahlend. »Das erklärt dann wohl, warum ihr zu spät seid.«

»Nee, war meine Schuld«, grummelt jemand vom Rücksitz. »Mein Wecker hat nicht geklingelt.«

Rainn hat sich über die gesamte Rückbank gefläzt, die langen Beine unbequem angewinkelt, die sonnenscheinblonde Mähne total verwuschelt. Er trägt ein T-Shirt mit einem den Mond anheulenden Wolf und Tie-Dye-Jogginghose.

Ich gehe um das Auto herum und setze mich auf den Platz hinter Ethan, mein riesiges Plakat zerre ich mit auf den Rücksitz. Sofort umfängt mich dieser vertraute Ethan-Geruch, kiefernwürzig, berauschend, tröstlich, und ich muss die Augen zukneifen, weil Erinnerungen an die Nacht nach dem Prom-Ball mich einfach überwältigen. Wie er mich gehalten hat, sein heißer Atem an meinem Hals …

Rainn legt die Beine auf meinen Schoß, schon bin ich wieder in der Gegenwart. Normalerweise würde ich sie runterschubsen, aber ich bin dankbar für die Ablenkung und die extra Wärme.

Er zeigt auf das Plakat. »Oh Mann, sind das Bilder aus unserem ersten Jahr an der Highschool?«

Ich nicke. »Um zu zeigen, wie weit wir gekommen sind.«

Drei Abende hab ich gebraucht, bis ich von jedem Senior die Fotos von drei Schuljahren ausgeschnitten und arrangiert hatte. Ich hatte mich sogar auf die Suche nach Fotos der wenigen Mitschüler gemacht, die erst nach dem Freshman-Jahr an die Liberty gekommen waren. Rainn zeigt auf unsere alten Gruppenfotos und lacht. Ich, mit krausen Haaren und Zahnspange. Rainn mit seiner schulterlangen Surfermähne und dem mageren Hals. Sienna mit breitem Grinsen und dicker Brille, bevor sie die neue, elegantere gefunden hatte. Und dann Ethan, der sich die tollen Haare leider abrasiert hatte, weil er nichts mit ihnen anzufangen wusste. Das war kurz bevor die Serie mit seinem Vater angelaufen war.

Obwohl sich danach eine Menge geändert hat – Ethans Haus wurde größer und er bekam immer mehr teure Sachen –, hat er sich nie geändert. Ich möchte immer noch glauben, dass der einzige Unterschied zu damals der ist, dass er mittlerweile weiß, was er mit seinen Haaren machen soll.

Doch wenn wir Claire Wilson in einem intergalaktischen Vehikel mitnehmen, stimmt das ganz offensichtlich nicht.

Ich presse die Hände auf die Lüftungsschlitze und zappele mit den Fingern, um sie aufzuwärmen. Mein Blick fällt auf Rainns albernes Shirt und seine Surferarme, die von Gänsehaut überzogen sind. »Frierst du nicht?«

Ohne die Augen aufzuschlagen, sagt er: »Kälte ist ein mentaler Zustand, Natalia.«

»Und ein temperaturbedingter, aber meinetwegen.«

Ich ziehe den extra Pulli aus meiner Tasche und werfe ihn ihm zu. Er landet auf seiner Brust und Rainn klappt ein Auge auf.

Mit einem dankbaren Grinsen knüllt er ihn zusammen, stopft ihn wie ein Kissen zwischen Kopf und Fenster und rutscht noch tiefer in den Sitz. »Wie du immer an mich denkst.«

Ich schüttele den Kopf und checke mein Handy. Leicht panisch stelle ich fest, dass Sienna auf keine meiner Weck-Nachrichten reagiert hat. »Wenn Sienna noch nicht wach ist, mach ich sie fertig, das schwöre ich.«

Ethan prustet.

»Du bist mies drauf«, nuschelt Rainn.

»Wohl eher hungrig«, sagt Ethan, der mich im Rückspiegel beäugt. Ganz so als hätte er uns beobachtet. Wie bitte? Nachdem er mich zehn Wochen geghostet hat?

Das Knurren im Magen verrät mich und er guckt mich erwartungsvoll an. Ich muss mich losreißen und beobachte, wie hinter uns meine Nachbarschaft mit den kleinen Häusern und Wohnblocks verschwindet, während wir Richtung Strand weiterfahren.

»Ich warte nur mit dem Essen, weil Sienna genau in dieser Minute Donuts und Kaffee besorgt.«

»Garantiert hat sie das Haus noch nicht verlassen«, sagt Rainn, immer noch mit geschlossenen Augen.

»Sag so was nicht. Laut Plan haben wir schon dreizehn Minuten Verspätung. Ich schwöre, wenn Prashant ohne mich mit dem Aufbau anfängt …«

»Machst du ihn fertig?«, schlägt Ethan vor.

Wütend starre ich auf seinen Hinterkopf. Ziemlich schlechte Idee irgendwie, denn meine Fingerspitzen erinnern sich, dass seine Haare an dieser Stelle besonders weich sind und sich im Nacken ein klein wenig kräuseln.

»Prashant ist doch der schlauste Typ im ganzen Jahrgang, warum kann er da nicht aufbauen?«, zwitschert Claire dazwischen.

Ich kräusele die Lippen. Hat sie echt so wenig Ahnung? Prashant mag ja schlau sein. Er mag auch der Vizepräsident des Abschlussjahrgangs und auf der Zielgeraden zum Jahrgangsbesten sein, während er mich in seiner Staubwolke zurücklässt. Dank der verdammten Prüfung in WiSo letztes Jahr. Aber er ist auch clever und hinterlistig und versucht seit drei Jahren, meine Position in der Schülerschaft an sich zu reißen.

Als ob ich das zulassen würde, jetzt, wo ich Präsidentin der gesamten Schülerschaft bin und endlich so viel Einfluss habe, dass ich wirklich was bewirken kann. Besonders für Stipendiaten. Das ist das Einzige, das mich auf den Beinen hält.

»Wer hat die denn eingeladen?«, raunt Rainn mir zu. Ich verstecke mein Lachen hinter einem Husten.

Ethan und ich waren uns zwar immer am nächsten, aber trotzdem sind Rainn und Sienna seit der Achten Teil unserer Freundesgruppe. Sie machen uns lockerer. Normalerweise ist Rainn mehr mit Ethan unterwegs und Sienna mit mir. Aber ohne Ethan haben Rainn und ich in diesem Sommer mehr miteinander unternommen.

Ich reibe die Hände und puste drauf, damit mir wärmer wird. »Kannst du die Heizung hochdrehen? Moment, Ethan, nein, nicht über die Main Street – all die Ampeln –, *ach Mann*!«

Er biegt in die Main Street ein. Nun werden wir an einer endlosen Reihe roter Ampeln hängen bleiben, während wir über die Maple Avenue halb so lange gebraucht hätten. Ich schleudere finstere Blicke in den Rückspiegel.

»Du bist so gestresst. Ich musste es tun.«

Ich haue auf seine Rückenlehne. »Das hast du mit Absicht gemacht? Was stimmt bloß nicht mit dir?«

»Eine ganze Menge.«

»Das ist nicht witzig, Ethan.«

»Ich lach auch nicht.«

Aber er lächelt. Dieses Ganovenlächeln, bei dem mir überall warm wird. »Warum musst du mich unbedingt quälen?«

»Ist mein liebster Zeitvertreib.«

»Ich hasse dich.«

»Du liebst mich.«

Die Luft im Auto knistert. Claire mustert uns komisch. Mit diesem Blick, mit dem jedes Mädchen, das auf Ethan steht, uns irgendwann mustert. Darin sind so viele Fragen enthalten:

Flirten die?

Mögen sie sich?

Ist Natalia Diaz-Price wirklich eine Bedrohung?

Antworten:

Manchmal.

Es ist kompliziert.

Absolut nicht. Die Prom-Nacht ist der Beweis.

»Vor allem weil ich was Leckeres mitgebracht habe«, verkündet Ethan.

Das muntert mich auf. Wir kommen zum nächsten qualvollen Halt. Er greift über Claire hinweg, öffnet das Handschuhfach und bringt eine Handvoll trockener, leicht zerknautschter Müsliriegel zum Vorschein. Lecker ist was anderes.

Ich schenke ihm einen langen Blick. »Da sterbe ich fast an Unterkühlung, während ich auf dich warte, und dann das?«

Ethan schnaubt höhnisch. »Unterkühlung? Bei zwölf Grad?«

»Netter Versuch. Ich halte durch bis zu den Donuts.«

Ethan schüttelt den Kopf. »Weißt du, ich höre hier wenig Dankbarkeit dafür, dass ich deinen faulen Hintern zu einer Schulveranstaltung karre, an der wir gar nicht teilnehmen müssten, und dir was zu essen mitbringe.«

Ich verdrehe die Augen. »Richtigstellung gefällig?« Ich zähle die Punkte an den Fingern ab. »Als Präsidentin der Schülerschaft bin ich verpflichtet, den Senior Sunrise zu organisieren, daran teilzunehmen und aufzubauen. Ich fahre nur nicht selbst, weil mein Auto in der Werkstatt ist – und das da fällt nicht unter Essen«, sage ich mit verächtlichem Blick auf den Haufen plastikverpackter Riegel.

Ethan runzelt die Stirn. »Was ist mit deinem Auto passiert?«

Das ist mir unangenehm. »Stoßstange verbeult. Nichts Schlimmes.«

»Echt? Dir ist nichts passiert?«

Ich hasse es, wie seine Stimme sanfter wird. Also fummele ich an meinen Haarspitzen herum. »Die Unterkühlung war schlimmer.«

Ethan verdreht die Augen, doch ich kann sehen, dass er ein Lächeln unterdrückt.

»Ihr beiden seid so süß«, wirft Claire ein, voller Selbstvertrauen.

»Ja, so was von, oder?«, sagt Rainn und stupst mich mit dem Fuß. Das Auto hält vor der nächsten Ampel.

Claire dreht sich um, damit sie mich anlächeln kann. »Ethan hat mir erzählt, wie nah ihr einander steht.«

Ich zwinge mich zu einem breiteren Lächeln. Sie tut so, als wüsste sie nicht, dass Ethan und ich seit der Mittelstufe beste Freunde sind. So groß ist die Liberty Prep nicht, jeder weiß alles.

Andererseits ist Claire eine von den Beliebten aus der Theatergruppe und fest davon überzeugt, einmal ein Star zu werden. Alles außerhalb ihrer Blase interessiert sie nicht. Schon deswegen ist es unerklärlich, dass sie mit uns in diesem intergalaktischen Vehikel sitzt.

Und noch unerklärlicher ist, dass Ethan in diesem Sommer offenbar mit ihr geredet hat statt mit mir.

Alle unsere Handys geben gleichzeitig ein Ping von sich, das katapultiert mich aus meinem Gedankenkarussell.

»Tja, Sienna ist gerade wach geworden«, verkündet Rainn.

Ethan lacht los. Wie lange ich sein Lachen nicht gehört habe, so laut und donnernd. Alles an ihm ist so … überwältigend. Anders. Sienna hingegen ist genau wie immer. Für eine Person, die komplexe Gleichungen im Kopf lösen kann, ist sie wohl die schusseligste Jahrgangsschatzmeisterin aller Zeiten.

»Oooooah«, stöhne ich.

Ethans Arm taucht vor mir über der Lehne auf, er lässt einen Müsliriegel vor meiner Nase baumeln wie einen Köder. Den schnappe ich mir. Als unsere Hände sich berühren, als meine eiskalten Finger auf seine warmen treffen, drückt er sie – hauchzart, aber spürbar. Irgendeine Art Signal. In Ethan-Sprache, die ich immer noch nicht ganz entschlüsseln kann, obwohl ich schon seit Jahren versuche, fließend darin zu werden. Hi, könnte er damit sagen wollen. Oder: Beruhig dich.

Oder: Ich muss auch ständig an diese Nacht denken.

Wir halten ruckartig vor der nächsten Ampel, Rainns Beine rutschen von meinem Schoß. Er reckt sich, sein Nacken knackt laut, dann schlingt er den langen, ausgestreckten Arm um mich und zieht mich auf diese flirtende Art an sich, die er schon den ganzen Sommer draufhat.

»Das wird so ein gutes Jahr. Ich kann es spüren.«

Ich kuschele mich in Rainns Wärme und Optimismus und erwidere sein Lächeln. Ich hoffe, das trifft auf alle zu, obwohl ich weiß, dass es für mich nicht so sein wird. Egal für welchen Wohnort ich mich letztendlich entscheide. Aber das kann ich nicht sagen, weil keiner davon weiß.

Im Spiegel begegnet mir Ethans Blick wieder.

Ja. Geheimnisse sind scheiße.

3

Ethan

Senior Sunrise, 7:19 Uhr

Cool. Supercool. Aber so was von. Eiskalt. Ich hasse Camping und Zelte aufbauen und auf dem Boden schlafen. Ich bin nur zum Senior Sunrise mitgekommen, weil ich versuchen wollte, diese Sache mit Natalia in Ordnung zu bringen. Und jetzt muss ich wohl davon ausgehen, dass sie und Rainn … was? Aufeinander stehen? Zusammen sind?

Nach allem, was er mir auf der Prom erzählt hat, ist das gut möglich.

Ich meine, die beiden waren nie die Art Freunde, die Körperkontakt haben. Und ich halluziniere ja nicht, er hat seinen Arm *immer noch* um sie gelegt und sie lächelt ihn *immer noch* an. Ich umklammere den Lenker so fest, dass meine Knöchel weiß werden.

Das ist ein Desaster.

Als ich sie vorhin auf der Veranda gesehen habe, hätte ich schwören können, dass in ihren blauen Augen ein Licht angegangen ist, genau wie bei mir. Doch das war offensichtlich Einbildung, denn seitdem hat sie mich kaum angeguckt.

Der Spruch »Manchmal ist es ein wunderbarer Glücksfall, wenn du nicht kriegst, was du dir wünschst« kommt mir in den Kopf. Hat der Dalai Lama das vielleicht gesagt? Egal, hilft mir auch nicht. Mit den Zähnen reiße ich einen Müsliriegel auf und schiebe mir das ganze Ding auf einmal in den Mund, der ranzige Geschmack ist mehr als grenzwertig. Sie hat recht, wie üblich. Die sind eklig.

Ich muss umdrehen, weil ich die Abzweigung zum Campingplatz verpasst habe. Natalias verärgertes Stöhnen vom Rücksitz registriere ich kaum. Warum bitte hat mir keiner was von ihr und Rainn erzählt? Warum hat Natalia mir nichts erzählt?

Ach, stimmt ja, sie hat mich den ganzen Sommer geghostet.

Ich hatte gehofft, der Sommer würde uns beide irgendwie runterkühlen, sodass sie bereit wäre, über das zu reden, was passiert ist. Aber das war Wunschdenken. Das hier ist Natalia. Die Weltbeste im Nachtragen. Die Leute halten sie für nett, aber in Wirklichkeit ist sie das nicht. Also, klar, sie ist lieb, mitfühlend, großzügig, aber nett? Nee, nee. Das ist ihre Rüstung. Darunter ist sie kleinlich, gerissen und wütend. Gott, ich kenne vermutlich keinen verkorksteren Menschen als sie.

Sie ist die Beste.

Es sollte keine Überraschung für mich sein, dass sie aus meinem Leben verschwunden ist. Schon vor dem Prom-Ball driftete sie allmählich ab. So macht sie das, sie zieht sich in ihren Kopf zurück, ihre Kunst oder ihre To-do-Listen, damit sie nicht wirklich reden muss. Aber nach der Prom, da war sie präsent. Es war so, als hätte sie den Mond verschluckt, sie leuchtete von innen heraus. Endlich hatte ich sie für mich, nachdem sie sich monatelang zurückgezogen hatte, und dann … ich weiß auch nicht, hat mein bescheuertes Hirn diesen Pakt irgendwo ausgegraben.

Eben hatten wir noch auf meinem Bett geredet, im nächsten Moment lag ihr Shirt auf dem Boden und meine Finger erkundeten ihre Haut. Als unsere Lippen sich berührten, war es, als wäre in mir ein Damm gebrochen. Ich konnte kaum fassen, was da passierte, außer dass es mir zu gut gefiel und niemals enden sollte. Das hier war Natalia. Eigentlich hätte es sich seltsam, komisch, falsch anfühlen sollen. Doch nichts hatte sich jemals so richtig angefühlt.

Das ist das Problem.

Ich hatte sie kaum berührt, da machte sie auch schon klar, dass sie nicht dasselbe empfand.

»So ist es besser«, sagte sie wie zu sich selbst, nachdem wir uns geküsst hatten, als ob es kein Morgen gäbe, nachdem ich diese kleine Kuhle an ihrem Schlüsselbein gefunden und ihr dieses zittrige, zerbrechliche Geräusch entlockt hatte. »Wenn wir es so machen, wird sich nichts ändern.«

Und ich bin erstarrt. Das war klar. Sie wollte mich nicht wirklich. Wenn dieser Pakt nicht gewesen wäre, hätte sie mich niemals berührt.

»Talia …« Ihr Kosename kratzte mir im Hals. »Ich … ich finde nicht … das hier ist blöd. Ich will nicht … mit dir … nicht so.«

Und dann zerbrach alles.

Sie riss sich von mir los, war schon runter vom Bett und schnappte ihr Shirt. »Absolut. Du hast recht. Tut mir leid … Mann, weg da.«

»Moment, ach, Natalia, warte doch mal.« Ich wollte sie festhalten, bekam aber nur Luft zu fassen.

»Alles gut, Ethan.«

»Du bist sauer.«

Die Haarnadeln flogen nur so, die dunklen Haare ergossen sich in Wellen über ihren Rücken. Ich wollte wieder mit den Fingern hindurchfahren, mich darin vergraben. Zu spät.

»Alles in Ordnung. Ich … ich geh nur nach Hause«, sagte sie.

Ich lief hinter ihr die Treppe runter, als sie wie ein Tornado durchs Haus wirbelte und dabei ihre Sachen an sich riss. Sie hat sich nicht umgedreht, nicht ein Mal.

»Warte … geh nicht«, sagte ich auf der Veranda, als sie in ihr Auto stieg.

Bevor sie den ganzen Sommer verschwand, sagte sie als Letztes: »Bitte vergiss das Ganze.«

Ich sah zu, wie sie in die Dunkelheit fuhr und dabei alles mitnahm, was zwischen uns möglich gewesen wäre.

Jetzt schaue ich wieder zu ihr hin. Sie hält Rainns Shirt fest, zupft mit zwei Fingern dran und zieht ihn damit auf, wie scheußlich es ist. Er lacht und sie verkneift sich selber ein Lächeln.

Das ist alles meine Schuld. Was, wenn ich sie nun echt verloren habe, weil ich zu viel Angst hatte, ihr in jener Nacht die Wahrheit zu sagen?

»Vielen Dank noch mal fürs Mitnehmen«, sagt Claire, die mich aus meinen Gedanken holt.

Ich hatte ganz vergessen, dass sie da ist. »Oh. Ja.«

»Macht ja Sinn, dass wir zusammen fahren. Sollten wir öfter machen.« Sie schenkt mir ein süßes Lächeln.

»Klar«, sage ich.

Claire ist schon süß, aber bis vor Kurzem hat sie nicht mal in meine Richtung geguckt. Nach dem Showdown-Basketballspiel in der letzten Saison änderte sich das langsam. Und danach kam dann diese abgefahrene Prom-King-Sache, aber irgendwie kann ich mir das alles immer noch nicht erklären.

Letzte Woche, als ich aus Seattle zurückkam, tauchte sie bei mir zu Hause mit einem Buch auf, das sie sich letztes Schuljahr von mir geliehen hatte. Hatte ich total vergessen. Wir kamen ins Reden und dann – einfach so – hat sie mich geküsst. Und, na ja, ich fand es nicht furchtbar, aber ich hab auch nicht wieder dran gedacht. Natalia und alles, was bei uns zu Hause abgeht, beschlagnahmt in letzter Zeit jeden Kubikzentimeter meines Gehirns.

Mann, Natalia fehlt mir. Egal was da in jener Nacht auch passiert ist, ich hätte ihr schreiben sollen. Nur mit ihr hätte ich darüber reden können, wie grauenhaft dieser Sommer für mich war. Wie ich die Nachrichten auf Dads Handy entdeckt habe, wie Adam sich langsam erholt.

Ich hatte gehofft, ein Besuch bei meinem Bruder in den Sommerferien würde mir helfen, auf andere Gedanken zu kommen. Zu vergessen. Natalia, Dad, die Schule, die Mannschaft, *Natalia*. Stattdessen ist mir nur klar geworden, wie viel ich nicht sagen konnte. Irgendwie sind mir jedes Mal die Worte im Hals stecken geblieben, wenn ich Adam von unseren Eltern erzählen wollte, wie es jetzt wirklich zu Hause ist, nachdem er und Dad beide weg sind, und warum Dad weg ist. Ich kann ihn nicht mit dem stressen, was ich weiß. Ich will keinen Rückfall riskieren.

Er hat nach Natalia gefragt, bis ich eingeknickt bin und ihm alles erzählt habe. Da hat er nur gesagt: »Mann, steh dir nicht selbst im Weg. Du willst sie schon ewig.«

»Gar nicht wahr«, hab ich automatisch darauf geantwortet.

Er hat nur mit den Augen gerollt, dann hat er mir den Basketball weggeschnappt, ist um mich herumgedribbelt und hat im Sprung auf den Korb gezielt.

Rrrrinnng!

Mein Handy. Das Klingeln schrillt durchs ganze Auto. Ein Bild von Dads Gesicht erscheint auf dem futuristischen Spaceshuttle-Display, an das ich mich immer noch nicht gewöhnen kann. Dieses Scheißauto. Eine von vielen Sachen, die ich meinem Dad niemals verzeihen werde.

Ich lehne den Anruf ab. Nein, danke. Ein paar Sekunden später: Rrrinnng! Wieder drücke ich ihn weg.

Beim dritten Klingeln muss ich meine Atemzüge zählen. Welchen

Teil von *Lass mich verdammt noch mal in Ruhe* versteht er denn nicht?

»Du gehst nicht ran?«, fragt Claire.

Mein Kiefer tut weh, so fest beiße ich die Zähne zusammen. »Nee.«

»Ist anscheinend was Wichtiges«, sagt Rainn.

»Ist es nicht.«

Selbst wenn, wäre mir das egal. Ich merke, wie Natalia und Rainn Blicke wechseln und wie mich dabei eine ganz neue Art von Schmerz durchbohrt. Sie haben jetzt einen Code. Wie wir. Früher.

Ich reibe mir übers Kinn, die Bartstoppeln kratzen ein bisschen an der Handfläche.

»Ist er nicht gerade am Set?«, fragt Claire, Aufregung schwingt in ihrer Stimme mit. »Ich hab gelesen, dass die neue Staffel in New York spielt.«

Ich rutsche auf dem Sitz herum. »Öh …«

»Puh, ist das grau. Morgen früh darf das Wetter auf keinen Fall so sein«, sprudelt Natalia und unterbricht mich.

Ich sehe sie im Rückspiegel an, sie will mir nicht in die Augen schauen. Aber ich weiß, dass sie das mit Absicht gemacht hat, und versuche mich telepathisch bei ihr zu bedanken. Sie weiß, wie ich es hasse, über meinen Vater und seinen Job zu reden.

Mit Rainn, Sienna und Natalia war ich schon befreundet, bevor die erste Folge von »The Beltway« ausgestrahlt wurde. Sie waren an meiner Seite, als Dad plötzlich … überall war. Der einzige Kommentar, den einer von ihnen je direkt zu den Veränderungen abgegeben hat, kam von Sienna, nachdem mein PC krepiert war.

»Sag Daddy Warbucks, er soll dir einen neuen von Alienware kaufen. Das kann er sich doch jetzt leisten.«

Ernsthaft? Das hat Stil. Dass ihnen dieser Promischeiß so egal ist.

Aber sind ja nicht alle so.

»Glaubst du, dass wir den Sonnenaufgang morgen überhaupt zu sehen kriegen?«, fragt Claire und guckt aus dem Fenster.

»Ja«, sagt Natalia mit einer gewissen Sicherheit. So als hätte sie totale Kontrolle über das Wetter. Süß.

»Und wenn nicht, ist es trotzdem ein Neuanfang. Wie eigentlich jeder Tag«, sagt Rainn.

Natalia stupst ihn mit der Schulter. »Sehr tiefgründig, Rainn.«

Er grinst. »Warum überrascht dich das?«

Sie lacht und das perlende Geräusch tut mir weh in der Brust.

»Habt ihr gewusst, dass die Besatzung der Internationalen Raumstation auf ihrer Umlaufbahn sechzehn Sonnenaufgänge pro Tag sieht?«, platzt es aus mir heraus. Als keiner was sagt, mache ich einfach weiter. »Das erste Kunstwerk, das je im Weltraum erschaffen wurde, war eine Zeichnung von einem Sonnenaufgang im All. Könnt ihr googeln, ist echt cool.«

»Du bist so klug«, sagt Claire und rubbelt meinen Arm.

Eine Sekunde lang bin ich sicher, dass sie mich verarscht. Aber da ist kein sarkastisches Funkeln in ihren Augen. Nur ein süßes Lächeln mit gekräuseltem Näschen. Also erwidere ich das nicht ganz aufrichtig.

»Wir haben keine sechzehn Chancen, Ethan.« Natalias Ton ist wieder eisig geworden. »Wir haben eine.«

Ich glaube, wir reden nicht mehr von Sonnenaufgängen.

4

Natalia

Senior Sunrise, 7:25 Uhr

Selbstverständlich weiß er diese Sache mit dem ersten Kunstwerk, das je im Weltraum geschaffen worden ist. Er ist nämlich so verdammt cool. Ach, ich vermisse ihn. Fast hätte ich das laut gesagt, doch da wirft Claire ihm ein Lächeln zu. Eins von der Sorte, auf die Ethan normalerweise mit Misstrauen reagiert, so wie auf all die Mädchen, die mit ihm zur Prom wollten. Aber mein Herz geht auf Sinkflug, als Ethan zurücklächelt. So süß und so schüchtern.

Erst die Mitfahrgelegenheit und jetzt das hier? Läuft da tatsächlich was zwischen den beiden?

Mein Handy trillert, Prashant schickt eine hämische Nachricht, genau in dem Moment, als wir auf den Campingplatz von Ventoso Beach einbiegen.

> Kommt Miss Perfect etwa zu spät??? Nicht gerade ein guter Start ins Schuljahr …

Zähneknirschend gucke ich aus dem Fenster und sehe, dass mit Ausnahme von Sienna schon alle Mitglieder des Schülerparlaments versammelt sind, inklusive Vorstandsmitglied Leti Mitchell – seit einem Jahr ist Sienna völlig besessen von Leti.

Zum Glück scheinen sie noch nicht besonders weit gekommen zu sein. Nichts, was ich nicht rückgängig machen könnte.

Schnell entladen wir das Auto, und als wir auf die Gruppe zugehen, legt Rainn wieder den Arm um mich. Ich hab nichts dagegen, es ist nämlich eisig kalt und windig, aber unser Ding ist das ganz bestimmt nicht. In letzter Zeit flirtet er öfter und ehrlich gesagt ist das Gefühl manchmal ganz schön, ein Mädchen zu sein, auf das jemand stehen könnte.

»Was ist da los mit dir und Forrester?«, fragt Rainn. Mit der freien Hand versucht er die struppige Mähne vor dem Wind zu schützen.

»Nichts. Was meinst du denn?« Ich merke selbst, wie panisch das klingt.

Rainn zuckt mit den Schultern. »Seltsame Vibes.«

»Ist komisch, dass wir uns den ganzen Sommer nicht gesehen haben, glaub ich.«

»Oh, ich dachte ... ist vielleicht wegen ihm und Claire.«

Ihm und Claire. Aua. Vermutlich weiß Rainn was, das ich nicht weiß. Ich stelle mich vor die Leinwand in meinem Kopf und die färbt sich ganz schnell tiefblau, melancholisch blau. Am liebsten würde ich mich drauflegen, bis die Farbe durch meine Haut sickert. Bis ich darin verschwinde.

Aber nicht jetzt. Jetzt muss ich die Präsidentin Natalia sein.

Ich pappe mir ein Lächeln an und gebe die Animateurin: »Okay, Leute, wir müssen uns ranhalten, bevor der Rest des Jahrgangs hier ankommt! Könnt ihr«, ich zeige ganz vage in Richtung Ethan und Rainn, »die Bänke für das Lagerfeuer aufstellen? Mason, du als Muskelprotz könntest Ethan doch helfen, oder?«

Ethan schießt mir einen empörten Blick zu und ich kann die unschuldige Miene kaum aufrechterhalten. Wir geben sonst alles, um Mason Hartmann aus dem Weg zu gehen, denn der Typ ist wie ein wandelnder Energydrink. Er ist der berüchtigte, alles niederwalzende Quarterback der Liberty, mit glatter weißer Haut, hellbraunen Haaren in Vokuhila-Anmutung und enormen Muskelpaketen. Und der Typ redet pausenlos.

Kumpelhaft klatscht er Ethan die Pranke auf die Schulter – und der zuckt zusammen.

»Boah, hast wohl ein paar Gewichte gestemmt diesen Sommer, Prom-King?«, sagt Mason und knetet Ethans Schulter. Doch Mason wartet nicht auf eine Antwort, er stürzt sich gleich in ausschweifende Ausführungen über sein liebstes Proteinpulver. Während er immer weitererzählt, kann ich spüren, wie Ethans Seele nach und nach seinen Körper verlässt.

Das Geplapper tritt in den Hintergrund, als ich mich an die Arbeit mache. Traditionell wird der Senior Sunrise auf dem Footballfeld unserer Schule abgehalten, aber das hat mir irgendwie nie eingeleuchtet. Wir sind eine Stadt voller Strandfans und unsere Schule ist zehn Minuten von diesem tollen Campingplatz entfernt, der ziemlich nah am Wasser liegt. Man kann im Schlaf die Wellen rauschen hören.

Als ich jetzt zum dritten Mal versuche, eine Plastiktischdecke zu entrollen, die immer wieder vom Wind hochgeweht wird, kapiere ich, warum wir es nie hier veranstaltet haben. Es ist verdammt windig und kalt und gut möglich, dass ich einen Riesenfehler gemacht habe auf Kosten meines Jahrgangs – alles, um nicht dabei sein zu müssen, wenn meine Mom zu Hause die Sachen packt. Das Tischtuch flattert mir ins Gesicht, Leti kommt angerannt, um mir zu helfen.

Leti trägt einen kastigen Pulli, unter dem ein Stückchen goldbrauner Bauch hervorlugt, und Baggy-Jeans, unter denen die Füße verschwinden. Im Nacken und an den Seiten sind Letis pechschwarze Haare ganz kurz und auf dem Kopf wuschelwirr gestylt.

»Danke. Dieser Wind ist heftig«, sage ich.

»Deshalb heißt der Strand wohl Ventoso, oder?« Leti lacht. Auf meinen leeren Blick reagiert they mit: »Ach ja, ganz vergessen, du hast Französisch. Es bedeutet ›windig‹ auf Spanisch.«

Mein Kopf wird heiß. »Oh. Kapiert. Ja, wahrscheinlich hätte ich lieber Spanisch wählen sollen ... aber mein Traum war immer, eines Tages nach Frankreich zu fahren und in den Louvre zu gehen, deshalb ...« Ich lasse den Satz ins Leere laufen.

Wir sind die einzigen Latines in unserem Jahrgang, aber Leti verurteilt mich nicht, weil ich kein Spanisch spreche. Ich selber schon ein bisschen. Die Grundlagen kann ich und ein paar Wörter wie »guapo«, weil meine Abuela sie ständig benutzt, wenn sie mich damit aufzieht, wie süß Ethan geworden ist. Aber das ist es auch schon.

Manchmal fällt es mir echt schwer, mich als Diaz zu fühlen, denn die Price-DNS hat die Oberhand gewonnen mit ihrer Kombi aus heller Haut und blauen Augen. Ist ziemlich verwirrend, als weiß durchzugehen, wenn man das in Wirklichkeit gar nicht ist. Ich hab das Gefühl, weder hier noch da so richtig dazuzugehören.

Aber dem Blick nach zu urteilen, kritisiert Leti nur meine Museumswahl.

»Letztes Jahr war ich im Louvre und es war laaaaangweilig, aber extrem voll. Du solltest dir die Sachen angucken, die Touris nicht so auf dem Schirm haben. Ich war in der Douleur Peinte, so einer Galerie, und das war richtig inspirierend. Meine Kunst ist seitdem nicht mehr dieselbe.«

Ich lächele. Leti macht Kunst, völlig ungebändigt, wie ich es gerne wäre. Frech und kühn. Nicht festgefahren im eigenen Kopf oder in Rollen oder Erwartungen anderer. Frei.

»Gilt unser Deal noch?«, fragt Leti. »Mit der Kunsthochschule?«

Letztes Schuljahr habe ich Leti ein paar meiner Arbeiten gezeigt und wir haben abgemacht, uns dieses Jahr zu bewerben. Keine Ahnung, warum ich mich darauf eingelassen habe. Das wird nie passieren. Ausgeschlossen. Als Stipendiatin habe ich mich auf meine Leistungen in den akademischen Fächern zu konzentrieren und nicht auf »mein kleines Hobby«, wie Dad das nennt.

Ich denke an das letzte Mal, als er mich beim Malen beobachtet hat. Wie er sich meinen Stundenplan vor die Nase gehalten hat, um nachzuschauen, warum ich so viel freie Zeit hatte. Mein Lächeln welkt.

»Meine Eltern würden das niemals unterstützen.«

Leti runzelt die Stirn. »Du würdest aufgenommen werden. Du bist gut.«

Einen Moment lang bin ich wie gelähmt. Meine Bilder versuche ich, nicht als gut oder schlecht zu sehen. Sie sind mein Innerstes, fest verschlossene, explosive Gefühle.

Farbe, Gefühl und all die Worte, die ich niemals aussprechen kann. Stille Schreie.

»Danke.«

Als Nächstes legen wir die Hefte für die Lion Letters zurecht. Meine Handflächen werden ganz feucht. Die Briefe sind das Herzstück des Senior Sunrise. Das Fundament, auf dem das ganze Event ruht. Alle schreiben einen ganz privaten Brief an sich selbst über unser letztes Jahr an der Liberty: was wir wollen und was wir tun würden, wenn wir mutiger wären, so wie der Löwe, unser Schulmaskottchen. Freunde und Freundinnen aus dem Schülerbeirat, die letztes Jahr dabei waren, haben mir erzählt, dass ein paar Leute beim Schreiben *in Tränen ausgebrochen* sind.

Aber was könnte ich schon schreiben, das irgendwas ändern

würde? Ich weiß doch, dass ich nicht alles haben kann, was ich mir wünsche.

Letis Aufmerksamkeit flutscht über meine Schulter. Sienna, die endlich auch eingetroffen ist, zerrt ein Zelt aus dem Kofferraum.

»Glaubst du, sie braucht vielleicht Hilfe?«, fragt Leti so hoffnungsvoll, dass ich rot werde. Leti wartet nicht auf meine Antwort, sondern sprintet rüber. Sienna blüht sichtlich auf.

Ethan geht vorbei und bemerkt das. Er wirft mir einen wissenden Blick zu – oh mein Gott, Sienna ist tomatenrot angelaufen – und dann wird uns beiden anscheinend gleichzeitig klar, wie seltsam es ist, dass wir nicht miteinander reden. Nichts wünsche ich mir mehr, als zu ihm rüberzugehen.

Er kommt mir zuvor. »Hey«, sagt er.

Es tut weh, ihn so aus der Nähe zu sehen. Ich hab gleich wieder vor Augen, wie er sich in jener Nacht von mir losgerissen hat. Wie er sich verändert hat – wir haben uns verändert – seitdem.

Er fährt sich mit der Hand durchs Haar. »Ich wollte nur ... na ja, danke. Wegen vorhin. Als mein Vater angerufen hat«, stammelt er.

Puh. Sein Vater. Ich versuche, mein Gesicht unter Kontrolle zu halten, Ethan weiß ja nicht, wie es mich ekelt, sobald von seinem Dad die Rede ist.

»Geht klar«, sage ich.

Trotzdem habe ich etwa tausend Fragen dazu, warum Ethan die Anrufe nicht annehmen wollte. Ich mag ja mittlerweile was gegen seinen Vater haben, aber die beiden sind immer gut zurechtgekommen. Vielleicht hat es was mit Claires Anwesenheit zu tun? Aber was, wenn er nicht rangehen wollte, weil ich da war? Dass ich so was überhaupt denke, macht mir neue Bauchschmerzen.

»Also ... mit uns ist alles in Ordnung?«, fragt er.

Auf der Oberfläche ist das eine leichte Frage, aber durchdringt man diese Wörter, ist eine Antwort unmöglich. Ich würde die Wahrheit sagen, hätte ich bloß einen Schimmer davon, was die Wahrheit ist. So greife ich auf die Standardfloskel zurück.

»Alles bestens«, sage ich mit meinem Präsidentinnenlächeln und lasse den Blick nicht eine Sekunde länger als nötig auf seinen haselnussbraunen Augen und den windzerzausten Haaren ruhen. Doch sein Stirnrunzeln entgeht mir nicht.

»Also, bist du mit Claire ...?« Ich breche ab. Das kam viel anschuldigender und harscher rüber als beabsichtigt. *Tief durchatmen, Natalia.*

Er reibt sich den Nacken, seine Stimme wird ganz schrill, wie immer, wenn ihm was unangenehm ist. »Oh, äh, ja, scheint wohl ... in die Richtung zu gehen?«

Eine Sekunde lang bleibt mir die Luft weg. Obwohl ich das schon rausgelesen habe aus ihrem besitzergreifenden Ton, den kleinen Blicken und dem Hin- und Herlächeln auf dem Vordersitz. Er wartet darauf, dass ich was sage. Mach ich nicht. Kann ich nicht. Vielleicht ist Weglaufen das Einzige, was ich kann. Das hier wird alles ein für alle Mal weg sein, wenn ich mich für Mom entscheide.

In mir tobt ein Wirbel aus Grau.

Wenigstens ist Siennas Verspätung zu etwas gut. Mit einem Stapel pinker Kartons vom Donutladen kommt sie rüber und bewahrt mich davor, mit einem Kloß im Hals antworten zu müssen.

»Ich weiß, ich weiß! Ich bin viel zu spät dran. Tut mir leid. Das ist Ethans Schuld«, zetert Sienna.

Ethan blinzelt. »Was? Wie das?«

Sie mustert ihn streng. »Ich hab die ganze Nacht *Dwarf Fortress* gespielt.«

Ethan lacht laut los. »Du musst ernsthaft mit diesem Spiel aufhören!«

»Niemals! Es ist total chaotisch, genau wie ich.« Sie stellt die Kartons ab, wirft ihre langen kastanienbraunen Haare zurück und richtet den Träger von ihrem ausgewaschenen Overall. Dann rückt sie an meine Seite.

»Wie läuft die Wiedervereinigung?«, fragt sie so leise, dass nur ich es hören kann.

Ich werfe schnell einen Blick zu Ethan. »Schlecht.«

»Hmm. Peinlich schlecht oder Du-machst-schon-einen-Entwurf-für-ein-Bild schlecht?«

Meine Ohren werden warm. »Beides.«

»Oje.«

Rainn kommt nun auch angerannt. Er packt meine Taille und rückt mich beiseite, damit er sich einen Donut aus dem Karton schnappen kann. Seine Hand bleibt eine ganze Weile auf meinem Rücken, ehe er sie sinken lässt. Dann sagt er: »Habt ihr schon gehört, dass Jackson Ford in den Sommerferien von der Schule geflogen ist?«

Sienna verdreht die Augen. »Der war mir schon immer suspekt, schon als er noch mit uns zur Schule gegangen ist.«

»Kannst du laut sagen«, murmele ich.

Jackson Ford war in der Abschlussklasse, als wir Freshmen waren. In der Theatergruppe waren alle total begeistert, als die Schule ihn letztes Jahr angeheuert hat, damit er beim Musical Regie führt. Ich hab's nie kapiert. Der ist so ein Typ, mit dem ich niemals allein sein möchte.

»Alle reden darüber, als ob das jetzt der totale Schock wäre. Ich bitte euch. Darauf hätte ich schon wetten sollen, als er diese Fotos gepostet hat«, sagt Sienna.

»Du hast ein Glücksspielproblem«, sagt Ethan.

»Ein Wahrscheinlichkeitsproblem«, korrigiert Sienna. Sie greift nach einem Puderzuckerdonut.

Rainn zeigt auf Sienna. »Wo wir gerade beim Thema sind, du schuldest mir zehn Dollar.«

Sie guckt ihn finster an, genervt wirft sie die Hände in die Luft. »Okay, gut, vielleicht hab ich verschlafen. Aber fairerweise muss man sagen, dass ich damals bei der Wette *Dwarf Fortress* nicht einkalkuliert habe!«

Von hinten schlingt Rainn den Arm um meine Schultern und zieht mich an seine Brust. Diese plötzliche Nähe! Ich kann seine tiefe Stimme zwischen den Schulterblättern spüren, als er Sienna fragt: »Und wessen Schuld ist das?«

»Offenbar meine«, stellt Ethan fest. Sein Blick heftet sich an Rainns Arm, der mich umschlungen hält, dann schaut er langsam hoch und mir in die Augen. »Wie alles andere zurzeit.«

Wir starren uns an, mein Herz hämmert gegen die Rippen.

Sienna guckt ein paarmal zwischen uns hin und her, ehe sie sagt: »Das sollte nur ein Witz sein ...«

»Ich muss jetzt Prashant helfen.« Schnell befreie ich mich aus Rainns Griff.

Ich stiefele rüber zu einem Tisch auf der anderen Seite des Platzes und reiße eine Riesenpackung Marshmallows auf. Der Beutel löst sich scheinbar in meinen Händen auf und die Marshmallows fallen in den Sand. Natürlich.

»Na toll, sie ist schon voll in Fahrt«, murmelt Prashant. »Was haben die Marshmallows dir getan, Natalia? Nur zu, mir kannst du es erzählen.«

Ich bedenke ihn mit einem giftigen Seitenblick und mache mich ans Aufsammeln. »Ich habe Hunger«, sage ich und stopfe mir drei saubere in den Mund. Schließlich stelle ich mich nicht hin und esse einen Donut, während Ethan leise erklärt, wie scheiße ich bin.

»Nun ja, nimm dich zusammen. Alle sind hier und laut Tagesordnung …«

Ich falle ihm ins Wort. »Ich kenne die Tagesordnung, Prashant. Ich hab sie erstellt.«

Er verschränkt die Arme vor der Brust. »Lass dein Ethan-Drama nicht an mir aus. Ich hab heute schon genug auf dem Zettel.«

»Ethan-Drama? Es gibt kein Ethan-Drama.«

Mit ihm und Claire Wilson geht es einfach in diese Richtung. Die Prom und diesen Kuss, mit dem ich mich seit zwei Monaten verrückt mache, hat er völlig vergessen. Gut. Mir geht es gut.

»Ich habe Augen«, sagt Prashant trocken.

»Und sehen die nicht, dass es kein Drama gibt? Ethan und ich – oh mein Gott, das geht dich überhaupt nichts an.«

Verschnupft rückt er seine eckige schwarze Brille zurecht. »Was auch immer. Je mehr Chaos du hier anrichtest, umso schneller übernehme ich den Posten als Jahrgangspräsident.«

Ich werfe eine Schachtel Vollkorncracker nach ihm, die er unglücklicherweise genau in dem Moment fängt, in dem Ms Mercer und Mr Beckett bei uns auftauchen.

»Es ist Zeit anzufangen«, leiert Ms Mercer. Sie ist die Psychologielehrerin und berät das Schülerparlament. Sie hat oliv schimmernde Haut und kurze Haare, Salbeiduft wabert aus all ihren Kleidern und andauernd redet sie von *Energie*. Aber mir gefällt, dass sie uns nicht wie Kleinkinder behandelt.

»Genau«, sagt Mr Beckett. Er ist unser Geschichtslehrer und total der Hippie mit schwarzem Vollbart und trotteligem Grinsen. Er erzählt uns ständig, dass Schulen zu viele Regeln haben, dementsprechend ist er nachsichtig und leicht abzulenken.

Als Aufsichten sind die beiden die perfekte Kombi.

Ms Mercer lässt den Blick über den Campingplatz schweifen, als würde sie die Aura des Ortes lesen. Vielleicht tut sie das auch. »Wir fangen gleich mit den Lion Letters an.«

Panik durchzuckt mich. Ich fühle zu viele Sachen auf einmal, da kann ich doch keine zusammenhängenden Sätze schreiben. Ich hatte noch keine Zeit rauszufinden, was ich mir überhaupt wünschen darf.

»Aber«, ich schnappe Prashant das Klemmbrett aus der Hand und zeige ihr die Tagesordnung, die ich sorgfältigst getippt, farbig unterlegt und für jeden ausgedruckt habe, »die Briefe sind erst heute Abend dran, erst beim Lagerfeuer.«

Wir müssen uns dazu erst warmlaufen. *Ich* muss mich erst warmlaufen.

Ms Mercers engelhaftes Lächeln wird noch inniger. »Oh, aber ihr müsst es doch spüren.«

Prashant und ich tauschen Blicke.

»Was spüren?«, frage ich.

Sie saugt eine Lunge voll Luft ein, verdreht die Augen wie in einer Art Ekstase und gibt ein superpeinliches Stöhnen von sich. »Die Energie.«

Ich gucke mich um und mir fällt nichts auf, außer dass jetzt schon alle total gelangweilt wirken. Nicht so toll. Ms Mercer beobachtet mich erwartungsvoll.

»Ist ja nicht so, dass ich es nicht fühle«, sage ich.

Prashant rollt mit den Augen und sagt: »Das wirft den ganzen Tag über den Haufen.«

»Dann lasst uns doch den ganzen Tag über den Haufen werfen!«, ruft Ms Mercer. »Beim Senior Sunrise geht es doch darum, mutiger und kühner zu leben!«

»Aber trotzdem brauchen wir einen Fahrplan …«

»Unsinn. Ihr seid schließlich keine Züge.« Sie sagt das mit so viel Verachtung, als hätte das tatsächlich jemand behauptet.

Prashant und ich sehen uns wieder an, wir versuchen, nicht zu lachen.

»Aber …«

Ms Mercer legt die Hand auf meine Schulter. »Sei mutig, kleiner Löwe. Dieses Ritual bittet darum, abgehalten zu werden. Die Zeit ist reif.« Der Wind frischt genau in diesem Moment auf und Gänsehaut überzieht meinen Arm. Ich glaube nicht an Zeichen, aber … vielleicht weiß Ms Mercer ja, wovon sie spricht.

Noch einmal sehe ich mir die Tagesordnung an und kämpfe gegen die Angst an, die unter meiner Haut pulsiert.

Wenn wir es jetzt durchziehen, muss ich mir wohl nicht den ganzen Tag Sorgen machen. Wir können es einfach hinter uns bringen.

»Gut«, sage ich. »Dann machen wir es jetzt.«

5

Ethan

Senior Sunrise, 7:45 Uhr

Meine Brust steht in Flammen, als Natalia weggeht. Schon wieder. Ob sie irgendwann mal so lange runterschalten wird, dass sie tatsächlich mit mir reden kann?

Claire reißt mich aus meinen Gedanken, sie hakt sich bei mir unter. »Es fängt bald an. Sitzen wir zusammen?«

Mit großen Augen schaut sie mich an, da kann ich nicht ablehnen. »Hm, jaja, klar.«

Wir gehen auf die Bänke zu, die Mason und ich im Halbkreis aufgestellt haben. Dabei kommt uns ein älteres Paar entgegen, das an unserem Campingplatz entlangspaziert. Die Frau lächelt mich höflich an. Aber dann wird es komisch. Sie zuckt zusammen und bleibt stehen.

Oh Gott.

Sie starrt und starrt mich an. In Echtzeit sind das wahrscheinlich drei Sekunden, aber wenn Fremde ihren Spaziergang unterbrechen, um einen anzustarren, fühlen sich drei Sekunden an wie neun Stunden.

Ich bin so gar nicht überrascht, als sie sagt: »Du meine Güte, hat dir schon mal jemand gesagt, dass du dem jungen Roger Forrester wie aus dem Gesicht geschnitten bist?«

Ja. Ja, hat man. Als Dad die Rolle in *The Beltway* bekam, dem Politdrama, das ihm den SAG Award eingebracht und seine Karriere vor ein paar Jahren irrsinnig in Fahrt gebracht hat, wurde er als der nächste Jon Hamm gepriesen. Und da fing es an, dass Fremde viel zu oft auf mich zukamen und mir sagten, ich würde aussehen wie er. Dad. Nicht Jon Hamm. Das dann doch nicht. Leider.

Ich hab dann immer so getan, als hätte ich keinen Schimmer, wer Roger Forrester ist, weil das irgendwie komisch für mich war und ich es selbst nicht wirklich sehen konnte. Aber jetzt, wo ich größer und nicht mehr so schlaksig bin, muss sogar ich zugeben, dass ich wie ein Klon von ihm in Jugendjahren bin. Dieselben dunklen Haare, dasselbe Kinn und Lächeln, dieselbe Augenfarbe. Meine Mom sagt immer, wenn sie nicht, na ja, dabei gewesen wäre, würde sie glatt behaupten, ich wäre nicht von ihr.

»Hab ich nicht recht, Dale?«, bohrt die Frau nach.

Ich lächele, so höflich ich kann, und will mich abwenden, aber da umklammert Claires Hand meinen Arm, damit ich nicht entwische.

Der Mann neben der Frau, ich nehme an Dale, schaut mich an. »Ja, das finde ich auch.«

»Ha, danke«, sage ich verlegen und will wieder weg, aber Claire zieht mit erstaunlicher Kraft an meinem Arm.

»Das liegt daran, dass er sein Sohn ist«, sagt Claire triumphierend. Süffisant.

Der stechende Schmerz in meinem Kiefer zeigt, wie heftig ich mit den Zähnen knirsche.

Das Paar wechselt einen beeindruckten und entzückten Blick.

Aber was soll das? Was ist denn so eindrucksvoll daran, dass man geboren wurde? Ich habe nichts mit der Berufswahl meines Vaters zu tun. Und ich bin nicht im Filmbusiness aufgewachsen, habe also keine Ahnung, wie man mit so was umgeht. Da Mom als Ärztin an einem Forschungskrankenhaus arbeitet und Dad überall filmen kann, haben die beiden beschlossen, hier in der Bay Area zu bleiben, nachdem er bei *The Beltway* unterschrieben hatte.

»Na, wir sind große Fans von ihm«, sagt die Frau. »Stimmt doch, Dale?«

Dale zuckt mit den Schultern.

»Wer ist das nicht? Er ist so begabt«, sprudelt Claire und drückt meinen Arm. Sie lehnt sich zu der Frau rüber, als wollte sie ihr ein Geheimnis verraten. »Und er ist auch so nett. Als ich letztes Jahr die Hauptrolle bei unserer Schulaufführung von *Mamma Mia!* hatte, wollte er mir unbedingt persönlich sagen, wie gut ich war. Mein Regisseur und er waren ganz einer Meinung, dass ich eine Zukunft beim Film habe. Das war so nett.«

Ich kneife die Augen zu, damit ich sie nicht verdrehe. Er ist nur zu *Mamma Mia!* gegangen, weil der Lehrer ihn gedrängt hatte, ein paar einführende Worte zu sprechen und so Spenden für die Theatergruppe lockerzumachen. Aber ratet mal, wer nie zu meinen Basketballspielen kommt? Richtig.

»Überrascht mich überhaupt nicht, ihm ist seine Familie ja so wichtig«, sagt die Frau.

Sein Pressemensch hat eine Gehaltserhöhung verdient.

»Lass ihn doch bitte wissen, dass ich ihn ganz wunderbar finde in *The Beltway*«, sagt die Frau zu mir.

»›Ruhm beweist, dass man Leuten alles weismachen kann‹«, sage ich. Als die drei mich angucken, als wären aus mir spontan Pilze gesprossen, ergänze ich leiser: »Das hat Ralph Waldo Emerson gesagt.« Ich versuche zu lächeln, aber das fühlt sich irgendwie verkehrt und total ätzend an. Dann zerre ich den Arm aus Claires Umklammerung, damit sie mich nicht länger hier festhalten kann.

Die Leute gehen weiter, ich auch.

»*Ethan*«, zischt Claire. »Das war so was von unhöflich.«

»Okay.«

Ist mir scheißegal. Und für die Karriere von meinem Vater spielt es auch keine Rolle, ob Dale und Lady Dale seinen Sohn für ein Arschloch halten. Doch es sind nicht die Fans, auf die ich wütend bin. Nicht wirklich. Es ist Dad. Und diese *Marke*. Roger Forrester, der Familienmensch. So ein Scheiß. Aber wenn ich ehrlich bin, es ist noch bitterer, weil es mal so war.

Rainn winkt uns. Wir sollen uns zu ihm und Sienna setzen. Ich hab nicht richtig mit ihm geredet, seit wir hier angekommen sind. Er war ja damit beschäftigt, Natalia zu befummeln.

Also reagiere ich nur mit einem Schulterzucken. Offensichtlich kapiert er gar nichts mehr, als ich mich von Claire zu ihrer Gruppe rüberziehen lasse, zu der auch Tanner Brown gehört. Der sieht ziemlich fertig aus, hat rote Augen – und ich kann den Alk riechen, der ihm aus den Poren quillt.

»Puh, Tanner, in letzter Zeit mal geduscht?«, fragt Janelle Johnson, die sich neben ihm auf die Bank fallen lässt.

Er stöhnt. »Verpiss dich.«

»Was? Warst du wieder mal auf einer Jackson-Ford-Party?«

»Halt die Klappe«, sagt er und massiert sich die Schläfen.

Eine Jackson-Ford-Party? Ist Ford deswegen gefeuert worden? Viel älter als wir ist er zwar nicht, aber wer hängt schon freiwillig mit einem Lehrer ab? Und dann noch so einem wie ihm.

Tanner bemerkt mich, er kräuselt höhnisch die Oberlippe. »Was is, Prom-King?«

Ich verziehe das Gesicht. Hab nicht viel an dieses Prom-King-Dings gedacht, weil meine Haut dann immer anfängt komisch zu kribbeln. Offensichtlich handelt es sich entweder um eine Langzeitverarsche, in die alle an der Liberty eingeweiht sind, oder sie haben wegen meinem Dad für mich gestimmt. Ich halte ständig nach dem Eimer Blut Ausschau, der sich über mich ergießen soll – wie bei *Carrie* –, wenn ich mit den Leuten auf der Bühne stehe, die mir früher Müll an den Kopf geworfen haben.

Dieselben Leute, bei denen ich jetzt sitze.

Wär mir alles egal, aber wenn Claire Wilson mich küsst und Mason Hartman mit mir rumalbert wie mit irgendeiner Sportskanone in seinem Dunstkreis, dann besteht da ein gewisser Druck, genau dieser Typ zu sein. Ein Prom-King. Ich hab nie darum gebeten. Ich will kein Prom-King sein. Ruhm hat meinen Dad in einen Menschen verwandelt, den ich hasse wie die Pest. Hat ihn verrotten lassen von innen nach außen. Beliebt zu sein, ist wohl auch nicht viel besser.

Ich will nicht die Art Mensch sein, die erfüllen muss, was alle von mir denken. Wer ist man eigentlich, wenn man ständig Teile von sich selbst aufgibt?

Gott, wenn Adam mein Gejammer jetzt hören könnte.

Ach, du armer Ethan. Du hast es ja so schwer. Das sind keine echten Probleme, Kleiner. Werd erwachsen. Er würde mir grob durchs Haar strubbeln, was echt wehtut, und ich würde was nach ihm werfen. Aber tief drinnen würde ich wissen, dass er recht hat. Wenn ich den Scheiß ignoriere, der mit meinen Eltern läuft, habe ich keine echten Probleme. Nicht so wie er oder andere. Worüber rege ich mich eigentlich auf?

Claire holt mich aus meinen Gedanken, sie hält ihr Handy hoch, lehnt sich an mich und macht ein Foto.

»Guck dir mal uns beide an«, sagt sie und macht das Bild zum Posten fertig.

»He, das geht nur auf einen privaten Account, oder?«

Ich habe nirgendwo ein öffentliches Profil. Nicht dass ich glaube, irgendwer hätte mich auf dem Schirm, aber wenn gerade Saure-Gurken-Zeit ist, schnappt die Presse sich, was sie kriegen kann. Noch schlimmer wird es, wenn es irgendeine große Story über Dad gibt.

Ich hab gelernt, dass es besser ist, alles unter Verschluss zu halten.

Claire schaut von ihrem Handy auf und greift nach meinem Arm. »Natürlich«, sagt sie ernst.

»Cool. Danke.«

Wir lächeln uns an, ihre Wangen werden pink.

Ich spüre Blicke und ja, klar, Natalia beobachtet uns. Macht es ihr überhaupt etwas aus, dass ich ihr erzählt habe, Claire und ich hätten was? Warum hab ich das getan? Es stimmt doch nicht mal. Vermutlich wollte ich nicht, dass sie glaubt, ich würde nicht genauso leicht wie sie über das hinwegkommen, was zwischen uns passiert ist.

Gott, bin ich erbärmlich.

Ehe meine Gedanken noch weiter abschweifen können, begrüßen die Lehrkräfte uns alle und gehen dann die lange Liste der Regeln für den heutigen Tag durch. Natalia sitzt vorne bei ihnen mit Prashant.

Ich versuche sie nicht anzustarren, aber das ist schwer. Der finstere Himmel bringt das dunkle Blau ihrer Augen zur Geltung und der Wind zaust ihr die langen Haare aus dem Gesicht. Wie ein dumpfer Schlag trifft es mich: Ich könnte sie ewig anschauen, ohne mich jemals zu langweilen.

Natalia passt auch nicht auf, das merke ich. Sie ist tief in Gedanken, irgendwas arbeitet in ihr. Ich würde sonst was geben, um zu wissen, was gerade in ihrem Kopf vorgeht.

Was hat sie im Laufe des Sommers auf ihren Profilen gepostet? Hab ich da vielleicht irgendwelche Hinweise verpasst? Persönliches hat sie nicht geteilt. Nicht so wie sonst. Nichts über die Beule letzte

Woche oder die übliche Campingreise mit ihren Eltern im Juli. Eindeutig auch nichts über Rainn, sonst wäre ich ja auf das ganze verdammte Getatsche vorbereitet gewesen.

Wie ernst ist das mit den beiden?

Im Kopf gehe ich das Gespräch mit Rainn auf der Prom noch mal genau durch. Als er mir erzählt hat, dass er Natalia mag.

Als ich lässig »Dann nichts wie ran!« gesagt habe.

»Seit wann stehst du auf Natalia?«, hatte ich ehrlich überrascht gefragt. Normalerweise steht Rainn auf Mädchen, die genauso tiefenentspannt sind wie er. Natalia mag ja vieles sein, aber entspannt ganz bestimmt nicht.

»Keine Ahnung, seit heute Abend, glaub ich. Guck sie dir an«, sagte er.

Das hab ich getan. Und sie sah … perfekt aus. Langes schwarzes Kleid, die dunklen Haare hochgesteckt, sodass ihr Nacken gut zur Geltung kam. Der rote Lippenstift war brutal. Den ganzen Abend hatte ich ihren Mund anstarren müssen.

Doch es war nicht nur das. Ich sah sie eine Blumenvase auf dem Getränketisch umstellen, statt zu tanzen. Ich sah sie Siennas Handtasche halten, während Sienna und ihr Date Fotos machen ließen.

Sie hätte diejenige sein sollen, die auf der Bühne die Krone verliehen bekam, aber sie hielt sich am Rand auf, organisierte, ordnete und machte sich unsichtbar, anscheinend wollte sie mit den Wänden verschmelzen. Als ob das möglich gewesen wäre.

»Habt ihr beide mal …?« Rainn redete nicht weiter.

»Nein«, antwortete ich wahrheitsgemäß und wahrscheinlich zu schnell. Nicht weil ich nie darüber nachgedacht hätte. Sondern weil ich wusste, dass sie nicht daran dachte.

Nicht daran denkt.

Eine beste Freundschaft ist heilig. Das würde ich nicht kaputt machen, nur weil ich mittlerweile bemerkt hatte, dass ich in jedem Raum nach ihr Ausschau hielt, mich jeden Abend mit den Hausaufgaben beeilte, damit ich vorm Schlafengehen noch mit ihr reden konnte, jeden Morgen mit einem Lächeln aufwachte, weil sie mir Nachrichten schickte, total gestresst von ihrer To-do-Liste für den Tag.

Und als Rainn mich dann so erwartungsvoll angeguckt hatte, habe ich das alles runtergespielt. »Also, echt jetzt, wir sind nur befreundet.«

»Dann geht das klar, wenn ich …?«, wollte er wissen.

»Keine Ahnung, warum du mich überhaupt um Erlaubnis fragst.«

»Weiß nicht. Irgendwie hast du so einen Beschützerbruder-Vibe.«

Furchtbar. Oh Gott, total daneben. »Was auch immer, Alter, sie wird dich so was von abblitzen lassen«, sagte ich wie im Scherz, aber ich meinte es so. Oder zumindest hoffte ich es.

Er lachte. Und ehrlich gesagt, dachte ich, das wär's gewesen.

Ich hatte ja keinen verdammten Schimmer.

»Natalia?«, sagt Ms Mercer auffordernd und Natalia und ich blinzeln beide.

»Tut mir leid, was …«, stammelt Natalia.

Prashant steht auf und breitet die Arme aus. »Willkommen zum Senior Sunrise, dem Übernachtungsspektakel!«

Alle klatschen und Natalia rappelt sich hoch. Sie gibt ihm einen etwas zu heftigen Klaps auf den Rücken und präsentiert ihm ihr nettestes Lächeln. »Danke, Prashant, ich übernehme.«

Sie wendet sich an die Gruppe. Man merkt es kaum, aber mir fällt auf, wie ihre Schultern langsam nach hinten wandern und ihre Wirbelsäule sich streckt, als würde sie in eine Rolle auf der Bühne schlüpfen. Präsidentin Natalia zu unseren Diensten.

»Hallo, alle miteinander! Danke, dass ihr gekommen seid. Seit wir auf die Liberty Prep gekommen sind, haben wir alle Geschichten über den Senior Sunrise gehört – und dass er etwas ganz Besonderes ist. Wie wichtig er sein kann. Er ist so was wie die Liberty-Version einer Neujahrsfeier.«

Plötzlich fällt ihr Blick auf mich. In dieser Sekunde huscht ein Ausdruck über ihr Gesicht, der mich trifft wie ein Faustschlag in den Bauch. Sie versucht mir was zu sagen. Oder vielleicht versucht sie, mir etwas nicht zu sagen. Aber … sie hat so lange so viel von sich vor mir verborgen gehalten. Ich hab keine Ahnung, was sie sagen will. Sie fährt fort mit einer kleinen Ansprache darüber, wie schwer der Schülerbeirat für diese Veranstaltung gearbeitet hat, und erläutert die Tagesordnung. Aber mich lenkt der Stress ab, der hinter ihrer Fassade spürbar ist. Heute hat sie etwas Hartes an sich und es scheint dabei um mehr zu gehen als das, was nach der Prom mit uns passiert ist. Irgendwas ist mir entgangen. Was sehr Wichtiges. Ich hasse das.

Als sie fertig ist, gibt Prashant die kleinen Notizbücher mit dem linierten gelben Papier aus, während Ms Mercer den Zweck der Lion Letters erklärt. Im Unterricht schlafe ich fast immer ein, wenn sie mit ihrer Yogastimme spricht. Aber heute ist es hypnotisch.

»Dieses Ritual kann sehr mächtig sein, also lasst euch ohne Vorbehalte darauf ein. Nutzt diese Momente der Reflektion in dieser wunderschönen Umgebung, um über eure Zeit an der Liberty nachzudenken.« Anmutig faltet sie die Hände vor der Brust, als würde sie dort ein Geheimnis hüten.

»Denkt, denkt wirklich tief nach. Wie möchtet ihr euch in eurem Abschlussjahr entwickeln? Was würdet ihr tun, wenn ihr frei von Furcht wäret? Was schwer auf uns lastet, hält uns zurück. Gesteht es, damit ihr es loslassen könnt. Vergesst nicht, diese Briefe sind ganz privat. Ihr könnt schonungslos ehrlich mit euch sein. Wünsche können Wirklichkeit werden, wenn wir mutig genug sind.

Wenn es euch weiterhilft, fangt euren Brief an mit den Worten: ›Wenn ich mutiger wäre …‹, und dann schaut, was kommt. Sobald ihr fertig seid, reißt ihr den Brief aus dem Notizblock, faltet das Papier und steckt es in diese Glasflasche.«

Sie hält einen großen Behälter hoch, der aussieht wie eine Retro-Milchflasche mit weißem Deckel und einer Metallklammer zum Verschließen.

»Wie in jedem Jahr werfen wir unsere Briefe bei Sonnenaufgang ins Feuer.«

Alle sind still. Ehrfürchtig. Bereit.

Ms Mercer lächelt. »Ihr habt eine Stunde Zeit. Fangt an zu schreiben.«

Ich schnappe mir mein Notizbuch und gehe rüber zu einer Bank mit Blick aufs Wasser. Der Wind hat den Nebel vertrieben und ich kann in ferne Weiten schauen. Bis auf das rhythmische Rauschen der Wellen ist es hier ganz still.

Seid schonungslos ehrlich mit euch selbst.

Ehe ich loslege, sollte ich vielleicht erst mal wissen, wie mein Abschlussjahr auf keinen Fall sein soll. Ich will nicht jemand sein, der ich nicht bin. Wenn ich die Liberty verlasse, will ich kein Arschloch gewesen sein und mich rückblickend dafür schämen.

Ich will nicht so nach Auswegen suchen wie mein Bruder. Ich will nicht nach irgendwelchen Flicken suchen, die das reparieren sollen, was in mir und unserer Familie kaputtgegangen ist.

Ich will nicht immer wieder zulassen, dass Leuten, an denen mir liegt, Schlimmes passiert, weil ich den Mund nicht aufgemacht habe.

Ich will Natalia nicht verlieren.

Wie konnte es so weit kommen, dass es unerträglich ist, einander anzusehen?

Gesteh es dir ein, damit du es loslassen kannst.

Vielleicht bringen wir heute wirklich alles wieder in Ordnung. Wir könnten reinen Tisch machen und für unsere Freundschaft einen Neuanfang finden, wenn wir mutig genug sind. Ich werde das auf jeden Fall versuchen, ich vermisse sie zu sehr. Deshalb werde ich mich zwingen, mutig genug zu sein, und nur an sie schreiben.

Mein Herz hämmert in der Brust, als ich zum Stift greife.

Ich wünschte, du würdest wieder mit mir reden. Alles verändert sich rasend schnell. In letzter Zeit hab ich so viel bereut. Was die Schule angeht und meine Familie. Und meistens weiß ich nicht, wie ich damit umgehen soll ... ich ... ich weiß, wenn ich mutiger wäre, hätte ich dich in jener Nacht angefleht zu bleiben. Du hast ja keine Ahnung, wie sehr ich dich wollte. Nicht im Traum hätte ich gedacht, dass du mal oben ohne in meinem Bett sein würdest.

Aber als du gesagt hast, es würde nichts ändern, da ... da wusste ich, wenn das die Wahrheit ist, würde ich nicht mit dir zusammen sein können. Wie könnte ich dich endlich, endlich in den Armen halten, nur um dich mit dem nächsten Atemzug wieder zu verlieren? Ich weiß jetzt nämlich, was ich damals schon geahnt habe:

Für mich würde es alles ändern.

Das hat es bereits getan.

Aber ich habe kein Wort gesagt, weil ich Angst hatte,

du würdest ausflippen. Ich weiß nicht, was du fühlst. Manchmal bin ich überzeugt davon, du würdest mich nie im Leben auf diese Art sehen. Dann wieder, ach, keine Ahnung, da frag ich mich, ob du nicht vielleicht auch so empfindest wie ich. Nach jener Nacht hab ich ja gerade mal den Anflug einer Ahnung davon, wie es ist, dich in den Armen zu halten ... neben dir zu liegen und zu denken, dass du mich vielleicht auch willst. Diese Ungewissheit ...

Ich war überzeugt davon, dich zu verlieren, wenn ich dir all das sage.

Aber ich würd's lieber wissen, als ewig rumzugrübeln.

Also, wenn ich mutiger wäre, würde ich dich fragen. Und ich würde dir alles erzählen, was in mir vorgeht. Denn du bist es wert, dass ich für dich kämpfe.

Meine Hände zittern ein wenig, als ich das Papier falte. Das hier ist ... zu ehrlich. Doch ich sage mir, dass dieser Brief in eine Flasche kommt. Niemand wird ihn lesen. Man kann nichts reparieren, solange man so tut, als wäre nichts kaputt.

Ich gehe zur Glasflasche, hole tief Luft und lasse den Zettel in das Gefäß fallen.

6

Natalia

Senior Sunrise, 8:53 Uhr

Um mich herum höre ich Geschniefe und sehe echte Tränen. Die Leute nehmen die Briefe tatsächlich ernst. Alle beugen sich entweder über ihre Notizbücher oder starren Richtung Horizont, nachdenklich und wehmütig. *Emotional.*

Also, wie bringe ich mich dazu? Puh. Ich starre auf die leere Seite, versuche die Worte zu erzwingen. Vierzig Minuten sind schon um und ich hab das Gefühl, ich bin hier als Einzige erstarrt. Zu verängstigt und schwach, mich dem zu stellen, was meine Gedanken mir entgegenschleudern.

Warum musste ich den Senior Sunrise bloß mit Silvester vergleichen?

Fetzen dieser Nacht zucken grell durch meinen Kopf wie unerträgliche Stroboskoplichter.

Wie Mr Forrester mit mir geredet hat … Wie er mich angeguckt hat. Ich muss mich schütteln. Sofort kneife ich die Augen fest zu und versuche davor wegzulaufen – wie schon das ganze Jahr. Ich atme tief durch und sehe mich in Ethans starken, schützenden Armen. Da habe ich immer Sicherheit gefunden. Wäre das noch immer so, wenn ich es ihm erzählen würde?

Ich wünschte, ich könnte diesen Wust aus Angst und Sehnsucht malen, der meine Worte in Ecken zwingt, die ich nicht erreichen kann. Doch wenn es überhaupt Hoffnung gibt herauszufinden, was ich dieses Jahr will, und irgendwie einen Weg durch all das zu finden, dann sollte ich unbedingt das Richtige tun …

Wenn ich mutiger wäre, würde ich Ethan alles erzählen. Ich würde ihm sagen, was an Silvester passiert ist und warum zwischen uns alles so komisch geworden ist. Warum ich seitdem so abweisend bin. Ich hab nicht gewusst, wie ich es ihm sagen soll, weil ich nicht wollte, dass sich alles zwischen uns ändert. Das muss es, ich weiß, und sobald ich es ihm sage, wird es das auch, aber … ich verspreche, ich habe nicht gewollt, dass so was passiert.

Meine Brust wird eng. Ich streiche den Satz zu Silvester, schreibe aber weiter:

Wenn ich mutiger wäre, würde ich Ethan sagen, warum ich in jener Nacht weggerannt bin. Was ich wirklich wollte. Welche Angst ich hatte, alles kaputt gemacht zu haben. Ich hab mich nicht im Griff, wenn ich mit ihm zusammen bin …

Nee. Ich streiche den ganzen Absatz durch und versuche es anders zu formulieren.

Wenn ich mutiger wäre, würde ich akzeptieren, dass nie was aus diesen Gefühlen werden kann, ganz egal wie groß sie sind oder wie richtig sie mir erscheinen. Sein Dad hatte recht – wir leben in anderen Welten. Ich kapiere jetzt, was anscheinend alle begriffen haben: Ich bin nicht gut genug für ihn. Das war ich nie. Ich bin nicht hübsch genug. Ich bin nicht klug genug. Ich warte immerzu auf ein Heilmittel für dieses Gefühl und ich habe schreckliche Angst ...

Ich reiße die Seite aus dem Notizbuch, *so* kurz davor, sie aufzuessen, damit garantiert keine Menschenseele sie lesen kann.

Es ist zu viel. Alles zu genau und persönlich.

Aber mir ist jetzt klar, etwas anderes kann ich nicht machen, um mein Leben zu ändern oder meine Zeit an der Liberty. Die Lion Letters sind dazu da, vor dem Abschlussjahr über die Sache zu schreiben, die uns den größten Mut abverlangt.

Selbst wenn ich die Highschool nicht hier beende, selbst wenn ich mit Mom umziehen sollte, gibt es nichts, dass mein letztes Schuljahr so beeinflussen oder mehr Mut erfordern wird, als mich dieser Sache mit Ethan zu stellen.

Ich hole Luft, entknittere das Papier und lese den Brief noch mal durch. Das Durchgestrichene kann ich noch entziffern und auf einmal ist klar, worauf das alles hinausläuft. Ich füge dem Gekritzel noch etwas hinzu, einen einfachen Satz:

Wenn ich mutiger wäre, würde ich Ethan gehen lassen.

Ich bin die Letzte, die ihren Brief in die Flasche steckt.

7

Natalia

Letztes Jahr an Silvester, 21:06 Uhr

Ich komme sechs Minuten zu spät zu Ethans Silvesterparty. Seine Eltern geben jedes Jahr eine Party und damit wir nicht im Weg sind, feiert unsere Gruppe unten im Wohnzimmer, wie's uns gefällt.

Ich klopfe gar nicht erst und gehe gleich rein, so wie immer. Obwohl ich mir vorkomme wie ein Einbrecher, nachdem er in dieses riesige Haus in Cliffport Heights gezogen ist. Ich kann meine Freunde und Freundinnen hören, die sich in Ethans Wohnzimmer versammelt haben, Sienna redet mal wieder ziemlich lebhaft. Mein lila Glitzerkleid flattert mir um die Knie, als ich mit schmerzenden Füßen auf die Bank neben der Haustür zuhumpele. Da reiße ich mir die hochhackigen Schuhe von den Füßen.

Die hätte ich gar nicht anziehen sollen, als ich zu meiner Abuela gegangen bin, um einen Berg Tamales vorzubereiten. Aber ich hätte auch nie gedacht, dass es so lange dauert. Abgesehen davon hatte ich in Dutzenden Rezensionen online gelesen, wie bequem diese Schuhe wären und dass man sie ohne Weiteres stundenlang tragen könnte. *Stunden*. Lüge! Das gibt nur einen verdammten Stern.

Seufzend schäle ich mich also aus den Pumps. Himmlisch. Ich lasse die Schuhe unter die Bank fallen, wo sie neben Ethans üblichen

Chucks landen. Sein donnerndes Lachen hallt von den Wänden wider und macht mich glücklich. Weil er in Tahoe war und ich so viel zu tun hatte, haben wir uns während der Winterferien überhaupt nicht gesehen. Nicht zu fassen, wie sehr er mir gefehlt hat. Unsicher betaste ich meine Haare. Wie er den neuen Schnitt wohl findet? Ich verdrehe die Augen. Fällt ihm wahrscheinlich nicht mal auf.

Dann stehe ich auf und mein Blick verfängt sich an einem neuen Gemälde, das an der Wand neben der Treppe hängt. Es ist abstrakt, kühne Striche in Tiefschwarz auf Kobaltblau, ein brauner Klecks nicht ganz in der Mitte, wie eine Wunde. Wie magnetisch davon angezogen gehe ich auf das Bild zu, um es mir genauer anzuschauen. Der kühle Marmor ist himmlisch unter meinen schmerzenden Füßen.

Ich betrachte die Pinselstriche, schaue mir das Bild von der Seite an, um ein Gefühl für die Textur zu bekommen. Plötzlich brennen mir die Augen, ich möchte weinen.

»Faszinierend, oder nicht?«, fragt jemand mit tiefer Stimme.

Ich drehe mich um, Ethans Vater kommt auf mich zu, den Blick auf das Bild gerichtet. Er trägt einen makellosen schwarzen Anzug und hält ein Kristallglas mit einem bräunlichen Getränk in der Hand. Sein perfekt gestyltes Haar fällt ihm in die Stirn, als sei es ganz unabsichtlich. Er ist älter als mein Dad, sieht aber zehn Jahre jünger aus. Das ist so eine Sache mit Promis. Mit Geld. All diese Mittelchen und Tricks, die sie wie Götter wirken lassen – ganz was anderes als die Jahre Arbeit und Stress, die sich tief ins Gesicht meines Vaters eingegraben haben.

Ich lächele höflich. »Hi, Mr Forrester.«

Er presst sich die Hand aufs Hemd, als hätte ich ihn verwundet. Das Eis in seinem Glas klimpert, ein bisschen von der bernsteinfarbenen Flüssigkeit schwappt auf sein Handgelenk. »Du bist seit dem Kindergarten mit Ethan befreundet und nennst mich immer noch *Misser*?« Er lallt ein wenig.

»Sorry«, sage ich. Tut mir aber gar nicht leid. Nie im Leben könnte ich ihn Roger nennen. Das wäre wie einen Lehrer oder eine Lehrerin zu duzen – komisch und viel zu vertraulich.

Sein Blick wandert zurück zum Gemälde, meiner also auch. »Das hab ich in einer kleinen Galerie in SoHo entdeckt. Es hat zwar ein Vermögen gekostet, aber ich musste es einfach haben.«

»Ist wirklich cool«, sage ich und kneife die Augen zusammen. Wie peinlich ist das denn? Cool? Das hier ist so viel mehr als cool. Es ist großartig. Seltsam. Und gleichzeitig gibt es mir ein Gefühl abgrundtiefer Verzweiflung, von der es sich lohnt, mit aller mir noch zur Verfügung stehenden Kraft wegzukriechen.

Ich versuche es noch einmal. »Es ist was … Besonderes«, sage ich ein wenig atemlos.

»Das freut mich, Natalia.« Er macht einen Schritt auf mich zu. »Wie läuft's denn mit deiner Malerei?«

Meine Augenbrauen schießen in die Höhe. Hab ich je mit ihm über meine Bilder geredet?

Er beugt sich noch weiter zu mir rüber, so als wollte er mich in ein Geheimnis einweihen. »Ethan redet immer davon, wie talentiert du bist.«

Ethan redet über mich und meine Kunst! Bei dem Gedanken treibt mir ein Hitzeschwall Röte ins Gesicht. Ich kann nichts dagegen machen. »Ethan übertreibt.«

»Das glaube ich nicht, er hat ein ziemlich gutes Auge. Wie sein Dad«, sagt er stolz.

Ethan wird oft mit seinem Vater verglichen, aber irgendwie kapiere ich das nicht. Ja, eine Ähnlichkeit ist da, aber auch nicht *so* krass. Ethans Augen sind freundlicher, sein Lächeln offener. Und Mr Forrester hat so eine unterschwellige Härte, die Ethan zum Glück fehlt. Vielleicht ist das einfach der Ruhm, den er nicht abschütteln kann.

Er beobachtet mich, vermutlich wartet er darauf, dass ich was über meine Arbeiten sage. »Eigentlich hab ich kaum noch Zeit zum Malen.«

Da runzelt Mr Forrester die Stirn und rückt mir einen weiteren Schritt näher. Ich muss mich nach hinten lehnen, damit ich ihn besser sehen kann, und stoße an die Wand. Wieso stehe ich denn so nah an dieser Wand?

»Lass mich dir sagen«, seine roten Augen glänzen, »wenn du deine Kunst nicht an erste Stelle setzt, tut es auch niemand anders.«

»So – äh – hab ich das noch nie gesehen.«

Ich versuche ihm auszuweichen, er hebt den Arm und stützt sich an der Wand ab. Wahrscheinlich ist ihm gar nicht bewusst, dass er mich einsperrt, trotzdem schlägt mein Herz schneller. Ich stecke in der Klemme: Ohne ihn unverhohlen wegzuschubsen, komme ich nicht an ihm vorbei.

»Irgendwann würde ich mir deine Arbeiten gern mal anschauen. Ich kenne eine Menge Leute in der Kunstszene und könnte dich vernetzen.«

»Wirklich?« Mein Interesse klingt durch, dagegen kann ich nichts machen.

Er grinst und lässt sein Megavolt-Lächeln für den roten Teppich scheinen. »Das würde ich gern tun.«

Ich habe nicht wahnsinnig viel Zeit mit Mr Forrester verbracht in den letzten Jahren, da er ständig sonst wo unterwegs ist, um seine Serie oder einen neuen Film zu drehen. Aber wenn er mal da ist, erzählt er normalerweise lustige Geschichten aus der Kindheit von

Ethan und Adam, bestellt immer jede Menge Essen und überrascht uns mit Karten für Basketballspiele und Konzerte. Unserer Schule spendet er auch einen Haufen Geld, besonders an den Lion-Stipendien beteiligt er sich, und das ist echt cool, denn ohne ein Stipendium könnte ich mir die Schule überhaupt nicht leisten.

Aber jetzt macht mich sein stierender Blick total nervös.

»Vorhin hätte ich dich fast nicht erkannt. Du siehst blendend aus.«

Sofort habe ich einen Knoten im Bauch. Ich presse die Schultern noch heftiger an die Wand, denn ich will mir unbedingt etwas Raum verschaffen. Ist dem Mann überhaupt klar, wie nah er mir auf die Pelle rückt?

»Oh. Hm. Danke.«

»Mein Co-Star Sofia jammert immer über ihre Kurven, aber Männer lieben sie, glaub mir.« Er sagt das, als wäre es eine Weisheit, die ich gnädigerweise von ihm empfangen darf, und keine sexuelle Objektifizierung und Fetischisierung.

Ich schaue an ihm vorbei Richtung Wohnzimmer, versuche telepathisch jemanden herzulocken, der dieses Gespräch unterbricht. Ob er nun weiß, was er tut, oder nicht, ich will nicht länger mit ihm allein sein.

Dann fällt mein Blick auf die Wände voller Familienfotos und Bildern von Urlauben und Ausflügen. Wahrscheinlich ist meine Reaktion total überzogen. Das hier ist Ethans *Vater*. Ja, er ist ein Promi, aber es ist derselbe Typ, der mit uns Pizza essen geht, im Auto schräg singt und peinliche Dad-Witze reißt – genau wie mein Dad. Wahrscheinlich ist er einfach nur betrunken. Mir ist aufgefallen, wie seltsam manche Männer werden, wenn sie was getrunken haben. Ich versuche dieses unbehagliche Gefühl zu verdrängen.

»Als ich jung war, hatte ich so eine Freundin wie du«, sagt er.

Ich starre auf das Gemälde. »Eine … Malerin?«, sage ich, um dem plötzlichen Themenwechsel zu folgen. Sein Blick gleitet an meinem Körper herunter, auf eine Art, die sich … verkehrt anfühlt.

»Eine Sirene. Die Art Mädchen, die Jungs schlimme Sachen anstellen lässt.«

Alarm. Jeder Muskel in mir ist angespannt.

In meinem Kopf tauche ich die Fingerspitzen in all die düsteren Farben – die Braun- und Grau- und Schwarztöne –, verteile sie von der Mitte der Leinwand wie mit Klauen bis zu den Rändern. Die schmierigen Streifen haben was von Rippen, hinter denen ein Tornado wütet.

Er rückt so nah heran, dass ich den Alk in seinem Atem rieche. »Das wird Ethan auch bald bemerken, wenn er das nicht längst getan hat.«

Er beäugt mich genauso wie das Gemälde. *Musste ich einfach haben.* Mein Schaudern kann ich kaum unterdrücken, ich schlinge die Arme um mich, versuche meine Brust zu verbergen. Versuche mich kleiner zu machen, damit er aufhört mich *so* anzusehen. Versuche mich an die paar Selbstverteidigungsmoves zu erinnern, die ich im Sportunterricht gelernt habe – für den Notfall.

Er kommt mir noch näher. »Aber wir wissen beide, dass du nicht die richtige Art Mädchen für ihn bist.«

Ich balle die Hände zu Fäusten, damit er nicht mitkriegt, wie sehr sie zittern. »Was?«

Mit schwimmendem Blick sieht er mir in die Augen, ein mitleidiges, herablassendes Lächeln umspielt seine Lippen. »Andere Welten«, sagt er und breitet die Arme ganz weit aus in diesem Flur, in dem unser halbes Haus Platz hätte.

Mir klappt der Mund auf.

»Sein Bruder ist zwar ein hoffnungsloser Fall, aber für Ethan habe ich große Pläne. Das Beste wird sein, du hältst dich fern. Kapiert?«

Er wartet darauf, dass ich etwas sage. Ich will nur noch heulen, stattdessen nicke ich einmal. Denn ich hab's kapiert. Er sagt mir, was ich schon immer gewusst habe: Ich bin nicht gut genug für Ethan. Das war ich noch nie. Sogar sein Arschloch von Dad weiß das.

Plötzlich dringt eine Lachsalve aus dem anderen Raum und seine Aufmerksamkeit ist eine Sekunde lang abgelenkt. Ich nutze die Gelegenheit. »Ich sollte ...«

Sofort gibt er den Weg frei. »Selbstverständlich. Ich wollte dich nicht aufhalten. Frohes neues Jahr, Natalia.«

Mr Forrester hebt sein Glas und prostet mir zu, dann löst er sich von der Wand und steuert leicht schwankend zurück zur Party der Erwachsenen.

Meine Haut kribbelt, ich drehe mich um und will gehen. Ich muss hier raus. Genau in diesem Moment höre ich Ethans Stimme: »Talia! Da bist du ja endlich!«

Er kommt auf mich zu und nimmt mich in die Arme. Sicherheit. Trost. Obwohl er zu viel Aftershave aufgesprüht hat, möchte ich mich am liebsten an ihn kuscheln und mich vor allem und jedem verstecken. Aber ich löse mich ganz schnell wieder von ihm, weil ich mir vorstelle, dass sein Vater sich auf der Treppe rumdrückt und uns beobachtet.

Ethans Haare sind ein bisschen wuschelig, das ist aber gewollt. Er trägt ein dunkelblaues Oberhemd, die Ärmel hochgeschoben bis zu den Ellenbogen, und dunkle teure Jeans, umgekrempelt. Verlegen streiche ich über das Kleid, das ich bei Target gekauft habe.

Andere Welten.

»Was hat so lange gedauert?«, fragt er.

»Ich … dein Dad.« Meine Stimme ist immer noch zittrig. Ich weiß gar nicht, was ich sagen soll. Ist das eben echt passiert? Hat Mr Forrester das tatsächlich so gemeint? Was habe ich getan?

Irgendwas muss ich doch getan haben. Wie sollte er sonst darauf kommen, dass es in Ordnung sein könnte, so mit mir zu reden? Eine Sirene hat er mich genannt. So als hätte ich ihn absichtlich gelockt mit … was? Damit, dass ich zu einer schicken Party ein Kleid trage?

Wenn ich darauf komme, werde ich es garantiert nie wieder tun. So will ich mich nie wieder fühlen!

Ethan grinst, er bemerkt meinen inneren Zusammenbruch gar nicht. »Hat er mit diesem tollen neuen Bild angegeben? Bei Rainn hat er das auch gemacht.«

Das klingt zwar ein bisschen genervt, aber es schwingt jede Menge Zuneigung mit. Und da wird mir die ganze Tragik der Situation bewusst.

Es ist sein *Dad*.

Wie könnte ich Ethan je sagen, was gerade vorgefallen war? Ich kann nicht mal eine Erklärung dafür finden. Selbst wenn Ethan mir glauben würde, was würde er denken? Dass ich auf das Flirten eingegangen wäre? Widerlich.

Nein, das kann ich Ethan niemals erzählen. Sein Dad hat ja nichts *gemacht*.

Ich zwinge mich zu einem Lachen. »Ja, das Bild ist echt cool. Traurig … aber voller Hoffnung.«

»Finde ich auch«, sagt Ethan sanft. Er nimmt meine Hand und zieht mich lächelnd rüber zur Gruppe. »Dein neuer Haarschnitt ist übrigens echt süß.«

Vor zehn Minuten hätte so ein Kommentar bei mir noch für ein aufregendes Prickeln gesorgt. Aber jetzt will ich nicht, dass mich je wieder jemand so ansieht. Nicht mal Ethan. Vielleicht gerade der nicht.

8

Ethan

Senior Sunrise, 9 Uhr

Nach einer Stunde, in der wir still geschrieben haben, steckt Natalia als Letzte ihren Brief ins Glas. Ich beobachte, wie sie den Verschluss zudrückt und die Flasche wieder mitten auf den Tisch stellt, ihr Blick voller Unbehagen. Der Glasbehälter ist bis zum Rand voll mit gefalteten gelben Zetteln.

Unsere Blicke begegnen sich. Wie gern würde ich wissen, was sie geschrieben hat.

»Gut gemacht! Ihr habt eure Herzen geöffnet und dafür danke ich euch.« Ms Mercer verneigt sich vor uns. »Wir haben noch eine Ansage, ehe Spiel und Spaß beginnen können. Nur wenn ihr wahrhaftig präsent seid heute, werdet ihr euch auf euch selbst und eure Mitschüler konzentrieren können. Das ist nur möglich, wenn ihr eure Aufmerksamkeit nicht wegscrollt. Also werdet ihr gleich, wenn ihr euch eure Senior-T-Shirts holt, die Handys abgeben.«

Alle stöhnen.

»Aber! Dafür bekommt ihr das hier.« Sie holt eine Polaroidkamera raus und wirft mir einen wissenden Blick zu. »Ethans Vater, Mr Forrester, haben wir es zu verdanken, dass jeder von euch eine bekommt, und dazu genug Film, damit ihr eure Erinnerungen festhalten könnt!«

Hier und da gibt es aufgeregtes Gemurmel. Aber mir kommt die Galle hoch. Mein Vater, der mal wieder mit seinem Geld um sich schmeißt. Der mich zurückkaufen will, als ob das so funktionieren würde. Klar, Dad. Ich vergeb dir, dass du Mom mit deinem Co-Star betrügst. Mehr als eine Kamera braucht es dazu nicht! Logisch, oder?

Ich versuche nicht aufzufallen, aber als ich bei Claire nach Mitleid suche, lehnt die sich mit großen Augen zu mir rüber. So weit, dass ihre warmen Lippen mein Ohr berühren. »Dein Dad ist der Coolste.«

Echt jetzt?

Trotz der kostenlosen Kameras regen die Leute sich immer noch wegen ihrer Handys auf. Ein paar drohen, damit abzuhauen.

Rainn steht auf. »Im Ernst? Könnt ihr nicht mal einen Tag auf euer Handy verzichten? Ist nicht wahr, oder? Einen Teil der Zeit schlafen wir sowieso. Wir packen das!«

Irgendwie bringt das den Umschwung und das Gemecker verebbt.

Natalia schickt einen stummen Dank an Rainn und der zwinkert ihr zu.

Nehmt bloß keine Rücksicht auf mich, den elenden Mistkerl, der eben sein Herz in ein Glasdings gestopft und dabei völlig ignoriert hat, dass Natalia jetzt einen Freund hat.

Ich beäuge die Glasflasche, die da mitten auf dem Tisch steht.

Was habe ich bloß alles in diesen Brief gepackt? Nacktes Grauen durchrieselt mich.

»Okay, stellt euch in einer Reihe auf und lasst das große Offline-Gehen beginnen!«, ruft Mr Beckett.

Wir bilden eine Schlange. Neben mir jammern Claire und Janelle immer noch.

»Wenn ich das gewusst hätte, wäre ich überhaupt nicht gekommen. Ist doch irgendwie total illegal, oder? Wir benutzen die für so gut wie alles. Was mach ich denn, wenn ich den Taschenrechner brauche?«, sagt Janelle.

»Das ist ein gutes Argument«, sagt Claire.

So geht das noch eine ganze Weile weiter, ich frag mich schon, ob es sehr wehtun würde, wenn ich mich von dieser Klippe stürzen würde, direkt in den Ozean. Kann auch nicht schlimmer sein als dieses Gespräch.

Genau da schreit Natalia auf. Ich trete aus der Reihe und sehe Rainn vor ihr stehen, mit ausgestreckten Armen schirmt er den Wind ab, während sie die T-Shirts ordnet, die aus dem Karton gefallen sind.

Sie lacht. »Mein Held!«

Meine Hände werden zu Fäusten, die ich erst wieder entspanne, als Rainn zum Volleyballspielen runter an den Strand joggt.

Die Gruppe vor uns rückt auf und schließlich sind wir vorne angelangt. Natalia sieht uns an, ihr Blick wird steinhart.

Claire hat die Arme vor der Brust verschränkt, zwischen ihren Augenbrauen ist ein tiefes V. »Wie findest du das, Ethan?«

»Hä?«

»Die Sache mit den *Handys*.«

Natalia hebt die Augenbrauen, als sie begreift, worum es geht. »Ja, was meinst du zu den Handys, Ethan?«

Ehrlich gesagt klebe ich meistens an meinem Handy. Scrollen und nach Informationen schürfen, die meine Neugier befriedigen, entspannt mich. Abgesehen davon lassen sich unangenehme Gespräche am besten vermeiden, indem man Wikipedia-Einträge liest. Eigentlich müsste ich wütender sein.

Aber in diesem Moment können sie das Ding meinetwegen verbrennen, kratzt mich nicht. Meins pingt nämlich seit einer Stunde ununterbrochen, alles Anrufe und Nachrichten von Dad. Variationen von »*Ruf mich an, sobald du das kriegst. WICHTIG*« in diversen Dringlichkeitsstufen. Dass mich das interessiert oder dass ich mit ihm reden will, wird einfach vorausgesetzt. Ich will aber nicht.

Das schwarze Loch in meinem Bauch wird größer, mir ist ja klar, dass ich irgendwann mit ihm reden muss. Es sei denn, ich zeige ihm bis in alle Ewigkeit die kalte Schulter.

Aber noch nicht.

Meinen Dad richtig loszuwerden – und sei es auch nur für einen Tag –, klingt verdammt befreiend. Claire starrt Löcher in mich und wartet darauf, dass ich ihre Partei ergreife.

Schon haben wir das nächste unangenehme Gespräch.

Ich behalte Natalia im Blick, als ich sage: »Hm. Na ja, viele Studien lassen darauf schließen, dass eine Verbindung besteht zwischen exzessiver Handynutzung und schweren Depressionen, Angststörungen sowie Schlaflosigkeit.«

Janelle verschränkt die Arme vor der Brust. »Ach ja. Deine Faktenmacke hatte ich ganz vergessen.«

In der siebten Klasse habe ich nur auf diese Weise kommuniziert. Überraschend, dass sie sich nicht daran erinnert. Besonders weil wir da mal einen ganzen Tag zusammen waren. Was übrigens ein Witz gewesen ist. Den beliebten Kindern war langweilig, also haben sie Janelle bezahlt, damit sie mir sagt, dass sie mich mag. Und solange sie es aushalten konnte, hat sie so getan, als wäre sie meine Freundin. Einen ganzen Schultag lang. Ach, was für spaßige Erinnerungen, die einen fertigmachen.

»Er ist so klug. Wie eine wandelnde Wikipedia«, pflichtet Claire bei.

»Ethanpedia!«, brüllt Janelle.

Sie und Claire kichern haltlos, während mein ganzer Kopf heiß wird. Bin ich tatsächlich mit diesen Leuten befreundet? Das wäre jetzt der Moment, in dem ich mein Handy rausholen und »Stockholm-Syndrom« googeln würde. Könnte ja sein, dass ich auf die dunkle Seite hinübergewechselt bin.

»Vergiss nicht, exzessiver Handygebrauch steht auch in Zusammenhang mit einer Beeinträchtigung akademischer Leistungsfähigkeit«, sagt Natalia. Ihr harter Blick richtet sich auf Janelle, die anscheinend nicht checkt, dass Natalia sie beleidigt.

Ihre Mundwinkel zucken nach oben, als ich mein Lächeln verstecke.

Entnervt geben Claire und Janelle die Handys ab und schnappen sich Kameras. Beim Weggehen reden sie darüber, wie süß die Senior-Shirts doch sind. Natalia, die Stunden mit dem Design verbracht hat, ignorieren sie mal wieder komplett.

Ehe ich mein Handy abgebe, schicke ich Adam schnell noch eine Nachricht:

Hab heute kein Handy. Ruf Mom an, wenn du was brauchst.
Vermiss dich, Mann.

Hoffentlich kommt er klar heute ohne unser übliches Telefonat. Keine Ahnung, wie sehr es ihm hilft, aber mir hilft es, wenn ich seine Stimme klar und ohne Gelalle höre. Zu wissen, dass er nichts nimmt. Zu wissen, dass er stärker ist, als Dad jemals sein könnte. Ich schaue auf. Natalia hält mir mein T-Shirt hin und beobachtet mich neugierig.

Doch als ich mir das Shirt nehmen will, hält sie es noch eine Sekunde lang fest. »Hey. Was auch immer dich beschäftigt, ist nicht so schlimm, wie du schon wieder denkst.«

Mein Herz wird einen Tick leichter. »Woher weißt du das?«

In ihren Augen ficht das Süße einen Kampf mit dem Kleinlichen aus. Das Kleinliche gewinnt.

»Ich bin eben auch so was von schlau«, sagt sie im Claire-Ton.

Sie plinkert mit den Wimpern und wirft die Haare zurück, dann schaut sie auf ihr Klemmbrett. »Übrigens, möchtest du Prom-King oder Ethanpedia genannt werden? Was ist dir lieber? Ich muss meine Liste updaten.«

Will sie mich quälen? Funktioniert.

»Coole neue Freunde übrigens«, sagt sie. Der kritische Blick weicht einem strahlenden Lächeln, das mich eine Sekunde lang umhaut. Aus irgendeinem Grund irritiert mich das nur noch mehr.

»Cooler neuer Freund«, sage ich und schnappe ihr das Shirt aus den Händen. Mit flammendem Gesicht gehe ich weg.

Wie ich es hasse, dass ich wie Glas für sie bin. Sie kann immer direkt in mich reingucken. Allerdings benutzt sie diese Superkraft gerade nur, um zu sehen, was sie sehen will. Meine Macken. Meine Fehler.

Warum ist sie angepisst wegen Claire, wenn sie mit Rainn zusammen ist? Und werde ich je mit ihr reden können – ganz zu schweigen davon, diese Sache in Ordnung bringen –, wenn wir immer nur versuchen, uns eins auszuwischen?

Wir sind jetzt echt so weit, dass nur noch göttliche Hilfe was bewirken kann.

9

Natalia

Senior Sunrise, 9:15 Uhr

Mein Freund? Was redet Ethan da? Soll das ein Witz sein oder glaubt er tatsächlich, dass Rainn und ich zusammen sind? Offenbar reden die beiden auch nicht miteinander, was ihnen absolut nicht ähnlich sieht. Ethan klang so wütend und … eifersüchtig. Darüber sollte ich jetzt nicht lächeln. Also echt nicht.

Und dennoch.

Das Lächeln ist auch gleich wieder weg, als ich an Ethan und Claire denke. Wie sie ihn in ihre Gruppe zieht. Wie seine Stimme immer ein bisschen tiefer wird, wenn er mit ihr redet.

Nachdem nun alle anderen ihr Handy abgegeben haben und auf dem Weg zum Strand sind, bin ich dran.

Diese Kein-Handy-Regel ist für mich echt eine Erleichterung. Meines pingt schon den ganzen Morgen, weil meine Eltern mir Nachrichten schicken. Zum Beispiel einen Screenshot von meinem Stundenplan mit folgender Nachricht von Dad:

Kunstatelier? Muss ein Irrtum sein. Ich ruf sofort an und lass dich wieder in Statistik einschreiben. Mein Lieblingskurs im Abschlussjahr!

Oder die hier von Mom:

Welche Bettwäsche soll ich mitnehmen? Die mit den roten Blumen oder die mit den schwarzen Sternen? All deine Lieblingssachen sollen da sein, wenn du bei mir bist!

Ist irgendwie so, als wäre ihnen ganz egal, dass sie mein Leben in zwei Stücke reißen und mir nur ausgefranste Ränder bleiben, aus denen ich was machen muss.

Ich antworte keinem der beiden. Gerade will ich mein Telefon ausstellen, da fällt mir eine übersehene Benachrichtigung auf.

@claireBearWilson hat dich in einem Foto markiert!

Das ist seltsam.

Schnell tippe ich drauf und mein Puls schießt in die Höhe, als ich ein Selfie von ihr und Ethan sehe, mit dem Titel »kein bisschen Summertime Sadness«. Das Gesicht drückt sie an seine Halsbeuge, die, wie ich weiß, nach Rasiercreme und *ihm* riecht, er hat dieses lässige Prom-King-Lächeln drauf, das ihn weit weg auf eine andere Umlaufbahn transportiert.

Sie hat mich getaggt, damit ich das auch ganz bestimmt sehe. Damit die Botschaft ankommt.

Ethan ist ziemlich eigen, was Posts über ihn angeht. Sie hat dieses Foto hochgeladen, weil er sie gelassen hat. Und das heißt, mit den beiden ist es noch ernster, als ich dachte.

Zittrig atme ich durch, da ist so ein Brennen hinten in der Nase. Und genau das ist der Grund, warum ich ihn gehen lassen muss. Es läuft »in diese Richtung« mit einem anderen Mädchen.

Im Kopf trete ich an eine riesige Leinwand. Groß wie ein Haus.

Fette Flatschen aggressiver Rottöne und wütende Striemen in Orange verwirbeln miteinander. Die Farbe ist so dick, man könnte dran hochklettern. Eine Wand aus Flammen.

Ich schalte mein Handy aus und lege es zu den anderen in den großen Plastikbehälter unterm Tisch. Wenn ich doch auch meine Gefühle einfach so unterm Deckel halten könnte.

Bevor ich mich den anderen unten am Strand anschließen kann, fällt mein Blick auf die riesige Glasflasche. Ich bleibe stehen. Ms Mercer hat das Glas mit den Lion Letters mitten auf dem Tisch stehen lassen – wie ein Angebot.

Ich gehe näher heran, schaue mich um. Hier bin nur ich.

Ich und ein Gefäß voller Geheimnisse.

Die herumstehen, wo jeder zugreifen und sie mitnehmen kann – alles lesen kann. Und alles wissen.

Hat sie tatsächlich vor, diese Briefe hier den ganzen Tag lang stehen zu lassen? Mehrere Pausen sind eingeplant. Haufenweise Gelegenheiten für jemanden mit entsprechender Motivation, sie zu stehlen. Wie konnte ich mich nur darauf verlassen, dass sie die Briefe sicher aufbewahrt!

Mein Brief darf nicht irgendwo rumliegen, wo jemand so Hinterlistiges wie Claire ihn in die Finger kriegen könnte.

Ich schnappe mir die Flasche, aber was genau habe ich eigentlich damit vor? Ganz egal wo die Flasche hinkommt, Fakt ist nach wie vor, dass mein Brief darin ist. Und der ist zu persönlich, zu lebendig, zu wahr. Ich hätte so private Sachen niemals schreiben sollen. Ich habe Ethans Namen geschrieben, wie sehr ich ihn will, habe seinen Vater erwähnt – Silvester! Ist zwar durchgestrichen, aber immer noch lesbar. Alles.

Ich hätte diesen Zettel wirklich aufessen sollen.

Ich hab meinen Brief als Letzte eingeworfen, deshalb kann ich ihn immer noch sehen, gleich obenauf. Das Selfie mit Claire blitzt wieder in meinem Kopf auf. Ich muss Ethan loslassen, aber zu meinen Bedingungen. Ganz privat. Nicht in irgendeinem öffentlichen Ritual. Nicht in einem Wust aus Wünschen und Geheimnissen anderer Leute. Leute, die keine Ahnung davon haben, was ich durchmache. Die niemals verstehen würden, wie weh es tut, so etwas Schmerzhaftes mit sich herumzuschleppen.

Ich muss nur diese Flasche öffnen und meinen Brief rausholen. Niemand wird es je erfahren. Ihn dazulassen, ist zu riskant. Wenn ich es tatsächlich durchziehen will, dann jetzt, während alle am Strand sind.

Vor Schuldgefühlen fängt mein Puls an zu rasen, obwohl das doch mein Brief ist. Ich lasse den Deckel aufspringen, versuche die Finger in den schmalen Flaschenhals zu kriegen. Schwierig. So eng, das hatte ich nicht erwartet. Nicht mal, als ich mit einem Finger ins Glas komme, schaffe ich es, mir meinen Brief zu angeln. Vielleicht ist das ein Zeichen.

Ich runzele die Stirn. Nein, ich glaube nicht an Zeichen. Ich presse die Lippen zusammen und drehe das ganze Ding um, schüttele es wie eine Ketchupflasche.

Einmal. Zweimal. Beim dritten Mal ist mein Brief so weit oben, dass ich eine Ecke mit der Fingerspitze erwische und ihn hochschieben kann. Mit einem letzten triumphalen Schwups ziehe ich die Zettel raus.

Großer Fehler.

Entsetzt sehe ich eine Kaskade von Briefen aus dem Flaschenhals rutschen. Sie werden von einem plötzlichen Windstoß erfasst.

»Nein!«, kreische ich, als der nächste Windstoß sie durcheinanderwirbelt und wie gelbes Laub überall verteilt.

Die Geheimisse aller, private Gedanken, Wünsche, Ängste und

Bedauern fliegen über den ganzen Campingplatz, bleiben an Büschen und Eukalyptusbäumen hängen und trudeln auf die Klippen zu Richtung Meer.

Ich werde leichenblass. Was habe ich nur getan?

10

Natalia

Senior Sunrise, 9:23 Uhr

Ich renne den kleinen gelben Seiten hinterher. Verzweifelt hechte und trampele ich durch die Gegend, um die Blätter wieder einzufangen. Damit sie nicht gleich wieder wegfliegen, stopfe ich sie mir unters Shirt. So flitze ich um ein Zelt herum und renne gegen eine warme Wand. An meiner Brust knüllen sich die Briefe.

»Was …«, sagt die Wand.

Ich blinzele. Ethan. Er kommt aus dem Waschraum, hat sich für das Volleyballspiel umgezogen.

Mein galoppierendes Herz pocht plötzlich im Hals. Erwischt.

Er bemerkt die aus meinem Shirt quellenden Briefe und versteht sofort. »Du hast doch nicht etwa …?«

»Es war ein Unfall!«

Er fasst sich an den Kopf. »Natalia …«

»Hilf mir oder hau ab!«

Noch ein Fetzen gelbes Papier fällt mir ins Auge und ich stürze mich drauf, bevor der verdammte Wind es mitnehmen kann. Der Brief weht auf Ethan zu, der tritt drauf und fängt ihn unter der Schuhsohle ein.

Wir wechseln einen Blick und er sammelt den Brief auf.

»Was brauchst du?«, fragt er.

Ohne Zeit auf den Freudensprung zu verschwenden, den mein Herz macht, weise ich ihn an, überall zu suchen und dafür zu sorgen, dass nirgends Briefe rumliegen. Wir rennen beide los.

Ich suche den Zeltplatz noch mal ab, finde ein paar Briefe unter dem fettigen Grill und zwei weitere hinter den Frauenwaschräumen. Dann drehe ich noch eine verzweifelte Runde um den ganzen Bereich zwischen Tischen und Klippen. Mit den Armen voller Briefe renne ich zurück zu den Zelten, ständig auf der Suche nach dem letzten Fetzen gelben Papier, den ich übersehen haben könnte.

Als ich sicher bin, dass wir alle wiederhaben, schnappt Ethan sich die Flasche und wir tauchen damit in mein Zelt ab. Ich verschließe den Eingang und schüttele mein Shirt aus. Dutzende zerknitterte, dreckige Blätter flattern auf den Schlafsack zwischen uns.

»Okay, in unserem Jahrgang sind siebenundsechzig Leute, aber nur achtundfünfzig haben sich für heute eingetragen«, sage ich keuchend. »Nach Anmeldeliste sind zwei nicht gekommen.«

Wie mit einer Stimme sagen Ethan und ich: »Die Jensen-Zwillinge.«

»So was von faul«, murmelt er. »Okay, dann müssten wir hier sechsundfünfzig haben?«

Ich nicke und versuche die wachsende Panik runterzuschlucken.

Wir zählen wie besessen. Als wir nur auf neunundvierzig kommen, gucken wir uns bestürzt an. Wir zählen noch mal durch. Dasselbe Ergebnis.

Sieben. Sieben Briefe fehlen noch. Sieben potenzielle Bomben, Granaten, persönliche Landminen flattern noch da draußen in der Wildnis. Und die muss ich finden, bevor jemand anders das tut.

Ethan wird blass. »Fuck«, sagt er leise. »Das ist übel, Talia.«

Ich denke an all die Leute, die beim Schreiben geweint haben, und stammele: »Ich weiß.«

»Ich …«, er schluckt. »Einige von uns haben *echt* persönliche Sachen in diesen Briefen geschrieben. In den falschen Händen … du weißt, wie die drauf sind.«

Mehr muss er nicht sagen. Das hier sind dieselben Leute, die ihm Müll übergeschüttet und ihn in der Umkleide eingesperrt haben. Die mich einfach in einem Foto getaggt haben, um ihr Revier abzustecken.

Ich weiß, wer sie sind. Darum hatte ich versucht, meinen Brief zurückzukriegen.

Aber was mache ich jetzt? Das Problem ist unlösbar. Die Briefe könnten überall sein. *Deshalb haben sie diesen Strand wohl Ventoso genannt.* Fast dringt ein Lachen durch den dicken Kloß in meinem Hals.

Ich drücke die Fäuste auf die Augen. Nein. Jetzt ist keine Zeit, in Selbstmitleid zu baden. Ich muss nur nachdenken, damit ich diese Sache in Ordnung bringen kann. Aber ich war ja überzeugt davon, dass ich das schon tat, als ich die Briefe angerührt hatte. Wenn ich diese Flasche doch nur in Ruhe gelassen hätte … aber nein, das bringt jetzt auch nichts.

Unsere Lehrkräfte reden immer von »lösungsorientierten Ansätzen«, wenn wir nicht weiterkommen. Ich muss einfach nur an alle möglichen Lösungen denken, statt mich auf die Ursache des Problems zu konzentrieren.

(Ich. Ich. Immer ich.)

»Okay. Morgen bei Sonnenaufgang wird Ms Mercer am Strand alle Briefe ins Lagerfeuer werfen, wahrscheinlich zählt sie niemand durch. Keiner muss erfahren, dass sein Brief nicht dabei ist. Hat keinen Sinn, irgendwen unglücklich zu machen – vor allem nicht, weil ein paar Briefe vielleicht über die Klippen geweht worden sind«, sage ich.

Sogar in meinen eigenen Ohren klingt das ein bisschen weit hergeholt, aber Ethan nickt und steckt einen Brief nach dem anderen wieder in die Flasche. »Und wir sind den ganzen Tag draußen, wir können also die Augen offen halten für alle Fälle. Ist fast wie Ostereier suchen. Und es ist hilfreich, dass sie gelb sind«, sagt er nachdenklich.

Der Kloß in meinem Hals wächst an. »Wir?«

Seine Hand bleibt auf dem Flaschendeckel liegen. Unsere Blicke begegnen sich und das Zelt wird kleiner. Er lässt eine Schulter zucken. »Ich hab immer gewusst, dass du mich eines Tages dazu bringen würdest, eine Leiche für dich zu vergraben.«

Beinahe lache ich los, der Knoten in meinem Hals löst sich. »Du fehlst mir«, platzt es aus mir heraus.

Ungefähr tausend Emotionen huschen über sein Gesicht. »Ich bin hier«, sagt er leise.

Das ist er. Ich spüre seine Nähe.

Dann sieht er mich beunruhigt an. »Moment mal.« Er betrachtet die vielen herumliegenden Briefe, die wir noch nicht wieder zurück in die Flasche gesteckt haben. »Hast du sie gelesen?«

»Nein«, sage ich sofort. »Das würde ich nie tun. Ich hab sie aus Versehen rausgeschüttelt und der Scheißwind hat sie mitgerissen. Ich … ich wollte nur meinen holen.«

Mit eisigem Grauen wird mir bewusst, dass ich in all dem Irrsinn meinen Brief aus dem Blick verloren habe. Unmöglich, meinen Brief zu suchen, ohne die Privatsphäre der anderen noch mehr zu verletzen, als ich es ohnehin schon getan habe.

Mein Brief könnte fehlen. Scheiße.

Er zieht die Augenbrauen zusammen. »Warum wolltest du ihn zurückhaben?«

Aber ehe ich antworten kann, höre ich Schritte. Ich lege einen Finger auf die Lippen, damit er still ist.

Scheißescheißescheiße!

Wir haben noch nicht alle Briefe wieder in der Flasche. Die Hälfte liegt noch auf meinem Schoß. Viel schuldiger könnten wir auch nicht wirken, wenn wir blutüberströmt an einem Tatort erwischt würden. Das hier ist gar nicht gut. Es sieht aus, als hätten wir die Briefe vorsätzlich geklaut. Als würden wir sie lesen.

»Natalia?« Das ist Prashant. »Dein Aufpasser zu sein, gehört nicht zu den Aufgaben des Vizepräsidenten, lass dir also gesagt sein, dass es mir ganz und gar nicht gefällt.« Er steht direkt vor dem Zelt.

Mein Herz rast. »Und was machst du dann hier?« Irgendwie gelingt mir ein ruhiger Ton.

»Ich wurde als Abgesandter gewählt, der sich vergewissern soll, dass du nicht ermordet wurdest oder sonst was. Unser Volleyballspiel kann nicht anfangen, weil die Mannschaften nicht vollzählig sind.«

»Ich musste pinkeln und jetzt ziehe ich mich um.« Die Lüge geht mir ganz glatt über die Lippen.

»Ich brauche nicht deine ganze Lebensgeschichte, ich brauche dich am Strand.«

Trotz aller Panik durchlöchere ich mit finsterem Blick Prashants Silhouette. Ethan bewegt sich, sein Rücken drückt gegen die Zeltwand. Ich bedeute ihm, das zu lassen. Er signalisiert mir, dass er sein Bestes tut.

»Übrigens, hast du Ethan gesehen?« Prashants Stimme klingt auf einmal so komisch.

Unsere Blicke treffen sich.

»Nein.«

Das Schweigen wird lauter, je länger Prashant wortlos vor dem Zelt stehen bleibt.

»Häng hier nicht rum, in zwei Minuten bin ich unten«, sage ich verärgert.

»Gut. Aber wenn ihr beide nackt da drinnen seid, wird es noch erheblich länger dauern als zwei Minuten.« Er geht weg.

Gut. Ich stopfe die restlichen Briefe schnell in die Glasflasche, am liebsten würde ich mein heißes Gesicht in den Händen verstecken. Ethan verschließt die Flasche, ohne mir in die Augen zu schauen. Ich schmeiße ihn raus und er stellt das Gefäß wieder auf den Tisch, während ich mich umziehe. Wenn wir zusammen am Strand auftauchen, wirkt das ohnehin viel zu verdächtig.

Als ich mir mein klebriges Hemd über den Kopf ziehe und in ein trockenes schlüpfe, bete ich darum, dass alle fehlenden Briefe sich genau jetzt am Meeresgrund auflösen, wo niemand sie finden kann. Dass ich niemandem das Leben ruiniert habe. Dass ich nicht gerade mein eigenes Leben ruiniert habe.

Fehlender Lion Letter Nr. 1

Mutiger zu sein, würde ALLES ruinieren. Ich habe solche Angst, dass meine Träume niemals in Erfüllung gehen, denn ich habe bestimmt gar kein Talent. Ich mag zwar Komplimente kriegen, aber manchmal hab ich das Gefühl, ich hab nichts von dem verdient, was ich erreicht hab. Wenn das mit mir und Jackson rauskommt, werden die Leute genau das denken. Auch wenn Jackson sagt, das stimmt nicht. Er hat geschworen, dass er mir die Rolle auch gegeben hätte, wenn wir nichts miteinander gehabt hätten ... Aber danach hat er nicht mehr davon geredet. Ich weiß nicht mehr, was ich glauben soll. Ich wünschte,

er wäre dieses Jahr hier. Ich wünschte, er würde mir eine Nachricht schreiben. Ich kann immer noch nicht glauben, dass er gefeuert worden ist.
Wie auch immer ... Ich vermute, wenn ich mutiger wäre, würde ich mehr an mich selbst glauben. Aber ich kann nichts weiter machen, nur mein Leben noch mehr ruinieren, als ich es schon getan habe.

11

Ethan

Senior Sunrise, 9:58 Uhr

Auf dem Weg zum Strand schaue ich jede Pflanze, jede Spalte und einen Haufen Seetang ganz genau an. Nichts. Als ich eine Burger-Verpackung mit einem gelben Brief verwechsele, kommt es beinahe zu einer Auseinandersetzung mit einer Möwe. Furcht einflößend. Wo zieht Natalia mich heute wohl noch mit rein?

Wie kam sie dazu, sich an den Briefen zu schaffen zu machen? Was kann sie nur geschrieben haben, das sie unbedingt zurücknehmen wollte?

Hätte sie jemand anders erwischt …

Ich kenne sie. Ich traue ihr. Wenn sie sagt, sie hat die Briefe nicht gelesen, dann stimmt das auch. Aber das hier ist echt übel.

Ich verschaffe mir einen Überblick. Ein Teil unseres Jahrgangs spielt schon Volleyball, während die Leute von Natalias und meiner Mannschaft noch warten. Zum Glück ahnt niemand, was gerade passiert ist. Wir müssen dafür sorgen, dass es so bleibt.

Ist so schon schwer genug gerade, aber wenn das hier rauskommt, ist das Abschlussjahr für uns im Arsch. Der ganze Jahrgang wird uns hassen. Ich war ihnen schon ausgeliefert und weiß, dass sie uns das Leben zur Hölle machen werden. Vor allem wenn ihre Geheimnisse genauso persönlich waren wie meine.

Oh Gott, was, wenn auch mein Brief da draußen rumfliegt?

Zittrig atme ich durch. Wahrscheinlich steckt mein Brief immer noch sicher in der Flasche, sage ich mir. Ich glaube mir nicht.

Ich beäuge Prashant, denn ich bin mir zu neunundneunzig Prozent sicher, er wusste, dass ich im Zelt mit ihr war. Ob er sonst noch was gesehen hat? Ich kenne ihn nicht gut, weiß aber, dass er kein Problem damit hätte, Natalia was anzuhängen.

Prashant bemerkt meine Blicke und kommt auf mich zu. Seine Miene ist unergründlich. Fuck.

Kann er mir ansehen, wie schuldig ich mich fühle?

Schuldig, weil ich ein Mittäter bin. Weil sein Brief da draußen rumliegen könnte. Weil meine Hände im Zelt nicht nur wegen der Briefe gezittert haben, sondern weil es so anstrengend war, Natalia nicht anzufassen.

Und ganz egal wie verwirrend oder schmerzvoll oder abgefuckt die Dinge mit ihr auch immer sein mögen, ich muss sie einfach beschützen. Ich kann nicht anders. Bis wir das in Ordnung gebracht haben, muss ich mich so gut wie möglich zurückhalten. Prashant kneift die Augen zusammen, als er vor mir steht.

»Es ist nicht so, wie …«, beginne ich, aber Prashant drückt mir einen Pfosten in die Hand.

»Hilf mir, das Netz aufzustellen.«

Ich blinzele nur.

»Es kommt auf jede Minute an, Ethan, mach schon.«

An den festen Netzen laufen bereits mehrere Spiele, vermutlich müssen wir noch eins aufbauen, damit wir alle gleichzeitig Volleyball spielen können. Ich schaue mir den Pfosten genau an. Könnte das hier der Beginn eines doppeldeutigen Gesprächs sein? Ich finde keine Anzeichen. Erleichtertes Aufatmen. »Öh, ich bin nicht so gut bei so was …«

Er starrt mich verständnislos an. »Darin kann man nicht gut oder schlecht sein. Es ist eine völlig neutrale Aufgabe. Wir sind spät dran, beeil dich.«

Ein paar Minuten später schwitze ich und Prashant flucht leise vor sich hin.

»Nein, Ethan … halt das einfach hoch …«

»Was? So?«

Prashant guckt mich an, als hätte ich eben einen Welpen getreten. Dann lässt er das Netz in den Sand fallen. »Ich geb es nicht oft zu, aber ich habe mich geirrt.«

Sienna lacht bellend.

»Du könntest auch helfen«, grummele ich sie an.

»Hab zu tun«, sagt sie.

»Was tust du denn? Leti anstarren?«

»Ethan«, zischt sie und läuft wieder knallrot an.

Sie fährt sich durch die Haare und fängt an, einen komplizierten Zopf zu flechten, während sie immer noch ziemlich offensichtlich Leti Mitchell anstarrt.

Dann zieht Natalia unsere Aufmerksamkeit auf sich. Sie huscht die Treppe zum Strand runter und bindet sich im Laufen einen Pferdeschwanz. Sorgen stehen ihr ins Gesicht geschrieben.

Sienna betrachtet sie mit gerunzelter Stirn. »Sie ist so gestresst.«

»Da ist sie nicht die Einzige«, murmele ich.

Noch mal suche ich den Strand nach gelben Zetteln ab. Nichts.

Sienna guckt mich komisch an, ihre Finger fliegen durch ihr Haar. »Sie macht gerade eine schwere Zeit durch, Ethan. Und du weißt, wie sie ist. Je beschissener sie sich fühlt, desto mehr versucht sie alles unter Kontrolle zu haben. Wenn sie Sachen für alle anderen perfekt hinkriegt, hilft ihr das irgendwie, sich besser zu fühlen.«

Ohne Scheiß. Mit ihrem ständigen Berechnen von Wahrscheinlichkeit wirkt Sienna ja meistens wie ein Wesen aus den Tiefen des Weltraums. Doch dann macht sie wieder so eine Beobachtung – und guckt offensichtlich viel aufmerksamer hin, als ich vermutet hatte.

»Du hast recht«, sage ich einsichtig. Das Bedürfnis, Natalia zu beschützen und in Ordnung zu bringen, was sie gemacht hat – was wir gemacht haben –, kommt wieder hoch. Ich muss mich zwingen, die Frage zu stellen, auf die ich längst eine Antwort hätte, wenn die Dinge zwischen uns noch in Ordnung wären. »Warum hat sie es schwer?«

Aber Sienna kann nicht antworten, weil Natalia zu uns rüberkommt. Jetzt trägt sie Leggings und ein schwarzes Tanktop, darunter lugt ein pinkes Bikinioberteil hervor. Ihre Wangen sind gerötet von der Anstrengung.

Wir wechseln einen Blick, jetzt teilen wir noch ein weiteres Geheimnis miteinander. Fast unmerklich schüttelt sie den Kopf. Sie hat also auch keine Briefe mehr gefunden.

Vielleicht sind sie ja doch alle ins Meer geweht. Könnten wir wirklich so viel Glück haben?

Als Sienna uns neugierig mustert, gilt meine Aufmerksamkeit schnell wieder dem Netz vor meinen Füßen. Das ist genauso durcheinander wie ich.

»Ich werde dich besiegen«, sage ich zu dem wirren Haufen.

»Ich glaube, es hat schon gewonnen«, sagt Natalia.

Als unsere Blicke sich treffen, macht mein Herz eine Vollbremsung. Gott, mir war gar nicht klar, wie schwer es ist, sie gleichzeitig anzusehen und mit ihr zu sprechen. Sie ist so nah und so hübsch und ich bin so durcheinander. Nicht nur wegen der Briefe, sondern wegen allem. Einfach allem.

Sie wendet sich als Erste ab. »Warum sieht Prashant aus, als hätte er den Glauben an die Menschheit verloren?«

Prashant hockt im Sand und liest vor sich hin fluchend die Aufbauanleitung zum fünften Mal.

»Ich hab versucht zu helfen.«

Natalia schüttelt langsam den Kopf. »Warum machst du so was? Du weißt doch, dass dir Gebrauchsanweisungen Angst einjagen.«

»Ich hab ihn gewarnt. Aber er hat gesagt, es wäre nicht so schwer.«

»Ist es auch nicht, du bist nur zu blöd.«

»Hey, hör mal …«

Sie macht sich über das Netz her. »Halt das mal.«

Mach ich.

Eine Minute später steht das Netz fest im Boden und Natalia wirft mir den Volleyball mit einem unheimlich selbstzufriedenen Blick zu. Sie tritt einen Schritt zurück, um ihr Werk zu bewundern, und wischt sich die Hände an den Leggings ab. »Et voilà!«

Ich schüttele den Kopf und begutachte ihre Arbeit. »Wow. Du hast es gepackt!« Ich strecke ihr eine Faust hin. Nach einem kurzen Augenblick gibt sie mir einen Fistbump.

Fortschritt.

Der Morgenhimmel ist jetzt strahlend blau, der Wind hat den letzten Nebel weggeweht und sich in eine leichte Meeresbrise verwandelt. Ich schäle mich aus dem Hoodie, doch als ich im grauen T-Shirt dastehe, lässt die Kälte mir die Haare auf den Armen zu Berge stehen. Fühlt sich aber gut an.

Einen Moment später werfe ich einen Seitenblick zu ihr rüber. »Du starrst.«

»Nein, tu ich nicht«, sagt sie und guckt weg.

Doch, sie hat wirklich gestarrt. Hauptsächlich auf meine Brust und Arme. Ich fahre mir durch die Haare, mein Gesicht brennt.

Es ist so: Als ich in diesem Sommer nicht mal mehr einem platten Roman folgen konnte, weil ich so durch den Wind war, dachte ich mir, ich sollte mich an den Rat vom Trainer halten, der mir immer mit Muskelaufbau in den Ohren liegt. Adam fand das super und ich musste sein Trainingsprogramm fürs Frühjahr durchziehen. Das Workout war irgendwann das Einzige, bei dem wir beide entspannt waren. Nur dabei hatte ich nicht ständig das Gefühl, unter Wasser atmen zu müssen. Mir war allerdings gar nicht klar gewesen, dass es *so* viel gebracht hatte.

»Du wirst rot«, sagt sie.

»Nein, tu ich nicht.«

Sie lächelt. Ein kleines Lächeln, aber es ist echt und ich kann gar nicht fassen, wie sehr ich das vermisst habe. Doch es ist gleich wieder verschwunden, als Claire zu uns rübergeschlendert kommt und sich an meinen Arm hängt.

»Ich hab dich überall gesucht! Was hast du da oben denn so lange gemacht?«, fragt Claire mich.

»Oh. Ich … konnte meine Sonnencreme nicht finden.«

Natalias Gesichtsausdruck verrät, was für ein schlechter Lügner ich bin. Topeigenschaft bei einem Typen, der ein riesiges Geheimnis vertuscht.

Claire beobachtet uns genau, sagt aber nichts weiter dazu. Sie dreht sich zum Netz. »Natalia, was bist du nur für ein Tier. Du hast das irgendwie so in zwei Minuten aufgestellt!«

Natalias Mundwinkel gehen nach oben, ihr Plastiklächeln tritt an die Stelle des echten, das ich ihr endlich entlockt hatte.

»Mit so was kenne ich mich aus, immerhin campe ich jedes Jahr mit meinen Eltern«, sagt Natalia, aber Schmerz zuckt dabei in ihren Augen auf.

»Igitt, ich hasse Camping. Noch rustikaler darf's bei mir nicht werden.« Claire quetscht meinen Arm und lacht. Ich lache auch. Nicht weil es witzig ist, sondern weil ich so erleichtert bin, dass Claire das Thema gewechselt hat und nicht mehr wissen will, warum wir so spät an den Strand gekommen sind.

Natalias Lächeln wird schmaler, künstlicher, als sie zwischen mir und Claire hin- und herschaut. »Cool. Tja, wir werden Spaß haben heute!« Sie erwidert meinen Blick noch eine Sekunde, ehe sie zu Rainn geht.

»Sie ist so nett«, sagt Claire, die ihr nachschaut.

Ich schnaube. Das war nicht nett. Das war Natalias Version vom ausgestreckten Mittelfinger. Sie hat mich abgefertigt, als wollte sie mich den ganzen Tag nicht wiedersehen.

Was soll der Scheiß? Was ist mit den Briefen?

So viel zu Fortschritt.

»Endlich«, sagt Prashant, der erst das Netz inspiziert, dann sein Klemmbrett. »Okay, Ethan, du bist in meiner Mannschaft, Natalia, du bist bei Rainn.«

»Nice!«, ruft Rainn.

War ja klar.

»Du kommst heute ja nicht zum ersten Mal zu spät«, zieht Rainn sie auf.

»Reib's mir nicht unter die Nase«, sagt sie und pikt ihm in die Rippen.

Er lacht und packt ihre Hand. »Vorsicht, du weißt, dass ich verdammt kitzelig bin.«

»Ach ja?«, fragt sie mit großen Augen.

Er mustert sie argwöhnisch. Wir wissen beide, dass sie nicht widerstehen kann. Sobald sie eine Schwäche kennt, muss sie das ausnutzen.

Mit neuem Elan geht sie zum Angriff über. Rainn jault. Eine

schnelle Bewegung, sie ist in der Luft – und schon hängt sie über seiner Schulter. Sand rieselt von ihren nackten Füßen. Sie ruft, er soll sie runterlassen.

»Hab ich gesagt, du sollst vorsichtig sein!«, sagt er lachend.

Mit den Fäusten trommelt sie auf seinen Rücken. Aber dann fängt er an sich zu drehen und sie kreischt los vor Lachen.

Und ich gucke nur zu. Wutschnaubend. Ich denke an den Trojanischen Krieg in den griechischen Sagen. Eine ganze Stadt wurde zehn Jahre lang belagert wegen eines schönen Mädchens.

Kann ich nachvollziehen.

Mich stört weniger, dass Rainn es schafft, sie zum Lachen zu bringen, während ich gerade so ein Lächeln abgekriegt habe. Aber dass sie ihn an sich zieht, als er sie wieder auf den Boden stellt, und ihn drückt … Und dabei eindeutig glücklich aussieht.

Das tut mir echt weh.

So schlimm war es noch nie. Natalia hat immer mal einen Freund gehabt – und dem hab ich nie die Arme abreißen wollen. Allerdings war das vorher – die Erinnerung an ihre sanften Fingerspitzen auf meinem Bauch hat mich da nachts noch nicht wach gehalten. Und der Brief, den ich eben über sie geschrieben habe, war auch noch nicht sonst wo.

Vielleicht bin ich so sauer, weil ich das hier zugelassen habe. Wenn ich an jenem Abend einfach ehrlich gewesen wäre, mit Rainn, mit ihr, mit mir selbst, dann wäre nichts von all dem passiert. Ich fahre mir durch die Haare.

Mr Becketts Trillerpfeife ertönt. Das Spiel fängt an.

Wenn mein Brief da draußen ist, hoffe ich nur, dass ich ihn finde, bevor sie es tut.

12

Natalia

Senior Sunrise, 10:15 Uhr

An Rainn mochte ich schon immer, dass er so entspannt ist. So lustig. Wenn ich Panik kriege, schafft er es immer irgendwie, mich zum Lachen zu bringen. Als würde er wissen, wann ich das brauche, obwohl er nicht weiß, warum. Zum Beispiel wenn Claire an Ethan klebt.

Oder ich das Vertrauen und die Privatsphäre unseres ganzen Jahrgangs missachte.

Als er mich schließlich wieder runterlässt, schlinge ich die Arme um ihn und drücke ihn schnell. Ein stummer Dank dafür, dass ich mich für eine Sekunde besser gefühlt habe. Ich lasse ihn los. Er ist rot geworden. Irgendwas ist da in seinem Blick, das mich auf den Gedanken bringt, diese kurze Umarmung könnte ein Schritt zu weit gewesen sein für »nur befreundet«.

Aber dann nickt er und sagt: »Frau Präsidentin.«

Wieder lache ich – und verdrehe die Augen. Er ist der Einzige, der mich so nennt. Wegen Rainn muss ich mir keine Sorgen machen. Er ist so entspannt wie eine sanfte Meeresbrise.

Ich schaue auf. Ethan guckt schnell weg. Ich mache nichts Falsches. Ich tue nichts, das er nicht auch mit Claire macht. Trotzdem kriechen Schuldgefühle in mir hoch.

»Siehst du? Ethan-Drama«, murmelt Prashant.

Ich feuere einen mörderischen Blick auf ihn ab. Währenddessen machen die Mannschaften sich bereit. Ethan, Prashant, Tanner, Janelle und Claire sind in einem Team. Im anderen sind Mason, Leti, Sienna, Rainn und ich. Mein Blick streift den Strand entlang auf der Suche nach bösen gelben Blättern, die in diese Richtung geweht sein könnten. Nichts.

Noch mal bete ich um mehr Zeit. Um sie zu finden. Um diese Sache in Ordnung zu bringen, ohne dass irgendwer verletzt wird. Ohne dass irgendwer mitkriegt, was ich getan habe.

Was habe ich mir nur dabei gedacht? An meinem ersten offiziellen Tag als Präsidentin der Schülerschaft ziehe ich los und baue sofort Mist.

Welche privaten Welten habe ich da eröffnet? Meine eigene? Die meiner Freunde und Freundinnen? Ich kann gar nicht tief genug durchatmen.

Ich muss völlig den Verstand verloren haben. Ich war derart auf meinen Brief fixiert, dass ich überhaupt nicht an die anderen gedacht habe. Das war impulsiv und egoistisch, ganz das Gegenteil einer guten Anführerin. Solche Sachen mache ich nicht. Ich breche keine Regeln, mache keine Fehler oder lasse Ethan zum Mittäter werden.

Dass er immer noch hinter mir steht, erschüttert mich. Wie er sofort geholfen hat! Verdient habe ich das nicht. Aber ich bin so verdammt dankbar. Keine Ahnung, was ich machen würde, wenn ich ganz allein eine Lösung finden müsste. Ich behalte so viel für mich, zu viele Geheimnisse haben sich angestaut.

Geheimnisse sind wie eine Mauer. Sie beschützen dich, indem sie andere draußen halten. Oder sie schützen andere, sperren dich aber ein. Egal wie rum, man steckt in einem Ein-Personen-Gefängnis, aus dem kein Weg rausführt, nur die totale Zerstörung.

Aber … wie soll ich ihn jemals gehen lassen, wenn er so was tut? Immer wieder wandern meine Gedanken zurück zum Zelt … wie er mir in die Augen geschaut hat. Allein, zum ersten Mal seit Monaten – und es hat sich angefühlt, als wären wir wieder auf seinem Bett.

Ich muss mich auf dieses Spiel konzentrieren.

Ich bin an der Reihe mit dem Aufschlag. Gleich beim ersten Versuch gelingt mir ein anständiger Aufschlag von unten. Ich bin echt begeistert. Weniger begeistert bin ich, als Ethan den Ball zurückschmettert und den ersten Punkt für sein Team macht. Er zuckt mit den Achseln und sieht mich an, als würde es ihm nicht im Geringsten leidtun. Aha.

So läuft das also.

Nach ein paar Runden hat Ethan jedem Punkte abgeknöpft. Schweiß perlt auf seiner Stirn, die Wangen sind gerötet, der Blick ist konzentriert. So ist er auch beim Basketball. Das ist seine ganz andere Seite, voller Selbstvertrauen und Sicherheit.

Claire umarmt ihn jedes Mal, wenn er einen Punkt macht. Janelle ist in der Volleyballschulmannschaft und bleibt am Netz, sie dominiert das Spiel dank ihrer Größe, blockt und schmettert Punkt um Punkt.

Die gegnerische Mannschaft ist schon weit in Führung, als ich wieder mit dem Aufschlag dran bin.

Mason applaudiert mir. »Komm schon, Natalia! Du hast es drauf. Zieh einfach den Kopf aus dei…«, er schaut zu Mr Beckett, »… aus den Wolken.«

Keine Ahnung, was es ist – vielleicht Ethan, der hinter vorgehaltener Hand sein Lachen verbirgt, oder Tanner, der mich anguckt, als wäre ich die reinste Zeitverschwendung. Irgendwie gewinnt der sportliche Ehrgeiz in mir die Oberhand.

Ich schmettere den Ball in die gegenüberliegende Ecke, und obwohl Ethan hinterherhechtet, erwischt er ihn nicht. Zum ersten Mal. Sand klebt an seinen Armen und am Kinn, als er wieder aufsteht. Er guckt zu mir und ich spiegele ihm sein Schulterzucken von vorhin. Er unterdrückt ein Lächeln.

Langsam kämpfen wir uns zum Gleichstand zurück.

Inzwischen ist es richtig warm geworden. Der Schweiß rinnt mir in Strömen runter. Vielleicht zu viel. Vage stelle ich fest, dass ich mich nicht so toll fühle, aber jetzt kann ich nicht weg. Wir sind ganz dicht dran …

Zum Glück macht Leti jetzt den Aufschlag und der haut hin. Der Ball segelt knapp an Tanners Fingerspitzen vorbei. Obwohl er hinterherhechtet, kriegt er ihn nicht zu fassen – und der Punkt gehört uns. Jetzt fehlt nur noch ein Punkt zum Sieg.

Auf einmal ist mir schwindelig. Ich hätte heute Morgen wirklich mehr als drei Marshmallows essen sollen. Vor allem weil ich gestern Abend schon so nervös war, dass ich kaum was runtergekriegt habe. Ich schleudere den verschwitzten Pferdeschwanz aus dem Nacken und kneife die Augen zusammen, damit ich mich besser konzentrieren kann.

Mason schmettert einen Ball, der direkt vor Prashants Füßen landet. Prashant guckt ihn an, zuckt mit den Schultern, als wäre ihm völlig egal, dass er gerade verloren hat, und schaut sich die anderen Spiele an. Rainn reißt mich an sich zur triumphalen Umarmung, doch als er mich wieder absetzt, verschwimmt mir alles vor den Augen.

Ich wanke an den Spielfeldrand, bleibe aber mit dem Fuß an einem Stück Treibholz hängen und knalle hin. Kurz bevor ich mit dem Gesicht im Sand landen kann, fängt mich jemand mit einem starken, vertrauten Griff um die Taille. Ethan richtet mich wieder auf.

Woher wusste er das? Er war doch auf der anderen Seite vom Netz. Er ruft den anderen zu, fragt, ob jemand Saft oder Limo dabeihat.

»Du bist so blass wie ein verdammtes Gespenst«, sagt er.

»Mir geht es gut.«

Er ignoriert mich.

Einen Moment später sitzen wir auf einem riesigen Stein am Wasser und Rainn kommt angerannt und reicht mir eine beschlagene Plastikflasche. »Könnte kälter sein, sorry.«

Es ist lauwarmer Orangensaft und der ist eklig. Trotzdem trinke ich die Hälfte und mir geht es gleich besser.

»Danke«, sage ich zu Rainn.

Sein Blick wandert über Ethans Arm, der mich immer noch umschlingt.

»Natalia? Alles in Ordnung mit dir?«, ruft Mr Beckett rüber.

Ich nicke und ringe mir ein Lächeln ab. »Mir geht es gut!«, brülle ich zurück. »Bin nur ein bisschen aus der Puste.«

Mr Beckett hält den Daumen hoch. Dann wendet er seine Aufmerksamkeit wieder der Gruppe zu, die jetzt loslästert. Janelle verlangt eine Wiederholung.

»Rainn! Du hast das Netz berührt, das hätte gar nicht zählen dürfen!« Sie ist rot im Gesicht und fuchtelt herum, damit er zurückkommt und sie ihn weiter anschreien kann.

Er verdreht die Augen. »Brauchst du sonst noch was?«, erkundigt er sich ganz besorgt.

»Ich hab alles im Griff, Rainn«, sagt Ethan.

Die beiden tauschen sich stumm aus. Dann nickt Rainn, zeigt jedoch keinerlei Unbehagen. Er grinst mir zu. »Nächstes Mal musst du nicht gleich in Ohnmacht fallen. Sag's mir einfach, wenn ich zu sexy bin.«

Ich lache, Ethan guckt giftig und Rainn joggt zu den anderen zurück. Dabei lächelt er vor sich hin. Jetzt sind Ethan und ich allein, Seite an Seite, eng aneinandergedrückt. Hier will ich bleiben, neben ihm, wo ich mich am sichersten fühle. Ich will sogar noch näher an ihn heran, meine Nase an ihn drücken und das Meersalz auf seiner Haut einatmen.

Stattdessen rücke ich ein Stück von ihm ab und er lässt den Arm sinken. Die Geborgenheit löst sich in Luft auf.

»Mal wieder nichts gegessen?«, fragt Ethan.

Hä? Mal wieder?

»Nur ein kleiner Schwindelanfall.«

Er guckt mich vielsagend an. »Du machst das immer, wenn du gestresst bist. Das ist nicht gesund.«

Da stellen sich meine Nackenhaare noch steiler auf. »Ich mach überhaupt nichts *immer*. Mir geht es gut.«

»Wenn du nicht gerade fast in Ohnmacht gefallen wärst, fände ich das ein bisschen überzeugender.«

Ich stehe schnell auf, zu schnell, und wackele ein wenig auf den Beinen. »Ich bin nicht *fast* … Du bist blöd.«

»Weil ich dir helfen will?«

Das macht mich noch wütender. »Ja! Ständig bist du da und … *hilfst*.«

Keine Ahnung, was in mich gefahren ist, warum ich so wütend bin, weil er so wundervoll ist. Es ist nicht das erste Mal, dass er sich Sorgen macht, weil ich den ganzen Tag nichts gegessen habe. Und das ist etwas, das ich – zugegebenermaßen – von Zeit zu Zeit vergesse. Wenn ich mich so intensiv mit allen anderen beschäftige, ignoriere ich meine eigenen Bedürfnisse. Er verhält sich einfach wie ein guter Freund.

Doch nach diesem Sommer weiß ich nur allzu gut, wie schmerzhaft seine Abwesenheit ist. Und dass er heute da ist, heißt nicht, dass er morgen auch noch da sein wird.

Erst recht nicht, wenn mein Brief irgendwo da draußen liegt.

Wieder steigt Panik in mir auf. Ich nehme noch einen großen Schluck Saft.

»Talia, im Ernst, was ist los mit dir?«

Ich kralle die Fingernägel in die Handfläche. »Wovon redest du?«

»Du bist gemeiner als sonst, du isst nicht, du hast die Briefe geklaut …«

»Ich hab sie nicht *geklaut*.«

Er redet weiter, als hätte ich gar nichts gesagt. »Du kannst mich ja nicht mal ansehen.«

Mein starr aufs Meer gerichteter Blick schnellt zu ihm. Und da ist dieses Ziehen, diese unglaubliche Sehnsucht, die mich wie eine Flutwelle überrollt, wann immer wir uns in die Augen sehen.

»Ich weiß, zwischen uns ist es … komisch«, sagt er sanfter, »aber irgendwie scheint es um mehr als das zu gehen.«

Komisch … zwischen uns.

Zum ersten Mal hat einer von uns beiden offen eingestanden, dass es … komisch ist. Der Kuss. Die Zurückweisung.

Ich muss mich wieder setzen. Die scharfen Kanten des Steins bohren sich in meine Schenkel. Statt ihm zu antworten, trinke ich den Saft aus. Ich weiß nicht, was ich sagen soll.

Als klar ist, dass ich nicht antworten werde, seufzt er. »Wie fühlst du dich? Möchtest du nach Hause?«

»Willst du mich loswerden? Dieser Sommer hat wohl nicht gereicht als Pause?« Das sollte ein Witz sein, klingt aber zu bitter.

Ethan starrt mich an, ein Schatten über seinem Gesicht. »Immer unterstellst du mir das Schlimmste.«

»Nein, tu ich nicht.«

Tu ich das?

Er wirkt … verletzt. Verletzt? Scheiße.

»Tut mir leid. Das wollte ich nicht«, sage ich beschwichtigend. »Ist nur so … ich kann gerade nicht nach Hause.«

Er hört die Verletzlichkeit aus meiner Antwort heraus. »Warum nicht?«

»Also, wenn ich wollte, könnte ich schon. Ich will einfach nicht.« Ich starre auf meine Hände. »Meine Mutter zieht aus. Heute.«

»Im Ernst?«

Ich nicke und schlucke den Kloß in meinem Hals runter. »Sie hat das Schritt für Schritt gemacht, aber heute holt sie den Rest. Dann ist sie wirklich weg und es ist vorbei mit den beiden.«

»Fuck. Das tut mir leid.«

Ich schlinge die Arme um mich, die Hände zu Fäusten geballt. »Du weißt, wie sie streiten. Es ist das Beste so.«

Klingt einfach, aber nichts ist einfach, wenn die Familie zerreißt. Jeder Streit, jeder Konflikt, jedes verwirrende Gespräch ist wie eine weitere aufgeribbelte Masche.

Er sagt nichts, legt aber eine warme Hand auf meinen Arm und drückt ihn leicht. Schweigend sitzen wir da, doch ich möchte ihm den Rest erzählen. Das ist so viel komplizierter, weil meine Mutter nicht hierbleibt, sondern nach Sacramento zieht, wo meine Tanten wohnen. Drei Stunden weit weg. Ich möchte wissen, was er mir raten würde. Ich sehne mich nach meinem besten Freund, der mir versichert, dass alles gut werden wird. Ganz gleich, was auch passiert.

Aber ich weiß nicht, wie ich mich auf ihn als Freund stützen und ihn dabei gehen lassen kann. Wenn ich mich Ethan wieder öffne, wäre das beinahe, als würde ich ihm erlauben, mir den Rest zu geben.

Ethan lehnt sich zurück. »Moment mal. Hast du etwa den ganzen Campingtrip organisiert, damit du heute nicht zu Hause sein musst?«

Natürlich weiß er das. Die Bewunderung in seiner Stimme bringt mich zum Lächeln.

»Klingt verrückt, wenn du das so sagst.«

Er lacht sein Donnerlachen, das mein Inneres erstrahlen lässt.

»Gott, ich hab dich vermisst«, sagt er so, als wäre ihm nicht klar, dass er mit diesen Worten und der Hand auf meinem Arm alle Knoten wieder knüpft, die wir gerade gelöst hatten. Meine Hoffnung schürt, dass ich ihm genauso viel bedeute wie er mir.

»Ich bin hier«, sage ich wie er vorhin im Zelt.

Aber es kommt nicht genauso liebevoll an. Sein Gesicht ist voller Zweifel. Er glaubt mir nicht. Das gibt mir einen Stich, doch ich kann es ihm nicht mal vorwerfen. Schließlich kennt er mich gut genug, um zu wissen, dass ich ihm nicht alles erzählt habe.

Genau in diesem Moment zieht eine Lachsalve unsere Aufmerksamkeit wieder auf die anderen. Rainn gibt gerade mit einem Handstand an. Seine Hände stecken tief im Sand, sein Shirt rutscht hoch und legt den muskulösen gebräunten Bauch frei. Vermutlich ist der Streit um die Volleyballpunkte beigelegt. Mason haut ihm auf den Bauch und Rainn fällt sofort um und lacht noch mehr. Wenn Mason das mit mir gemacht hätte, hätte ich ihm in die Eier getreten. Aber so ist Rainn nun mal. Immer locker.

Ethans Blick ruht auf mir, zusammengezogene Augenbrauen, der Mund ein Strich. »Wie lange …?« Seine Stimme versagt. Er räuspert sich und nimmt erneut Anlauf. »Ich meine, Rainn und du … Seit wann seid ihr denn zusammen?«

Ich lege die Stirn in Falten. Ganz tiefe. »Sind wir … nicht.«

Er blinzelt. »Seid ihr nicht?«

»Nein.«

»Aber – mir hat er gesagt – außerdem wart ihr ständig zusammen heute.«

Ich binde mir den Pferdeschwanz so straff, dass es an den Schläfen zieht. »Was meinst du damit?«

Er verdreht die Augen. »Ihr fasst euch an – irgendwie andauernd.« Sein Ton ist hart. Wütend. *Eifersüchtig.*

Meine eigene Wut flackert auf und es lodert. »Na und?«

»Offensichtlich magst du ihn«, sagt er.

Jetzt gerade will ich das nicht abstreiten, darum geht es nämlich nicht. Mich interessiert nur dieses Stocken in seiner Stimme, die Angst in seinem Gesicht. Das ist so ungerecht. »Warum stört dich das?«, sage ich.

Er reckt das Kinn zum Himmel. »Tut es gar nicht.«

Ich schüttele den Kopf. Er lügt. Eine Schockwelle rast durch mich hindurch. »Dann ist es also okay, dass du mit Claire zusammen bist, aber ich darf nie wieder jemanden mögen oder berühren?«

»Das hab ich nicht gesagt.«

»Was dann, Ethan?«

Wir funkeln einander an, rücken immer näher an das gefährliche Territorium nach der Prom – und den Küssen und dem Chaos des Danach. Keine Ahnung, warum wir beide so sauer sind. Vielleicht weil es viel leichter ist, sauer auf ihn zu sein, als mich dem dumpfen Schmerz seiner Zurückweisung zu stellen.

»Stört *dich* das?« Er wirft mir meine eigene Frage an den Kopf. »Das mit mir und Claire?«

Statt ihn anzusehen, schaue ich rüber zu ihr und dem Rest. Sie tanzt herum und singt laut. Ihre Stimme ist nervtötend gut. Immer wieder guckt sie zu uns, tut aber so, also ob sie's nicht tut. Sie ist elegant und viel lustiger, als ich mieser, muffeliger Arsch je sein könnte.

Ob es mich stört? Ich will ihre coolen blauen Haare brennen sehen.

Ehe ich antworten kann, ruft Prashant auch schon nach mir, fuchtelt mit den Armen und wirkt wahnsinnig gestresst.

»Ich muss«, seufze ich.

»Warte.« Ethan greift nach meinem Arm, seine warme Hand legt sich um mein Handgelenk. »Können wir …« Er spricht nicht weiter, hinter mir hat er irgendwas entdeckt, seine Augen werden ganz groß. Er lässt mich los, rennt.

Triumphal kehrt er mit einem gelben Blatt Papier in der Hand zurück, das über den Sand geflattert war. Mir bleibt das Herz stehen.

Einer der Briefe.

»Nicht zu fassen!« Ich schlinge die Arme um ihn, ich kann einfach nicht anders. Falls es ihn überrascht, kaschiert er das gut. Er legt mir den Arm um die Schultern und drückt mich an seine Brust. Die Wut zwischen uns verraucht. Trotzdem löse ich mich schnell wieder von ihm.

»Einer weniger«, sagt er grinsend. »Ich lege ihn zurück, sobald wir wieder auf dem Campingplatz sind.«

»Wie denn?«

So weit waren wir noch nicht mit unserem Plan.

»Ich hab so meine Tricks«, sagt er. Dann wirft er mir dieses sexy Grinsen zu, das jeden im Umkreis von einem Kilometer aus den Schuhen haut. Keine Ahnung, warum er das macht oder wie ich diesen Verräter von Magen vom Flattern abhalte.

Aber als hätte jemand einen Schalter umgelegt, befinden wir uns wieder auf gefährlichem Boden.

13

Ethan

Senior Sunrise, 11:45 Uhr

Hallo? Was mach ich da eigentlich? Okay, schon klar. Ich flirte mit Natalia. Passiert automatisch, ist irgendwie Standard, wenn ich in ihrer Nähe bin. Wenn ich ihr nah sein kann nach all diesen Wochen, sie ein kleines bisschen berühren kann, dann ist das, als würden um mich herum Fenster aufgerissen, das Atmen fällt mir leichter.

Ich kann das hier immer noch retten, genauso wie ich es in meinem Lion Letter geschrieben habe. Wenn es das ist, was sie will.

Vielleicht ist es das aber nicht. Sie hat zwar gesagt, dass sie und Rainn nicht zusammen sind, aber irgendwas läuft da. Ich bin mir immer noch nicht sicher, was sie für ihn empfindet.

Oder für mich.

Ich denke zurück an die Nacht nach dem Prom-Ball. Unser Kuss. Der war so verdammt heftig. Das Versprechen, das so viel mehr zwischen uns sein würde. Aber tatsächlich hat sie mich wohl nur wegen diesem Pakt geküsst. Ob sie aufgehört hat, mit mir zu reden, weil sie es bereut? Weil ich panisch geworden bin? Oder weil sie jemand anderen gut findet?

Wir müssen ein Gespräch führen, das nicht damit endet, dass ich hinterher noch verwirrter bin als am Anfang. Ich habe den dringenden Verdacht, unsere Chance ist ein für alle Mal verpasst, wenn wir nicht ganz offen miteinander reden, ehe dieser Campingausflug vorbei ist.

Jetzt weiß ich, was bei ihr zu Hause los ist, und kann besser verstehen, warum sie so ätzend drauf ist. Kein Wunder, dass sie aufgewühlt ist. Ihre Mom zieht aus? Genau das fürchtet Natalia schon seit Jahren. Wir haben darüber geredet, unsere fiesen Witze darüber gerissen, dass unsere Eltern, wenn sie sich zur selben Zeit trennen, einfach Partnertausch machen könnten. Ist nicht witzig, jetzt, wo es tatsächlich passiert. Jetzt, wo mein Dad echt untreu ist und meine Mom keinen Schimmer hat.

Wahrscheinlich hätte ich das Natalia eben erzählen sollen, aber ich wollte mich nicht in den Mittelpunkt stellen.

Ich schiebe die deprimierenden Gedanken beiseite und tausche die verschwitzten Volleyballklamotten gegen meine Jeans aus. Den Brief, den wir gefunden haben, kann ich noch nicht zurück in die Glasflasche stecken, hier hängen zu viele Leute rum. Da behalte ich ihn lieber bei mir, also hole ich ihn aus den Shorts und stecke ihn in die Jeanstasche. Und dabei fällt mir die blaue Tinte auf. Nicht meine, ich habe einen schwarzen Stift benutzt, aber mein Herz schlägt schneller. Natalia hat mit Blau geschrieben.

Ich kneife die Augen zu. *Aber viele andere auch, Ethan.*

Egal wie groß meine Neugier auch sein mag, ich könnte diesen Brief niemals lesen … oder doch?

Ich stopfe das Papier in die Hosentasche und bemühe mich, seine Existenz zu vergessen. Was ziemlich beschissen nah an unmöglich ist.

Am Strand setze ich mich zur Gruppe, meine Beine zucken unruhig. Mein Blick sucht zum zwanzigsten Mal den Strand nach weggewehten gelben Zetteln ab.

Nichts. Die Angst scheint sich dauerhaft im Bauch eingenistet zu haben.

Aus dem Nichts erscheint Claire und lässt sich sofort auf meinen Schoß fallen. O…kay, das ist krass.

Mit all dem, was mir durch den Kopf geht, fühle ich mich wie ein echter Arsch. Claire hat was Besseres verdient als einen verwirrten Arsch. Aber sie runterzuschubsen, so vor allen, das wäre doch unhöflich, oder? Also … lass ich es einfach geschehen. Gibt Schlimmeres als ein süßes Mädchen auf dem Schoß.

Ihre Kokossonnenmilch brennt mir in der Nase und ich bin total unsicher, wo meine Hände hindürfen und wo nicht. Ich entscheide mich für den Campingstuhl. Sie lehnt sich an mich und sagt: »Hör mal, du verpasst das Beste.«

»Was?« Ich konzentriere mich auf das Gespräch der anderen, das ich ignoriert hatte.

»Noch zehn Sekunden zu spielen, wir haben zwei Punkte Rückstand – es geht um alles oder nichts!«, brüllt Mason.

Oh Scheiße.

»Und dann ich so, kommt schon, ihr Pisser, immer her mit dem Wunder! Das hier ist der *Showdown*!« Mason grölt wie vom Spielfeldrand. Er beschreibt das Basketballspiel aus der letzten Saison, als wir gegen unsere Erzrivalen Havenport Prep beim jährlichen Showdown-Turnier angetreten sind.

Jetzt weiß ich, was ich mit meinen Händen machen soll. Das Gesicht dahinter verstecken.

»Und dann dieser Typ hier«, er klatscht mir die fleischigen Pranken auf die Schultern und schüttelt mich durch wie ein Leichtgewicht, »dieser Typ hier macht einen Pump Fake …«

»Irre abgewehrt gegen diesen … wie heißt der noch?«, fragt Rainn. »Dieser Verteidiger, den sie immer auf dich ansetzen?«

Als ich nichts sage, weil ich zu viel damit zu tun habe, mit dem Sand zu verschmelzen, haut Rainn mir an die Wade.

»Delgado«, nuschele ich.

»Genau. Riesiger Typ. Bestimmt 1,93«, sagt Rainn.

Ich schnaube. Der ist gerade mal 1,83, nur ein paar Zentimeter größer als ich.

»Oh, Delgado! Ich weiß, wen du meinst. Der ist so heiß«, sagt Claire. Sie lehnt sich an meine Brust und flüstert mir ins Ohr: »Aber nicht so heiß wie du.«

Das ist eindeutig gelogen, trotzdem glüht mir der Kopf.

»Und dann …« Mason übernimmt wieder. Alle Blicke sind auf ihn gerichtet. Er stellt einen Drei-Punkt-Wurf nach, die Arme bleiben in der Luft hängen, während er verfolgt, wie der unsichtbare Ball auf den Korb zufliegt. Alle scheinen die Luft anzuhalten, obwohl jeder weiß, was passiert ist. Und nach einem weiteren Moment der Stille pumpt Mason beide Fäuste in die Luft. »Treffer! Der Buzzer geht! Die Lions gewinnen mit einem einzigen Punkt Vorsprung! Die verdammten Sieger des Showdowns! Wow!«

Die kleine Gruppe Zuhörer jubelt. Die jubeln tatsächlich. Mein Gesicht muss knallrot sein.

Das war schon ein tolles Spiel. Ein unglaublicher Augenblick. Aber in dem Moment, in dem der Ball aus meiner Hand war, erinnere ich mich nur noch daran, wie ich dachte, dass das keine gute Idee gewesen war. So hatte ich noch nie einen Treffer gelandet. Ich hätte leicht zum Korb dribbeln und den Ball reinlegen können. Keine Ahnung, was in mich gefahren war.

»Ich hätte den Wurf nicht machen sollen«, murmele ich. Das war waghalsig gewesen. So waghalsig, dass ich damit rechnete, vom Coach komplett fertiggemacht zu werden. Der hackte sowieso immer auf mir rum wegen meiner wilden, panischen Würfe. Aber nichts dergleichen.

Ich schaue mich um, außer Natalia, die einen unergründlichen Blick in meine Richtung wirft, hört mir sowieso keiner zu. Mir geht diese Sache trotzdem nicht aus dem Kopf. Wenn ich danebengeworfen hätte, würde ich immer noch in der verborgensten Ecke von Libertys Schulkosmos kauern, wo mein Stammplatz ist. So schnell geht das mit der Beliebtheit.

Aber ich habe nicht danebengeworfen. Statt also der bekloppte Spieler oder der nicht so athletische Bruder des Basketballstars oder der enttäuschend langweilige Sohn eines Promi zu bleiben, wurde ich ein paar Wochen nach dem Spiel zum Prom-King gewählt, einfach so aus dem Nichts. Und jetzt, glaube ich, habe ich irgendeine unsichtbare Schlucht in ein anderes Land überwunden, in dem Claire auf meinem Schoß sitzt und Mason mich wie eine Art Gottheit behandelt. Ist ... echt seltsam.

Claire sage ich, dass ich Wasser holen gehe, aber in Wirklichkeit brauche ich eine Minute zum Durchatmen.

Sienna taucht an meiner Seite auf, als ich eine Flasche aus der Kühltasche nehme. »Die Wahrscheinlichkeit, dass der Wurf reingeht, lag bei dreiunddreißig Prozent. Ein Zwei-Punkt-Wurf zum Gleichstand wäre definitiv die sicherere Variante gewesen. Du hättest das nicht machen sollen.«

Ich lache unsicher. »Du hast es erfasst.«

»Hätten sich die Chancen durch die Nachspielzeit nicht wieder verschlechtert?«, fragt Prashant, der geisterhaft aus dem Schatten tritt.

Sienna runzelt die Stirn und wiegt den Kopf hin und her. Das ist ihr Mathegesicht. »Ja, klar. Fifty-fifty dann. Also war dieser Wurf doch angebracht.«

»Jetzt machst du mir Kopfschmerzen«, sage ich.

Die beiden fangen an über ihr Mathletics-Team zu reden, über die Variablen und die bevorstehende Saison gegen Havenport. Obwohl es todlangweilig ist, empfinde ich es als Erleichterung, wieder im Abseits bei den anderen Außenseitern zu sein.

Natalia stellt die Pizzaschachteln fürs Mittagessen zurecht und unsere Blicke treffen sich über den Tisch hinweg. Während sie mein Gesicht auf ihre typische entwaffnende Art mustert, wird ihre Miene nachdenklich. »Du machst es schon wieder, oder?«

»Was denn?«

»Du suchst bei dir nach blauen Flecken, auf denen du rumdrücken kannst, damit du dich ja nicht gut fühlen musst.«

Das passt so verdammt gut. Ich greife mir an die Brust, als hätte sie gerade einen Pfeil durchgejagt. »Autsch. Wenn das keine Herausforderung ist.«

Sie schüttelt den Kopf. »Nur du schaffst es, etwas Gutes in eine existenzielle Krise zu verwandeln.«

Wow, sie versteht mich. »Was soll ich sagen? Es ist eine Gabe.«

»Na, wenn du dich besser fühlst: Du wirst nie wieder so was Cooles machen. Ein alles entscheidender Wurf beim Abpfiff? Das war dein absoluter Höhepunkt. Ab jetzt geht's bergab. So, jetzt geh und blas Trübsal.«

Ich kann mein Lächeln nicht länger unter Verschluss halten. »*Danke*. Das war genau das, was mir gefehlt hat.«

Sie lacht und mir schwillt die Brust vor Stolz und einem Gefühl, das viel zu groß ist, um es sich genauer anzuschauen. Wie magnetisch angezogen fällt mein Blick auf ihre Lippen. Lippen, die weich und hungrig sind, wie ich weiß.

Gott.

Dann wird ihr Gesicht todernst. »Fürs Protokoll: Luca Delgado ist viel heißer als du.«

Mein Lachen entwischt aus einer Kammer, die sich so gut wie nie öffnet. »Möglicherweise ist das das Einzige, was wir mit Sicherheit wissen.«

Sie lacht wieder und zum ersten Mal seit Langem fühlen wir uns wieder wie *wir*.

Zum ersten Mal seit Langem fühle ich mich wieder wie ich.

Plötzlich stört Janelles schrille Stimme den Moment. »Hey, was habt ihr denn so in euren Briefen geschrieben?«

Unser Lachen verendet.

Langsam drehe ich mich zu den anderen um und viele gucken sich unangenehm berührt an.

Mason kratzt sich den Nacken. »Öh, darüber sollen wir doch nicht reden, oder?«

Janelle verdreht die Augen. »Warum? Ist ja nicht so, dass jemand was Spannendes schreiben würde. Und selbst wenn, dann solltet ihr es jetzt erzählen und diesen Tag interessanter machen.«

Aber keiner guckt Janelle direkt in die Augen. Mir donnert das Herz in der Brust.

»Jetzt kommt schon, Leute, mir ist langweilig.«

Prashant schmunzelt vor sich hin, als keiner reagiert, und Janelle richtet ihre Aufmerksamkeit auf ihn.

»Hey, Prashant!«

Er hält beim Tischdecken inne und dreht sich auf der Hacke um. Die hochgezogenen Augenbrauen allein sind seine Antwort.

»Was hast du geschrieben? Ist irgendwas Unheimliches vorgefallen beim Schach-Camp?«, fragt sie spöttisch.

»Ich spiele kein Schach.« Prashant verschränkt langsam die Arme und hebt das Kinn, damit er von oben herab auf sie runterschauen kann. »Erzähl uns doch, was du geschrieben hast.«

Verdammt, niemand fordert Janelle heraus. Erwartungsvoll richten sich alle Blicke auf sie. Wie wird sie damit umgehen? Aber nach kurzer Stille verdreht sie bloß die Augen und fläzt sich wieder auf ihren Stuhl. »Boah, bist du öde.«

Prashant zuckt die Achseln, als wäre ihm das total egal. Doch mir entgeht nicht, wie tief er ausatmet, als er sich unbeobachtet fühlt. Tja, ich bin bestimmt nicht der Einzige, der persönliches Zeug geschrieben hat.

Natalia findet jetzt offensichtlich nichts mehr witzig. Sie atmet zu flach und hat Panik im Blick.

»Schon gut«, sage ich leise. »Vergiss nicht, es fehlen nur noch sechs.«

Ich denke an das Blatt Papier, das in meiner Tasche brennt, und instinktiv schiebe ich die Hand in die Hosentasche. Die Versuchung ist groß, den Brief zu lesen. Meine Faust umschließt ihn und ich zwinge mich, an irgendwas anderes zu denken.

Natalia starrt mich an und nickt, aber sie ist immer noch viel zu blass.

»Du solltest was essen«, sage ich.

Das kommt bei ihr nicht so gut an, aber als alle anderen über das Essen herfallen, stapelt sie auch Pizza auf ihren Teller. Beim Essen vertieft Sienna sie in ein Gespräch. Während ich mich um meinen Teller kümmere, überlege ich fieberhaft, wie ich nach den fehlenden Briefen suchen kann. Prashant stellt sich neben mich und murmelt irgendwas über Janelle.

»Die ist das Letzte«, pflichte ich ihm bei.

»Sie hat keinen Schimmer, unter was für einem Druck wir stehen.« Er schnappt sich einen Apfel aus der Schale und beißt gestresst hinein. Mit dicken Backen sagt er: »Der Senior Sunrise bestimmt das ganze Schuljahr. Wenn jetzt alle der Meinung sind, dass Veranstaltungen des Schülerkomitees Zeitverschwendung sind, ist alles, was wir dieses Jahr planen, zum Scheitern verurteilt. Homecoming, Parkplätze für die Seniors, Spiritweek, der Posterwettbewerb, die Prom. Damit spielen wir das meiste Geld ein, viel davon geht an die Lion-Stipendien. Stell dir mal vor, jemand wie Natalia könnte nicht an die Liberty kommen, weil wir nächstes Jahr nicht genug Geld für die Stipendien zusammenkriegen.«

Meine Augenbrauen schießen in die Höhe. Ich denke nie daran, dass Natalia Stipendiatin ist. Geld ist auch eins von den undurchsichtigen Themen zwischen uns. In einer verblüffenden Zurschaustellung von Ignoranz und grenzenlosen Privilegien hab ich mal zu ihr gesagt, dass ich gar nicht begreife, warum Geld so eine große Sache sein muss. Sie hat mich angestarrt und mit zitternder Stimme gesagt, das würde daran liegen, dass ich welches habe. Da hatte sie verdammt recht. Das ist mir immer noch peinlich.

Aber über ihr Stipendium mag sie überhaupt nicht reden, seit sie herausgefunden hat, dass meine Eltern zu den Hauptsponsoren des Stipendienfonds zählen. Das Einzige, für das ihr Geld wirklich gut ist.

Ich versuche mir die Liberty ohne Natalia vorzustellen – das ist unmöglich. Die Stipendien sind lebenswichtig. Prashant erscheint mir in einem ganz neuen Licht. »Ich dachte, du und Natalia kommt nicht miteinander aus.«

»Stimmt auch.« Er guckt, als würde er Scherben schlucken, als er sagt: »Aber sie hat wenigstens eine Vision. Und sie ist eine hervorragende Präsidentin.«

Irgendwie möchte ich Prashant umarmen. Er hat recht. Obwohl ich weiß, dass ein Teil von ihr liebend gern bis in alle Ewigkeit in einem dunklen Raum malen und dabei traurige Musik hören würde, engagiert sie sich wirklich für unsere Schule. Organisiert Spendenaktionen, Events und Strandreinigungsaktionen, hilft Leuten beim Registrieren für die Wahlen. Diese Sache mit den Briefen war ein Riesenfehler, ja, aber sie ist eine gute Anführerin. Eine großartige. Jetzt bin ich entschlossener denn je, sie zu beschützen. Sie hat zu viel zu verlieren.

Prashant seufzt. »Laut Umfrage erwägt die Hälfte der Seniors, nach dem Mittagessen zu gehen.«

»Wie hast du denn …?«

Prashant unterbricht mich. »Du musst was unternehmen.«

»Ich?«

»Du hast Einfluss.«

Ich schnaube. »Nein, hab ich nicht.«

Er sieht mich lange an. »Bist du etwa kein Basketballstar? Prom-King? Hängst nicht mit dem coolsten Mädchen der Schule ab? Hallo?«

Ich gucke zu Natalia rüber, die ein riesiges Stück Pizza verschlingt, während sie Siennas ausufernden Geschichten lauscht.

Prashant erstarrt mitten im Biss. »Ich meinte Claire«, sagt er trocken.

Ich blinzele. »Weiß ich.«

»Was habt ihr Mädels denn zu tuscheln?«, fragt Tanner, der sich irgendwie angeschlichen haben muss.

Prashant reagiert darauf nicht, stattdessen macht er einen langsamen Abgang rückwärts. Dabei zeigt er mit dem Finger zwischen Tanner und mir hin und her, so als wäre das meine Chance. Als ob ich irgendein Interesse daran hätte, mit Tanner Brown zu reden.

Tanner bückt sich und reißt eine Flasche Wasser aus der Kühltasche. Dabei verliert er das Gleichgewicht und ich packe ihn an den Schultern, ehe er hinfallen kann. Als sein Atem mich trifft, weiche ich angewidert zurück. Er riecht immer noch nach Alk. Und weil ich oft genug mitgekriegt habe, wie Adam nach Hause getorkelt kam, weiß ich, dass es sich hier nicht bloß um einen Kater handelt.

Er nimmt einen langen Schluck Wasser, sein Blick richtet sich jetzt auf etwas am Boden. Hinter der Kühltasche. »Bro, warum steht mein Name auf diesem Zettel?« Mein Kopf schnellt herum und ich sehe, worauf er zeigt.

Scheiße.

14

Natalia

Senior Sunrise, 12:17 Uhr

Noch ein Stück Pizza, obwohl mein Magen sich vor Anspannung ganz prall anfühlt. Sienna redet davon, dass sie als Wassermann nicht sicher ist, ob sie aufs College gehen sollte, weil die einengenden Regeln mit den Rhythmen ihres innersten Wesens in Konflikt stehen oder so. Währenddessen behalte ich den Strand im Blick. Jeder Fitzel Müll könnte ein Brief sein. Wir haben keinen mehr gefunden, darüber bin ich erleichtert, doch es macht mich auch noch nervöser. Aber vielleicht heißt das ja, dass alle weg sind.

Oder es könnte auch heißen, dass sie irgendwo lauern, genau am richtigen Ort für die falsche Person, die sie da findet.

Ist auch keine Hilfe, dass Prashant gerade Ethan viel zu sehr auf die Pelle rückt. Was zum Teufel können die beiden bloß zu besprechen haben? Wenn Prashant wüsste, wie schlimm ich verkackt habe, würde ich meine Entscheidung gar nicht selbst treffen müssen. Ich würde sofort von der Liberty fliegen. Offiziell vielleicht nicht, aber nach einer Schulabstimmung todsicher.

Würde Ethan ihm erzählen, was passiert ist?

Nein. Ganz gleich, wie holperig es auch laufen mag mit Ethan, ihm vertraue ich mehr als irgendjemandem sonst.

Und wenn er so was macht wie, sagen wir mal, über Beliebtheit und deren Konsequenzen nachzusinnen, dann merke ich immer wieder, wie sehr ich ihn bewundere. Es ist völlig unmöglich, an irgendwas oder irgendwen anderes zu denken.

Er guckt zu mir rüber, als würde er meine Gedanken lesen.

Diese Augen.

Ethans Augen sind unheimlich schwer zu malen. Ein sehr tiefes Haselnussbraun in der Mitte, umgeben von einem grünen Ring, der von schwarzen Wimpern eingefasst ist. Aber es ist nicht nur die Farbe, sondern eher die Art, wie diese Augen die Erinnerungen unserer Freundschaft festhalten. Wenn ich in sie hineinschaue, will ich ihm nur allzu leicht alles erzählen.

Dann ist da noch sein warmes Lächeln, vorhin, als er den Arm um mich gelegt hat. Seine Besorgnis, weil ich manchmal vergesse, mich richtig um mich zu kümmern. Dass wir immer sofort miteinander lachen und uns verstehen. Auf der Leinwand in meinem Kopf wirbelt es in Azurblau, mit kühnen Strichen in Magenta. Meine Farben, wenn ich glücklich bin.

Erschreckend.

Sienna reißt mich aus meinen Gedanken. »Für dich als Widder zum Beispiel hat Schule einen Sinn. Bei dir steht es buchstäblich in den Sternen, dich so anzustrengen.«

»Eher wohl: Ich würde diese Schule überhaupt nicht überleben, wenn ich mich nicht anstrengen würde.«

Sie runzelt die Stirn, die Brille rutscht ihr ein Stück die Nase runter. »Wie meinst du das?«

»Nur, dass ich mir meinen Platz hier verdienen musste, verstehst du? Alle anderen gehören hierher.« Mit einer Handbewegung weise ich auf die ringsum versammelten Gruppen, die lachen und entspannt sind. »Hast du gehört, was die Leute von ihren Sommerferien erzählt haben? Was sie gemacht haben? Ich hab im

YMCA-Camp gearbeitet und Janelle Johnson ist auf Scheiß-Bali gewesen.«

Sienna legt ihre Pizza auf dem fettigen Teller auf ihrem Schoß ab. »Du gehörst hierher.«

Ich schüttele den Kopf. »Tu ich nicht. Hab ich noch nie getan. Ist aber nicht nur das Geld. In letzter Zeit habe ich viel nachgedacht und ... was soll denn eine *Prep-School*, wenn man das gar nicht will, worauf sie einen vorbereitet?«

Sienna wiegt den Kopf nachdenklich. »Du willst also gar nicht aufs College?«

Ich schlucke. »Nein, das meinte ich nicht. Aber ... egal.«

Keine Ahnung, warum mein Herz rast, aber ich weiß, dass ich nicht weiter drüber reden will.

Mir ist schon immer schwergefallen, meine Gedanken in Worte zu fassen. Dazu habe ich die Kunst. Die gleitenden Pinselstriche, das Glänzen der feuchten Farben, die aus den Wirren in meinem Kopf in die sichere Hand fließen, sagen mehr, als ich jemals mit Worten ausdrücken könnte.

Doch nur in der tiefsten, dunkelsten Nacht kann ich Farben sprechen lassen. Wenn mein Vater mich nicht dran erinnern kann, dass Kunst keine Rechnungen bezahlt. Wenn ich allein bin und alles still ist.

Da kriege ich dann auch meine Panikattacken. Aber von denen erzähle ich meinen Eltern nichts.

Einmal habe ich es versucht und mein Vater nannte es den Druckkochtopf-Effekt der Liberty Prep, daran würde ich mich schon gewöhnen. Es war vor allem seine Idee, dass ich auf die Liberty gehe, genau wie er. Damit ich die Bildung kriege, die er bekommen hat, Schülerpräsidentin werde, so wie er Präsident war, Leichtathletik mache wie er. Manchmal frage ich mich, ob er wohl weiß, dass ich ein ganz eigener Mensch bin – und nicht seine Chance, noch mal alles besser zu machen.

Wenn ich zu Mom ziehen würde, könnte es anders werden. Vielleicht gibt sie mir den Raum, den ich brauche, um mich wirklich in die Kunst zu vertiefen. Andererseits war es für sie immer wichtig, dass ich *Erfolg* habe.

Sie ist stolz darauf, dass ich als Latina auf einer vorwiegend von Weißen besuchten Schule präsent bin – obwohl ich nicht sicher bin, ob das überhaupt eine Rolle spielt. Ich sehe wie eine Weiße aus, deshalb behandelt mich der ganze Jahrgang auch so. Fühlt sich an, als würde ich meine Wurzeln verleugnen. Oder zumindest die Hälfte davon. Die Leute machen Bemerkungen, nicht unbedingt rassistische, aber manchmal auch solche. Das beweist nur, wie unsichtbar diese Seite von mir eigentlich für sie ist. Und für den Rest der Welt.

Vielleicht ist es ja gar nicht die Liberty. Vielleicht passe ich nirgendwohin.

»Nun ja, du könntest dir immer noch ein Jahr freinehmen. Ich hab mir so einen Hof in Idaho angesehen, wo man lernt, sein eigenes Essen anzubauen … hier, lass mich mal.«

Siennas kühle, geübte Finger entzotteln meinen Pferdeschwanz, während sie redet. Wenig später kann ich spüren, wie zwei komplizierte Zöpfe entstehen.

»Würde es dich nicht langweilen, auf einem Bauernhof zu arbeiten … so ganz ohne Mathe?« Ich bin dankbar für den Themenwechsel.

Sienna hört einen Moment auf zu flechten, sie beugt sich über meine Schulter und guckt mich mitleidig an: »Bitte, ich mache immer Mathe.« Sie flicht weiter. »Ich lese zurzeit viel über die Mathematik von Lebensversicherungen, eine richtig faszinierende Kombi aus Differenzialrechnung, Wahrscheinlichkeitsrechnung und Statistik …«

Ich unterbreche sie. »Du machst so was in deiner Freizeit, aber du denkst, du solltest nicht aufs College gehen?«

Sie seufzt genervt. »Kapiert. Aber egal, mit diesen Gleichungen kann man sich die Chancen für alles ausrechnen, was im echten Leben passiert. Mathe kann tatsächlich die Risiken und Folgen menschlichen Verhaltens voraussagen. Das ist so abgefahren!«

Sie windet ein Haargummi um das Ende des einen Zopfes, dann widmet sie sich dem anderen.

»Was denn so?«, frage ich, fasziniert davon, wie ihr Hirn funktioniert.

»Soooo was wie die Chancen, dass Leti und ich heute Nacht noch miteinander rummachen.«

Ich lache laut los. »Okay und wie stehen sie?«

Eine Sekunde lang schweigt sie, ich kann mir ihr Mathegesicht vorstellen: ein Auge geschlossen, der Kopf wippt auf und ab beim Rechnen.

»Sechsundzwanzig Prozent, auf Grundlage der bekannten Fakten. Genauer lässt sich das nicht sagen, weil es zu viele Unbekannte gibt.«

»Das scheint mir viel zu niedrig«, sage ich. Mathe hat wohl nicht mitgekriegt, wie Leti sie heute Morgen angeguckt hat.

»Wie ich schon sagte, unbekannte Faktoren«, sagt Sienna, aber ich höre das Lächeln in ihrer Stimme. »In meinem Brief habe ich mir versprochen, heute endlich mit Leti zu reden. Also, wer weiß, was alles passieren kann.«

Die Schuld rumort in mir. Wenn Siennas Brief irgendwo da draußen liegt, könnte das Geheimnis, das sie seit einem Jahr sicher bewahrt, an die Öffentlichkeit gezerrt werden. Ich bin nicht nur eine schlechte Präsidentin, ich bin auch eine schlechte Freundin.

Sie ist fertig mit meinen Zöpfen und ich drehe mich zu ihr um. Ich sollte ihr sagen, was mit den Briefen passiert ist. Vielleicht würde sie es verstehen … vielleicht würde sie sogar helfen. Aber dann wandert ihr hoffnungsvoller Blick rüber zu Leti und aller Mut verlässt mich. Ich kann den Gedanken nicht ertragen, dass sie mich hasst, weil ich ihr Geheimnis verraten habe. Einen Freund habe ich in diesem Sommer schon verloren.

Weil ich nicht weiß, was ich sagen soll, sag ich einfach irgendwas: »Ist dieses Versicherungsding ein Beruf? Wäre das was für dich?«

Sie verdreht die Augen. »Ja, nennt sich Versicherungsmathematik. Ich könnte mich kein bisschen auf eine Karriere in dem Bereich einlassen. Es macht viel mehr Spaß, diese Mathematik auf das Chaos anzuwenden.« Ihr Grinsen kriegt was Verschlagenes. »Zum Beispiel habe ich ausgetüftelt, wie die Chancen für Ethan und dich stehen, heute Abend zusammenzukommen. Willst du's hören?«

»Sienna!«, zische ich. »Die sind null.«

Sie guckt skeptisch. »Die sind nicht null.«

Ich hab Sienna nichts von der Prom erzählt, aber sie weiß, dass was im Busch ist. Sie hat die Angewohnheit, Leute zu beobachten. Kein Wunder also, dass sie bemerkt hat, dass irgendwas ist mit Ethan und mir.

»Die sind hoch«, leiert sie.

Ich nage an der Unterlippe. »Wie hoch?«

»Ich würde Geld drauf wetten. Gutes Geld.«

Das spüre ich im Bauch. Ich weiß nicht recht, ob das gut oder schlecht ist. Wir müssen dieses Thema unbedingt ruhen lassen.

Und das tun wir auch, denn Tanner brüllt so laut, dass der ganze Campingplatz es hört: »Was soll der Scheiß, Forrester?«

Fehlender Lion Letter Nr. 2

Wenn ich mutiger wäre, würde ich Tanner Brown sagen, dass ich ihm was vormache. Aber Catfishing macht zu viel Spaß, also muss das noch warten.

15

Ethan

Senior Sunrise, 12:33 Uhr

»Warte …« Ich versuche, das gelbe Stück Papier als Erster in die Finger zu kriegen, aber Tanner ist dichter dran und schnappt es sich vor mir. Er schwankt ein bisschen, als er sich aufrichtet. Wenn er das liest, wird der Rest des Tages im Chaos versinken. Tanner wird über den Brief reden, seine ganzen Freunde werden es mitkriegen und Fragen stellen. Die gelangweilte Janelle wird jede Sekunde damit verbringen, noch mehr Briefe aufzuspüren.

Das kann ich nicht zulassen.

Ich schaue über seine Schulter hinweg auf den Zettel, auf dem – man sollte es nicht für möglich halten – sein Name steht.

Ich denke nicht darüber nach, dass er zwanzig Kilo mehr auf die Waage bringt als ich oder dass er Leute übers Footballfeld schleudert wie Äste. Ich denke gar nicht. Ehe er lesen kann oder begreift, was abgeht, reiße ich ihm den Brief aus der Hand und renne los. Sein Wort gegen meines.

»Was soll das, Forrester?«, brüllt Tanner.

Alle starren ihn an – und dann mich.

Janelles Augenbrauen schießen in die Höhe, als ihr Blick auf mich fällt. »Oh, jetzt wird's interessant.«

Ich brauche eine Ablenkung und das schnell. Ich schaue mich

um. Ehe ich weiß, was ich tue, tragen meine Beine mich zu Rainn, der mit Mason redet Ich reiße Rainn am Shirt, ein paar Leute schnappen nach Luft.

»Ey, Alter, was soll das?«, brüllt Mason.

Keine Ahnung. Keine Ahnung, was das soll. Ich verlasse mich nur darauf, dass einer meiner besten Freunde mir hilft, so wie immer, bevor alles so scheißkompliziert geworden ist. Ich schleppe Rainn näher ans Wasser. Er starrt mich verwirrt an.

»Was zur Hölle, Ethan …«

Ich lasse ihn los und sage leise: »Wir brauchen eine Ablenkung. Schlag mich.«

Er sieht meine geschlossene Hand und Tanner, der auf mich zustürmt. Sofort flackert Rainns Blick ganz aufgeregt. »Ernsthaft?«

Ich nicke und hebe die Arme, um mein Gesicht zu schützen.

Ohne zu zögern, boxt Rainn mich in die Seite, härter, als ich es erwartet hatte.

Ich muss die Zähne zusammenbeißen. Wütend funkele ich ihn an.

Er schlägt noch mal zu, diesmal trifft er die Brust. Ich huste.

Mit hochgezogenen Augenbrauen grinst er mich an. »Du wolltest das doch.«

»Aber nicht so scheißheftig.« Ich reibe mir die Brust.

»Och, komm schon, Prom-King, lass sehen, was in dir steckt«, hänselt er. In seinen Augen blitzt etwas auf, echte Wut, die er unter seinem höhnischen Grinsen verbirgt. Er wird doch wohl nicht echt mit mir kämpfen wollen? Oder doch?

Beide bemerken wir, dass Tanner näher gekommen ist, und Rainn stürzt sich noch mal auf mich. Es gelingt mir so gerade eben, seine Faust wegzuschlagen, ehe sie mein Gesicht trifft.

Dieser Scheißkerl.

Instinktiv schlage ich zurück. In letzter Sekunde reißt Rainn den Arm hoch und schützt sein Gesicht, meine Faust kracht in seine Schulter.

Tanner kommt rutschend zum Stillstand, als der Schlag landet. Bevor ich entscheiden kann, was ich jetzt tun soll, brüllt Mason: »Prügeleiiii!« Wusste ich doch, dass ich mich auf ihn verlassen kann. Tanner bleibt zurück, denn jetzt gucken Leute hoch und laufen über den Strand auf uns zu.

Ablenkung geglückt.

Alle fangen an zu brüllen, Mason inklusive, der aus unerfindlichen Gründen schreit, dass wir es tun sollen. Offenbar hat er keinen Schimmer, was das bedeutet.

Am Anfang kann ich Rainns Schlägen ausweichen. Mit einem Bruder wie Adam habe ich gelernt, schnell zu sein.

Adam ist ein kräftiger Typ, Baseballspieler, bis er sich im letzten Frühling sein Knie kaputt gemacht hat. Er ist wie aus Granit. Oder wie aus Stahl.

Und ich? Gummi. Wackelpudding vielleicht. Aber er hat mich nie gewinnen lassen, nie auch nur einen Zentimeter nachgegeben. Er hat es als seine Aufgabe angesehen, mir dies und das beizubringen, als ich in der Mittelstufe anfing, mit blutigen Lippen und blauen Augen heimzukommen. In der sechsten Klasse gab es noch keine Emos, die zum Spaß für mich gestimmt haben. Entweder war man dünn und sensibel oder groß und gemein. Wer da wohl wen verhauen hat?

Aber dank Adam halte ich ganz gut durch bei Prügeleien. Rainn weiß nicht, dass ich den ganzen Sommer mit Adam um den Green Lake gerannt bin und in der Garage mit ihm Gewichte gestemmt habe. So stark war ich noch nie. Stärker, als Rainn denkt. Und diese fiesen Rippenstöße gehen mir langsam auf den Senkel.

Wieder weiche ich einem Faustschlag aus und ziele auf sein Kinn. Er kann gerade noch abwehren.

»Ich hole Mr Beckett!«, brüllt Leti Mitchell.

Scheiße. Daran hatte ich gar nicht gedacht.

Aber jetzt kann ich nicht mehr aufhören. Rainn hat einen klaren Vorsprung, er schlägt mir auf den Kopf und tänzelt rum wie ein Boxer. Er sieht albern aus. Und er will Natalia. Sie glaubt, dass er so süß und so locker ist, aber wenn man seine Fäuste zu spüren kriegt, weiß man, dass süß und locker nicht alles ist, was er zu bieten hat.

Ich stürze mich auf ihn, meine Faust trifft nur auf Luft. Er lacht und jeder gedemütigte Nerv in meinem Körper erwacht zum Leben.

»Das kannst du doch besser«, sagt Rainn.

Ich sehe meine Chance und gehe auf seine Beine los, doch er reißt mich mit runter. Wir klatschen spektakulär in die Wellen, vom eisigen Schock bleibt mir die Luft weg. Nur noch Gänsehaut und Salzwasser am ganzen Körper. Rainn windet sich unter mir und kann sich mit einem Tritt von mir losmachen. Mit einem Seil aus nassem Seetang ums Bein lande ich im Sand. Auf dem Rücken. Genau kann ich es nicht sagen, doch ich glaube, ein paar Leute machen Fotos mit ihren Polaroidkameras.

Meine Handknöchel sind wund, die Augenbraue brennt und fühlt sich heiß an, wie aufgeplatzt. Aber davon spüre ich kaum was wegen dem Adrenalin, das durch mich rauscht, und dem eiskalten Wasser, das an die Beine schwappt und die Jeans schwer macht.

Rainn zerrt mich hoch, aber ich schlage seine Hände weg und weiche einen wackligen Schritt zurück.

»Was machst du da?«, brüllt Natalia.

Keine Ahnung, ob sie mich oder Rainn anbrüllt oder uns beide.

Aber sobald ich sie ansehe, aufgerissene Augen und total sauer, werde ich noch wütender.

Um dich kämpfen, glaube ich.

Rainn geht wieder auf mich los. Will vor ihr angeben. Er ist zu schnell. Seine Fäuste treffen meine Unterarme, die Rippen. Irgendwie distanziert stelle ich fest, dass er mich so was von fertigmacht. Ich bin oft genug verprügelt worden, um zu wissen, wann ich aufhören und wann ich weitermachen muss. Und jetzt muss ich weitermachen.

»Mach ihn fertig, Anderson!«, grölt Tanner Rainn zu.

Wenigstens geht mein Plan auf. Der eigene Blutdurst lenkt Tanner ab und der Brief, den er gefunden hat, steckt sicher in meiner Tasche.

Das hier mag ja am Anfang fake gewesen sein, aber nun hält sich keiner von uns zurück. Wenn ich vor Rainn stehe, sehe ich nur den Typen, der ständig die Arme um Natalia wickelt. Er macht einen erbärmlichen Versuch, mich in den Schwitzkasten zu nehmen. Ich kann mich mühelos befreien und verpasse ihm davor noch einen Schlag in die Nierengegend. Er grunzt laut auf.

Unser Publikum jubelt. Prashant hat die Arme vor der Brust verschränkt. Mit selbstgefälligem Schurkengesicht mustert er die Umstehenden. Er glaubt, ich mach das wegen unserem Gespräch vorhin.

»Ethan, pass auf«, brüllt Claire.

Rainns Ellenbogen trifft auf meine Nase.

Absicht war das nicht, eher Nebenwirkung unseres Gerangels. Kupfergeschmack füllt meinen Mund, ich habe mir auf die Zunge gebissen. Ich spucke in die Wellen, keine Gedanken, nur Stille, der Puls rast.

Keine Ahnung, wie viele Treffer wir noch landen, ehe ich höre, wie Mr Beckett uns anbrüllt, dass wir aufhören sollen. Ms Mercer ist nicht weit hinter ihm.

Die Menge tritt ein paar Schritte zurück, aufgerissene Augen und Hände vor dem Mund allenthalben. Ein sehr langsames, ganz bewusstes Klicken einer letzten Polaroidkamera.

Mr Beckett hat die Hände auf die Hüften gestemmt und guckt uns wütend an. »Was ist hier los?«, schreit er.

Er ist angepisst. Er ist nie angepisst. Wir stecken bis zum Hals in der Scheiße.

»An der Liberty werden Handgreiflichkeiten nicht toleriert!«

»Wir haben nur rumgealbert«, sagt Rainn. Er schlingt den Arm um meine Schultern, mit einem Lächeln, einem strahlenden Lächeln. Ich glaub fast, dass ich das eben halluziniert hab. »Stimmt doch, Ethan?«

Natalia will mich nicht ansehen, ihr Kopf ist glutrot. Da wird mir klar, dass wir richtig Ärger kriegen könnten. Ich schüttele Rainns Arm ab.

»Ja, war nur Spaß. Ist ein bisschen aus dem Ruder gelaufen«, sage ich.

»Ein bisschen? Du blutest.« Mr Beckett zeigt auf meine Stirn. Ich berühre die Braue und zucke zusammen, weil das Salzwasser so in der frischen Wunde brennt, aber an meinen Fingern sind nur ein paar Tröpfchen Blut. Nichts Dolles.

»Hab ich mir an einem Felsen aufgeschlagen«, sage ich, obwohl es wohl eher Rainns Faust war.

Mr Beckett schaut Ms Mercer an und wirft die Hände hoch. »Wir müssen sie nach Hause schicken, oder?«

Das macht mich fertig. Eigentlich wollte ich überhaupt nicht zum Senior Sunrise kommen, aber jetzt will ich auf gar keinen Fall weggeschickt werden. Ich brauche mehr Zeit, um mir was mit

Natalia zu überlegen. Wir müssen die anderen Briefe finden. Das kann nicht hier enden. Wegen Tanner.

Aber eigentlich wegen mir.

Ms Mercer betrachtet uns. »Ihr seid die Letzten, von denen ich heute Ärger erwartet hätte.«

Rainn und ich wechseln einen Blick.

»Tut uns leid. So was machen wir ab und zu – wir dachten, es könnte witzig sein«, sage ich und stupse Rainn mit dem Ellenbogen an.

»Ja. Ist so.«

Mr Beckett seufzt anhaltend. »Meine Herrschaften, körperliche Gewalt ist nie ein Witz.«

»Wissen wir. Es kommt nicht wieder vor«, sage ich in bittendem Ton.

Ms Mercer und Mr Beckett verständigen sich mit einem Blick. Sie macht einen großen Schritt auf uns zu und mustert uns genau. Nachdem sie in meine verdammte Seele gestarrt hat, holt sie tief Luft.

»Okay. Das scheint mir geklärt zu sein. Weitere Probleme haben wir wohl nicht zu erwarten.«

Meine Schultern entspannen sich.

»Irgendwelche anderen Verstöße und ihr geht nicht nur nach Hause, sondern müsst auch mit Suspendierung rechnen. Verstanden?«, sagt Mr Beckett.

Wir nicken beide wie besessen.

»Wie die Dinge liegen, räumt ihr beide jetzt auf. Und ihr anderen! Da es warm geworden ist: freie Zeit am Strand. Da drüben liegen noch extra Skimboards und Handtücher. Amüsiert euch. Aber nicht weiter rein als bis zu den Bojen«, dröhnt Mr Beckett.

Er schmiert sich noch mehr Sonnencreme auf die blasse Nase

und zieht den großen Strohhut tief ins Gesicht. Eindeutig erleichtert, dass seine Strandzeit nicht von dem Papierkram gestört wird, den eine echte Prügelei mit sich bringen würde.

Prashant flüstert uns im Vorübergehen zu: »Respekt!«, und Rainn grinst ihn an, wenn auch verwirrt.

Jetzt ist die Show vorbei und der Rest des Jahrgangs beeilt sich, Boards zu ergattern oder sich in die Sonne zu legen. Rainn und ich müssen zusehen, wie sich alle bis auf die Badesachen ausziehen und ins Wasser stürzen, während wir Mr Beckett in unseren nassen Klamotten zu den Tischen folgen. Ich ziehe mein tropfendes Shirt aus, das mit einem Klatsch im Sand landet.

Sobald Tanner sich davonmacht, abgelenkt von der Aussicht auf freie Zeit am Strand, schiebe ich die Hände in die Hosentaschen. Sie schließen sich um die Briefe, in jeder Tasche einen. Der erste Brief mit der blauen Tinte und der, den Tanner gefunden hat. Einer ist zu Matsch aufgeweicht. Vernichtet. Der zweite ist trocken geblieben, weil ich mit der anderen Seite ins Wasser gefallen bin. Verstohlen werfe ich einen Blick auf den trockenen und sehe sofort was Blaues durch die Knitterfalten schimmern.

Eigentlich sollte ich mir wünschen, dass beide Briefe hin sind, damit wir die Beweismittel los sind, aber ich bin seltsam erleichtert, dass der hier intakt ist.

Nicht dass ich ihn lesen würde. Ich kann allerdings nicht leugnen, dass ich es gern täte. Nur um zu sehen, ob es Natalias Brief ist. Auf diesen Gedanken darf ich mich nicht allzu weit einlassen, der frisst mich auf. Für mein Leben gern würde ich wissen, was sie geschrieben hat, was sie unbedingt zurückholen wollte.

Es muss was Heikles gewesen sein. Was keiner wissen darf. Sie ist immer sehr reserviert und deshalb in Panik geraten.

Mr Beckett drückt uns Müllsäcke und Papiertücher in die Hand, damit wir die Spuren vom Mittagessen beseitigen. »Du solltest dich erst mal um deine Augenbraue kümmern«, sagt er. »Wo ist der Erste-Hilfe-Kasten?« Als er etwas ratlos davontapert, habe ich den Eindruck, dass er in einem echten Notfall nicht so richtig nützlich wäre.

Nur Rainn und ich bleiben zurück.

»Hey, öh.« Ich räuspere mich. »Tut mir leid, dass ich dich da mit reingezogen habe. Tanner war so ein Arsch, ich musste ihn … ablenken.«

Wir schauen beide rüber zu Tanner, der wie ein Seestern in der Sonne liegt und schnarcht. Na ja. Wenigstens hat es funktioniert.

Rainn sagt nichts. Ich drücke ein Papiertuch auf die Augenbraue und wir fangen in schwerwiegender Stille an, die Pizzakartons und Limodosen wegzuräumen. Ich möchte ihn fragen, warum er so sauer auf mich ist. Aber er kommt mir zuvor.

»Ich hab gesehen, wie du sie nach dem Volleyballspiel gehalten hast.«

Es geht also um Natalia. Irgendwie ist es doch immer so.

»Sie wäre fast in Ohnmacht gefallen.«

Er hört mit dem Aufräumen auf und funkelt mich an. »Ich mag sie, Ethan.«

»Du kennst sie überhaupt nicht.« Eigentlich hatte ich das nur denken wollen, aber ich hab es definitiv ausgesprochen. Scheiße.

Er tritt einen halben Schritt zurück und bringt sich wieder in Stellung. »Natürlich nicht. Keiner kennt sie so wie du. Du willst sie nicht, aber kein anderer darf sie haben, stimmt's?«

Wer sagt denn, dass ich sie nicht will? Wenigstens sage ich das nicht laut. »Was willst du überhaupt …?«

»Du hast mir gesagt, ich soll es versuchen«, sagt er.

Ich schließe die Augen, Schuldgefühle rumoren in mir. »Ich weiß.«

»Magst du sie?«

Ob ich sie mag? Es wäre nicht gelogen, wenn ich Nein sagen würde, aber es ist … viel mehr als das. Doch das kann ich nicht zu ihm sagen. Erstens will ich nicht noch mal verprügelt werden. Und dann will ich ihm nicht gestehen, was Natalia zuerst hören sollte. Also sage ich gar nichts.

Nach einer ganzen Minute Schweigen schnaubt Rainn. »Das ist ein Ja.«

Das Schweigen verlängert sich, bis ich mich bücke und ein Stück Müll aufsammle. Ein Grunzer entkommt mir.

»Nächstes Mal lasse ich dich nicht so leicht davonkommen«, sagt Rainn. Sein Blick schießt zu der Stelle an meinen Rippen, über die ich mit der freien Hand streiche. Irgendwie lächelt er.

»Du bist ein Arsch«, sage ich und verziehe das Gesicht. »Seit wann kannst du so zuschlagen?«

»Ich hab den ganzen Sommer lang den Sack in unserer Garage bearbeitet.« Er schlägt ein paarmal in die leere Luft. »Danke, dass du es bemerkt hast.«

Als ob mir etwas anderes übrig geblieben wäre. Ist bestimmt keine Überraschung, wenn ich später feststelle, dass mein Brustkorb voller blauer Flecken ist. Und obwohl es genau genommen nicht als Kompliment gemeint war, sieht er nicht mehr so aus, als wollte er mir gleich wieder eine reinhauen.

»Aber du hast auch ein paar Gute gelandet, Prom-King«, sagt Rainn. Jetzt hat er wieder dieses coole Rainn-Lächeln drauf und ich werfe ihm eine Dose an den Kopf, der er leicht ausweichen kann. »Aber ernsthaft, Alter, was jetzt?«

Da kommt Natalia mit dem Erste-Hilfe-Kasten und bringt mich um die Gelegenheit zu antworten.

Rainn registriert, wie sie geradewegs auf mich zugeht. Wie sie ein bisschen rosa anläuft, als sie meinen nackten Oberkörper mustert und mir dann wortlos die Haare aus der Stirn streicht, um sich die Wunde anzuschauen.

Plötzlich ist sie so nah, ich muss die Zähne zusammenbeißen – die Hitze ihrer sonnengetränkten Haut, der Jasminduft ihrer Haare. Die kleinen Sommersprossen sind dunkler geworden, weil sie den ganzen Morgen draußen verbracht hat, sie sprenkeln Nase und Wangen. So hübsch. Als ob ich sie nicht wollen würde. Wer würde sie denn nicht wollen? Sie muss nichts weiter tun, als neben mir existieren – und in mir droht eine Kernschmelze.

Sie dreht sich um und guckt Rainn wütend an. »Was war das?«

»War meine Schuld«, sage ich. »Äh, Tanner hat sich wie ein Arsch benommen und Prashant meinte, wir sollten was machen, das alle mitreißt und … na ja.« Vor Rainn kann ich ihr nichts von dem Brief erzählen. Und eine Erklärung ist so gut wie die andere.

Frustriert kneift sie die Augen zu und holt tief Luft. »Ich weiß nicht mal, wo ich anfangen soll. Ihr seid solche Kleinkinder«, grummelt sie.

»Mir ist übrigens nichts passiert«, sagt Rainn.

Sie wirft ihm einen nüchternen Blick zu, ehe sie sich meiner Augenbraue widmet.

»Sieht nicht allzu schlimm aus«, sagt sie. Wieder streichen mir ihre Fingerspitzen zart über die Stirn. Mein ganzer Kopf ist von Gänsehaut überzogen. *Gott.* Aber Rainn beobachtet uns noch immer, deshalb zucke ich instinktiv zurück.

Ihr Gesichtsausdruck verändert sich, sie lässt die Hand sinken. Ihre Wangen glühen heftiger. »Sorry, ich berühr dich nicht noch mal.«

Hä? Was?

Rainn nutzt seine Chance. »Ist ja nur, weil du wie eine Schwester für ihn bist. Ist doch so, Ethan? Hast du das nicht gesagt bei der Prom?«

Dieses Arschloch. Er hatte vermutlich doch noch was loszuwerden. Gott, so ist das nicht gelaufen. Mein Herz rast, als ich zu ihm herumwirbele. »Das hast du gesagt.«

Er zuckt die Achseln. »Kann mich nicht mehr richtig erinnern.«

Ich drehe mich wieder zu Natalia um, deren Gesicht ausdruckslos geworden ist. Schlechtes Zeichen.

»Hey …«

»Schon gut, Ethan. Hab verstanden.«

Sie präsentiert mir das traurigste Lächeln aller Zeiten. Ehe ich Rainn in die Scheißsonne schleudern kann, rammt Natalia mir den Erste-Hilfe-Kasten an die Brust, deutlich heftiger als nötig. Autsch.

Im Sturmschritt rauscht sie davon, ihre Flipflops klatschen auf den Sand. Ich rühre mich nicht schnell genug und Rainn rennt ihr schon hinterher, bevor ich es kann.

16

Natalia

Senior Sunrise, 13 Uhr

Nein, ich werde nicht weinen. Nie wieder werde ich wegen Ethan weinen. Um Himmels willen, nun erklär doch endlich jemand meinen Tränendrüsen, dass jetzt verdammt noch mal Schluss ist.

Diese Flipflops halten mich nur zurück, ich pfeffere sie in den Sand. Mit einem dumpfen Geräusch landen sie, mein Wutanfall hat keinen Eindruck gemacht.

Der Sand unter meinen Füßen ist heiß, das treibt mich ans kühle Wasser. Wann kommt die Botschaft an, dass er mich einfach nicht auf diese Art mag? Er zuckt zurück, wenn ich ihn berühre. Ich atme tief durch. Aber … unser Kuss war nicht so. Das Verwirrendste an jener Nacht ist, dass er voll drauf abgefahren ist, eindeutig.

Nun ja.

Vielleicht fährt er ja drauf ab, nur nicht mit mir. Das ist das ganze Problem. Das Mädchen, das Jungs böse Sachen machen lässt, ist nicht das Mädchen, das tatsächlich einer will. Ist nicht das Mädchen, das Ethan will. Und das war mir schon klar, also weiß ich wirklich nicht, warum schon wieder Tränen in diese verräterischen Augen steigen.

So schnell ich kann, stapfe ich am Wasser entlang, die Leinwand in meinem Kopf wird dunkelgrau. Im Geiste füge ich dicke Kleckse

Weiß und Waldgrün hinzu, bearbeite sie mit dem Pinsel, bis sie die anderen Farben sprenkeln. Mehr und mehr Farbe kommt hinzu, bis die Leinwand bleischwer ist. Von all dem runtergezogen wird, zu schwer zum Heben.

»Hey, Natalia, warte mal!« Das ist Rainn.

Ich gehe nicht weiter und reibe mir schnell die Tränen aus den Augen. Die Wellen schlagen an meine nackten Füße, während er zu mir rennt. »Können wir reden?«

Von ihm geht ein irgendwie aufgewühlter, sehr Rainn-untypischer Vibe aus. Ich nicke und wir gehen weiter am Wasser entlang. Die Sonne sengt jetzt auf uns runter. Ich kann schon das erste leichte Prickeln eines Sonnenbrandes spüren, also zupfe ich das Tanktop zurecht und warte darauf, dass Rainn was sagt.

»Tut mir leid. Das mit der Prügelei. Wir haben nur rumgealbert und … das war nicht cool.«

Ein schräger Blick von mir. Nicht eine Sekunde glaube ich, dass sie nur rumgealbert haben. Keine Ahnung, warum. Es gibt nichts Verwirrenderes als Jungsdrama.

»Du musst dich nicht entschuldigen«, sage ich.

»Trotzdem«, sagt er. Er zuckt mit den Schultern, räuspert sich. »Es ist nur … weil ich vergessen hatte, wie Ethan und du manchmal seid.«

»Was meinst du damit?«

Er schiebt sich die struppige, sonnengebleichte Mähne aus der Stirn. »Du weißt ja, Ethan ist mein bester Freund, aber … er tut so, als ob absolut niemand dich so verstehen könnte wie er oder so.«

Ich runzele die Stirn, mein Herz klopft kurz an die Rippen. Verstohlen werfe ich einen Blick rüber zu Ethan unter dem Baldachin an den Tischen. Er räumt noch immer auf – ohne Hemd – und schafft es, dabei mürrisch und windzerzaust auszusehen. Ich denke an den Brief in seiner Tasche, den er vor mir versteckt hält. All die

Geheimnisse zwischen uns. Die Geschichte zwischen uns. Rainn mag das nicht gefallen, aber wahr ist es. Was immer Ethan und ich haben – ist besonders.

Dann geht Claire in ihrem knallroten Badeanzug zu ihm und meine Hände ballen sich zu Fäusten. Wetten, dass er sie nicht als Schwester sieht?

Ich konzentriere mich wieder auf Rainn, der gerade sagt: »Wir sind befreundet, ich weiß, aber … es war cool, dass ich dich diesen Sommer für mich haben konnte.«

Mein Puls beschleunigt sich, weil ich etwas Hoffnung in seiner Stimme wahrnehme.

Er kneift ein Auge zu und gibt nervöse Laute von sich, ehe er den Brustkorb bläht. »Okay«, sagt er, »ich sag das jetzt einfach: Ich mag dich, Natalia. Echt, total.«

Ich blinzele. Oh.

Das Meer hat es auf unsere Schienbeine abgesehen, aber ich bin so erschüttert, ich kann mich nicht rühren.

Für mich ist er immer nur ein Freund gewesen … doch vielleicht nur, weil ich so mit Ethan beschäftigt war. Er ist definitiv süß, wie so ein Surferboy eben, und es ist immer so entspannt mit ihm. Wir hatten echt Spaß diesen Sommer.

Wenn Ethan mich nicht will, wenn ich für ihn nur eine Freundin, eine Schwester oder sonst was bin, soll mir das alles und jeden auf ewig kaputt machen?

Als ich in Rainns strahlende, nervöse Augen gucke, dränge ich mein Herz, sich dafür zu öffnen, das mit ihm etwas möglich ist. Ich versuche mir vorzustellen, mehr Zeit mit ihm zu verbringen, ihn auf neue Arten kennenzulernen, mich wirklich bei ihm zu entspannen. Vielleicht werde ich so über das hinwegkommen, was mit Ethan passiert ist, und wir können alle weiterkommen.

Rainns Blick fällt auf meine Lippen und ehe ich denken kann, küsst er mich.

Fehlender Lion Letter Nr. 3

Wenn ich doch so mutig wäre, endlich mit ihm zu reden. Was hat das zu bedeuten, wenn man nicht aufhören kann, an jemanden zu denken, den man nicht wollen sollte? Ich muss nämlich damit aufhören. Er ist straight. Zumindest glaube ich das. Aber wenn ich mutiger wäre, würde ich wohl tatsächlich mit ihm reden. Ihn fragen, ob seine Blicke vielleicht was bedeuten.

Wahrscheinlich spielt sich das alles nur in meinem Kopf ab. Ich finde es fürchterlich, dass es nicht mit einem Coming-out getan ist. Es ist so anstrengend, das immer wieder machen zu müssen. Auf den richtigen Moment zu warten. Denn richtig muss er sein. Es muss ja sicher sein. Jedes Mal. Eigentlich habe ich kein Geheimnis daraus gemacht. Meine Familie weiß Bescheid und in der Schule wollte ich einfach keine große Sache draus machen. Aber ich hab es satt, dass keiner kapiert, wie ich ticke, und ich frage mich, ob das Abschlussjahr vielleicht weniger beschissen wird, wenn es jemand … täte.

Wenn Rainn es täte.

17

Ethan

Senior Sunrise, 13 Uhr

Immer wieder gucke ich heimlich zu Rainn und Natalia, die den Strand entlanggehen, während ich die Sachen vom Mittagessen wegräume. Erst verhaut er mich, dann lässt er mich den ganzen Dreck ganz allein wegmachen. Arsch.

Worüber reden die? Warum bin ich ihr nicht hinterhergerannt, ehe er es tun konnte? Ständig rauscht sie ab, ohne mir die Gelegenheit zu geben, irgendwas zu sagen.

»Da bist du ja!« Claires Stimme dringt in meine innere Raserei.

Mit einem Skimboard unter dem Arm rennt sie zu mir. Die blauschwarzen Haare klatschen nass auf die Schultern. Sie trägt einen knallroten Badeanzug, der – ähem – cool ist. Ich zwinge mich, den Blick auf ihr Gesicht zu richten. Nur auf ihr Gesicht. Rosatöne überziehen ihre Wangen. »Das Wasser ist einfach der Wahnsinn. Du solltest mit reinkommen.«

»Hm. Vielleicht später.« Ich will wirklich allein sein. Frei von … verwirrenden roten Badeanzügen.

Claire lässt das Skimboard in den Sand fallen. »Alles okay mit dir?«

Ich zucke mit den Schultern, überspiele die Überraschung darüber, dass sie mir meine schlechte Laune nicht anmerkt. Nach dieser Prügelei, fake oder nicht, weiß ich, dass die Dinge mit Natalia sich wieder geändert haben. Aber Claire fährt sanft über die Wunde an meiner Augenbraue und mir wird klar, dass sie von meinen Verletzungen spricht.

»Oh. Ja. Bestens.«

»Übrigens, worum ging es da denn? Ich dachte, du und Rainn, ihr versteht euch.«

»Wir haben nur rumgealbert«, sage ich automatisch.

Aber ich weiß nicht, was das war. Die Prügelei war meine Schuld, klar, aber dann hat er diese Scheißbemerkung gemacht, um mir so richtig unter die Haut zu gehen. Um einen Keil zwischen mich und Natalia zu treiben.

Claire nagt an ihrer Lippe, als wolle sie was sagen. Dauert nicht lange, bis sie den Mut dazu gefasst hat. »Er glaubt, du stehst auf Natalia, oder?«

Nützt Abstreiten irgendwas? »Ja.« Ich seufze.

Sie zieht die Augenbrauen zusammen. Nicht wütend oder so. Eher wie die Jungs auf dem Spielfeld kurz vorm ersten Sprungball. »Und, stimmt das?«

Irgendwas an ihrem Ton vermittelt mir den Eindruck, dass sie es schon weiß. Oder vermutet.

»Wir sind befreundet.« Das ist keine Lüge. Aber es ist der Schild, hinter dem ich mich verstecke.

»Warum ist sie so sauer auf dich?«

Hä? Sie ist … aufmerksam. Ich will kein Arsch sein oder so, aber echt jetzt, das geht sie doch wirklich nichts an. Folglich muss ich wohl am Rande des Wahnsinns stehen, als ich ihr aus unerfindlichem Grund plötzlich antworte: »Hm. Wir hatten da so einen Pakt, den ich … äh … gebrochen habe. Glaube ich.«

Habe ich ihn gebrochen? Weil ich es nicht durchziehen wollte?

Und ist sie deshalb so sauer auf mich? Ich bin mir da gar nicht mehr sicher.

»Ein Pakt?«

Ich zucke mit den Schultern und versuche die Sache wegzulachen. Obwohl ich keine Details verraten habe, wallt ein mieses Gefühl in mir auf, weil ich überhaupt was erwähnt habe. Der Pakt war immer ein Geheimnis. Nur zwischen ihr und mir. Nicht mal Rainn oder Sienna wissen davon.

»Es war … so ungefähr … ist ja auch egal.«

Inzwischen ist nicht mal sicher, dass Claire noch zuhört, denn sie guckt an mir vorbei.

»Na, offensichtlich steht sie auf ihn«, bemerkt sie.

Ich sollte nicht gucken. Aber ich bin wohl ein masochistischer Vollidiot. Als ich dann gucke, sehe ich Rainn und Natalia, die sich am Strand eng umschlungen küssen.

Nein.

Das ist verkehrt. Das ist ganz verkehrt. Alles.

Wie sie die Hände an seine Brust presst, wie er ihr Kinn umfasst. Das Kinn, das meine Lippen gestreift haben. Das ich geküsst und ihr diesen Laut entlockt habe, an den ich nur denke, wenn ich allein bin. Wenn das Flirten der beiden ein Klaps war, dann ist das hier eine Ganzkörperbehandlung mit der Holzkeule. Schmerzhafte Enge schnürt mir den Hals ab.

Sogar wenn ich um Natalia kämpfe, verliere ich.

Aber die Botschaft kommt jetzt an. Ich kann mir das nicht immer wieder antun. Ist es nicht total egal, dass ich mutiger sein und mit Natalia über alles reden will? Offensichtlich will sie nicht mit mir reden. Sie will nicht wissen, was los ist. Wenn doch, würde sie nicht immerzu weglaufen. Sie würde aufhören, ständig an das Schlechteste in mir zu glauben. Sie würde Rainn nicht küssen.

Ich drehe mich zu Claire um. Süß und unkompliziert. Ich mag, wie sie ihre Nase rümpft, wenn sie lächelt. Vielleicht könnte ich mit ihr unkompliziert sein. Ich könnte aufhören, mich mit Fragen darüber zu quälen, was ich tun und wer ich sein sollte. Mit wem ich zusammen sein sollte. Ich könnte einfach entscheiden. Vielleicht würde dann das Atmen nicht so wehtun.

Ich schaue ihr noch einen Moment länger in die Augen. »Weißt du, was? Ich will doch mit ins Wasser.«

Ihr ganzes Gesicht strahlt. Ich renne zurück zu meinem Zelt und ziehe mich aus bis auf die Badeshorts. Meine Klamotten lasse ich auf einem Haufen liegen, die Briefe in der Jeanstasche vergesse ich völlig. Genau wie die Versprechen, die ich Natalia gegeben habe.

Mein Herz wird zu Matsch, als ich mich von Claire an die Hand nehmen und in die Wellen führen lasse. Aber vielleicht ist es das, was ein Prom-King tun würde. Vielleicht hätte der Prom-King keinen untreuen Scheißdad. Und würde nichts vor seinem ganzen Jahrgang geheim halten. Vielleicht würde er das Verhältnis zu seiner besten Freundin nicht wegen einem Kuss mit seinem besten Freund kaputt machen.

Da Ichsein mit jeder Stunde unerträglicher wird, sollte ich vielleicht wirklich versuchen, er zu sein.

18

Natalia

Senior Sunrise, 13:07 Uhr

Rainns Kuss ist der totale Schock für mein System. Sein sonnenwarmes Shirt an meiner Brust, sein Daumen an meinem Kinn, seine Lippen, die ich mir niemals auf meinen vorgestellt habe. Statt sich zu öffnen, zieht sich mein Herz zurück, knallt sämtliche Türen zu und schiebt die Riegel vor. Das hier ist völlig verkehrt.

Ich drücke die Handflächen gegen seine Brust und schiebe ihn sanft von mir weg.

»Oh, sorry. Ich dachte … Hab ich die Zeichen nicht richtig gedeutet?«, fragt er. Er ist knallrot geworden.

»Du hast mich überrascht«, rede ich mich raus – mit verlegenem Lachen.

»Erwischt. Okay.« Er lacht auch. »Nächstes Mal warne ich dich rechtzeitig vor.«

Nächstes Mal?

Totale Panik ist alles, was ich fühle. Und mir graut davor, dass ich ehrlich mit ihm sein muss.

»Rainn …«, fange ich an.

Mein Ton lässt das goldene Lächeln verblassen.

Ich hasse schon den Gedanken, ihm wehzutun. Er soll nicht durchmachen, was ich durchgemacht habe. Ich weiß, wie es sich anfühlt, wenn man zurückgewiesen wird, nämlich scheiße. Aber zumindest habe ich gelernt, dass es noch mieser ist, wenn alles undurchsichtig ist. Ich muss einfach klar sein.

Also ringe ich die verschwitzten Hände und gehe die Sache mit einem Kloß im Hals direkt an. »Es tut mir leid, aber so sehe ich uns nicht.«

Er blinzelt. Ein Mal. Zwei Mal. Es sind ziemlich lange und schwere zehn Sekunden. »Oh. Hm. Okay …«

Unter meinem Shirt bildet sich Schweiß, ein einzelner Tropfen löst sich und rieselt am Rückgrat hinunter. Noch eine qualvolle Pause entsteht, in der er mich eingehend mustert. Dann stößt er einen wissenden Seufzer aus. »Forrester?«

»Nein, das hat nichts mit Ethan zu tun«, sage ich schnell.

Rainn guckt mich ungläubig an und – okay – ich will die Sache nicht schlimmer machen, indem ich nicht ganz ehrlich bin. Ich atme aus. »Na gut, es hat nicht nur mit Ethan zu tun.«

Er nickt, so als wolle er sagen: Da haben wir's. »Ich wusste es.«

Ich finde nicht gleich Worte, um alles offen auszusprechen. Keiner Seele hab ich was erzählt. Schon der Gedanke daran fühlt sich an wie Sandpapier auf wunder Haut. Aber ich zwinge mich, ehrlich zu sein, offen. »Kann sein, dass ich dieses Jahr nicht mal hier bin.«

Damit hat er nicht gerechnet. »Was? Wie meinst du das?«

»Meine Mom hat einen neuen Job und zieht nach Sacramento. Vielleicht gehe ich mit.«

Er blinzelt. »Moment mal … Sacramento? Das ist drei Stunden von hier.«

»Ja.«

»Wann?«

Ich kicke die schaumige Welle, die meine Knöchel stupst. »Sie fährt morgen.«

»Aber nächste Woche fängt die Schule an.«

»Ja. Bleibt spannend bis zur letzten Minute«, sage ich.

Für einen Moment ist er still, die Stirn in tiefe Falten gelegt. »Okay … du hast gesagt, kann sein, dass du gehst. Die Chance besteht also, dass du bleibst?«, fragt er. Der hoffnungsvolle Ton ist zurück.

Ich zucke mit den Schultern. »Für meine Eltern ist es in Ordnung, wenn ich entscheide zu bleiben, aber …« Ich kann nicht weitersprechen, Kloß im Hals.

Macht es auch nicht leichter, wenn man es laut sagt. Die Wahl bleibt unmöglich: Mom wählen und mein Leben verlassen oder Dad wählen und meine Kunst verlieren.

Rainns Blick hellt sich auf. »Oh, du könntest also einfach bei deinem Dad wohnen?«

Als wenn das so leicht wäre, die eigene Mutter gehen zu lassen. Als wenn es so leicht wäre, mit einem Anruf den Lauf meines Lebens zu verändern.

Sosehr sie mich auch nervt, weil sie mit ihrem Umzug alles kaputt macht, kann ich ihn Mom nicht zum Vorwurf machen. Nicht wirklich. Als Controllerin könnte sie die gesamte Buchhaltung leiten. Als erste Frau of Color in ihrer Firma, hat sie mir stolz erzählt. Sie hat es verdient.

Aber mein Verständnis macht mir die Wahl auch nicht einfacher.

Es gibt noch so viel für mich zu tun an der Liberty, so viel zu erreichen. Endlich bin ich in einer Position, in der ich für künftige Stipendiaten etwas bewegen und Einfluss ausüben könnte. Wenn ich endlich so mutig bin, Ethan gehen zu lassen, niemand die Sache mit den Briefen rauskriegt und ich es schaffe, diesen Tag tatsächlich zu überleben, könnte ich wirklich was aus diesem Jahr machen.

Ich frage mich sogar, ob es vielleicht gut sein könnte, bei Dad zu wohnen.

Ich weiß nicht, ob es daran liegt, dass er nichts von Kunst versteht, dass er Mädchen nicht versteht oder dass er mich nicht versteht. Vielleicht ist es ja auch, dass er eine Hälfte meiner Kultur nicht nachvollziehen kann. Aber für uns war es schon immer schwer, eine Verbindung zueinander zu finden. Wenn wir nur zu zweit zusammenleben, könnte uns das helfen.

Doch die Aussicht auf einen echten Neuanfang, auf einer Schule, die nicht ständig Perfektion verlangt, an der ich malen könnte, ohne es zu verstecken, an der mich die ganze Sache mit Ethan nicht verfolgen wird …? Ungelogen, mit jeder Minute finde ich sie verlockender.

»Ja. Vielleicht. Ich weiß es nicht.«

Rainn nickt bedächtig. »Okay, na dann, sorry, weil, du weißt schon, ich dich geküsst habe.« Er wird wieder rot.

Am liebsten würde ich im Sand versinken. Mich verschlucken lassen, damit ich dieses Gespräch nicht fortsetzen muss. Aber ich schüttele den Kopf und mache schnell weiter. »Nein, das ist okay. Du weißt, als Freund hab ich dich lieb …«

»Oh, bitte, mach das nicht.« Er verzieht das Gesicht.

Ich verschlucke den Rest meiner Worte, verschränke die Arme vor der Brust und fühle mich schrecklich.

Wir schauen uns an, die Grimasse rutscht ihm vom Gesicht und Verlegenheit kommt darunter zum Vorschein.

Ich will die Arme nach ihm ausstrecken. Dem Freund, an dem mir viel liegt, im Inneren des Jungen, den ich verletze. »Es tut mir leid. Bist du … okay?«

Er will mir nicht in die Augen schauen. »Jepp.« Er schiebt die Hände tief in die Taschen seiner Jogginghose, die immer noch nass ist von der Prügelei, und er guckt überall hin, nur mich guckt er nicht an. Er macht dicht. Ich hasse das.

Normalerweise löse ich Probleme. Aber heute habe ich immer nur welche geschaffen.

»Wie kann ich es besser machen?«, frage ich.

Er lacht ein bisschen. »Hm. Du könntest versuchen, nicht so süß zu sein?«

Mir sträuben sich die Nackenhaare. Er hält das für ein Kompliment. Ist mir klar. Er will mit einem Witz die Peinlichkeit überspielen. Aber bei mir kommt das ganz schräg an. Als ob ich ihn gezwungen hätte, mich zu mögen. Als ob ich ihn mit Absicht verführt hätte.

Eine Sirene. Die Art Mädchen, die Jungs dazu bringt, schlimme Sachen anzustellen.

Schallendes Gelächter weht über den Strand heran. Alle anderen haben Spaß im Wasser. Ich entdecke Ethan, der nicht mehr aufräumt, sondern bis zur Hüfte im Meer steht, mit Claire auf dem nackten Rücken. Sie kreischt jedes Mal, wenn sie von einer Welle getroffen werden.

»Ethan! Wag das ja nicht!«, brüllt sie.

Er reckt die Hände über den Kopf und sie fällt ins Wasser. Lachend taucht sie wieder auf und schubst ihn in die nächste Welle. Als er wieder auftaucht, schüttelt er sich das Wasser aus den Haaren.

»Das zahl ich dir aber so was von heim«, ruft er grinsend.

Sie klettert wieder auf ihn, er legt die Hände wieder auf ihre starken Tänzerinnenschenkel und mir war noch nie so nach Mord wie gerade jetzt.

Ich weiß nur, dass es wehtut. Überall.

Aber nein, das ist gut. So ist es besser. Selbst wenn ich nicht atmen kann. Sogar mit diesem hohlen Gefühl in der Brust ist es so besser, total. So werde ich Ethan gehen lassen.

Ich kehre in die Gegenwart zurück, als mir eine kalte Welle ans Schienbein klatscht. Meine Leggings sind von den Knien abwärts durchweicht. Ich richte den Blick auf die schaumige Flut, die langsam den Strand hinaufkriecht.

»Weiß sonst noch jemand über Sacramento Bescheid?«, fragt Rainn. Er beobachtet mich aufmerksam.

In der Frage steckt eine andere Frage: Weiß Ethan Bescheid?

»Nein, nur du«, sage ich.

Rainn lächelt mir traurig zu. Ich fange fast wieder an zu weinen, als er den Arm ausstreckt, ein freundliches Angebot, mich an ihn zu schmiegen.

Diesen Trost habe ich nicht verdient, ich nehme ihn mir trotzdem.

Wenn ich nämlich an Zeichen glauben würde, dann habe ich vielleicht gerade das Zeichen bekommen, das ich brauche, um endlich meine Entscheidung zu treffen.

19

Ethan

Senior Sunrise, 14 Uhr

Ich tu mein Bestes. Ich lasse mich von Claire beklettern, obwohl ihre Haut sich fremd anfühlt. Ich spritze Wasser auf sie und lache, wenn sie mich umschubst. Wir flirten und albern herum und ich versuche zu entspannen. Ich versuche Spaß zu haben.

Nach dem Baden ist noch Zeit bis zum Hindernisrennen, wir gehen also zum Umziehen zurück zum Campingplatz. Claire wartet auf mich. Als ich aus dem Zelt komme, trägt sie … meine Jacke. Das ist ja okay, stört mich nicht oder so, es ist wieder windig, wahrscheinlich ist das sogar ganz sinnvoll, wenn ihr kalt ist. Aber irgendwie ist es nicht ganz richtig.

»Willst du ein Stück gehen?«, fragt sie.

»Okay.«

Sie grinst und pappt sich an meine Seite. Ich zucke zusammen. Mein Brustkorb ist empfindlich und voller blauer Flecken von Rainns Hieben. Wir gehen den Pfad zwischen Campingplatz und Strand entlang, während ich mich nach und nach von Claire löse.

»Ich versuche schon den ganzen Tag, dich allein zu erwischen, damit wir reden können«, sagt sie.

Wir hatten Spaß im Wasser. Sie ist heiß. Der Prom-King würde über dieses Unbehagen hinweggehen. Also versuche ich das auch.

»Ach ja? Worüber?«

Sie wirft mir einen neckischen Blick zu. »Du weißt doch, dass ich mich bei allen möglichen Schauspielschulen bewerbe?«

Ich nicke.

»Ich hab mich gefragt, ob ich nicht irgendwie deinen Dad um Rat fragen könnte, was ich meiner Bewerbung noch hinzufügen könnte. Oder vielleicht kennt er ja sogar einige von den Lehrkräften …?«

Als ich nichts sage, macht sie einfach weiter.

»Kein Druck! Ist nur, weil er mir nach *Mamma Mia!* gesagt hat, ich könne ihn jederzeit fragen. Aber ich wusste nicht, wie ich das genau anstellen sollte. Also, soll ich ihn anrufen? Mailen? Mich über seinen Pressemenschen an ihn wenden? Ich weiß, er ist nicht viel zu Hause, deshalb dachte ich, du könntest es mir vielleicht sagen. Jetzt, wo wir, du weißt schon, zusammen sind.«

Und da haben wir sie. Die verfickte Pointe, endlich. Natürlich mag Claire mich nicht. Sie hat mich benutzt, um an meinen Vater ranzukommen. Tada! Das ganze Geflirte, die Komplimente, die Berührungen … alles nur, um sich bei mir einzuschleimen.

Eine meiner schlimmsten Befürchtungen ist wahr geworden. Nun ja, dass ein Mädchen für ein Date mit mir bezahlt wird oder Regeln braucht, um mich küssen zu können, zählt wohl mit. Sind dann wohl schon drei. Welchen Preis bekomme ich dafür?

»Klar«, sage ich emotionslos. »Ich geb's an seine Pressefrau weiter.«

Sie kreischt und drückt meinen Arm.

Okay, ich krieg das nicht hin. Das Leben vom Prom-King ist genauso scheiße wie mein eigenes. Ich bleibe stehen und sehe ihr ins Gesicht, kratze so viel gefaktes Selbstvertrauen zusammen, wie ich nur kann, und sage: »Aber … wir sind nicht zusammen.«

Sie reißt die Augen weit auf. »Was? Was sagst du da?«

»Hm. Nur, dass ich nicht dein Freund sein will?«

Wie ich es hasse, dass sich das wie eine Frage anhört. Sie funkelt mich an, als wäre ich ein Arschloch. Und, klar, bin ich wahrscheinlich auch. Ich bin ja nicht gerade unschuldig. Ich weiß, dass ich die Sache mit ihr teilweise ausprobieren wollte, um meine Wunden wegen Natalia zu lecken, und das ist nicht fair. Selbst wenn sie ihre Karten nicht offengelegt hätte, nach allem, das heute passiert ist, wäre es ernsthaft mies gewesen, die Sache mit ihr weiterzutreiben, solange in meinem Kopf wegen eines anderen Mädchens solches Chaos herrscht. Ich hätte von vornherein nichts mit ihr anfangen sollen. Das ist alles viel zu schnell außer Kontrolle geraten.

»Warum?«, fragt sie, ihr Ton ist berechtigt aggressiv.

»Ich denke, es wäre … besser? Einfach so befreundet zu sein.« Aber ehrlich, im Moment will ich nur so schnell und so weit wie möglich wegrennen – in die andere Richtung.

»Ich nicht.« Sie verschränkt die Arme. »Ich will nicht einfach so befreundet sein.«

Ich runzele die Stirn. Zwar hab ich keine einschlägigen Erfahrungen, aber ich bin mir ziemlich sicher: Wenn die eine Person Schluss machen will, kann die andere nicht einfach ablehnen?

»Okay, na ja …« Ich weiß echt nicht, was ich sagen soll. »Aber ich will das?«

»Was hab ich gemacht?«

Ich seufze. »Nichts. Also … ich mag es nicht, wenn Leute so über meinen Dad reden …«

Claires Blick wird härter. »Wie denn? Wenn sie ihn begabt und nett nennen?«

Oje, ich mach das nicht gut, überhaupt nicht. Ich reibe mir die Augen.

»Nein – und es …« Ich will schon sagen, es liegt nicht an *ihr*, aber ich kann den Satz nicht beenden, denn zu all dem anderen kommt noch, dass es definitiv an ihr liegt.

Und da kommt Natalia vorbei, die mit einem riesigen Karton voller Stirnbänder auf dem Weg zum Hindernisrennen ist. Ich weigere mich, sie anzusehen. Halte ich ungefähr drei Sekunden durch.

»Oh«, sagt Claire und zieht meine Aufmerksamkeit wieder auf sich. Sie ist meinem Blick gefolgt und schließt langsam die Augen.

Ich hab nichts zu sagen, denn als sie mich dann ansieht, werden wir beide noch roter. Bei mir ist es Verlegenheit, bei ihr rot glühende Wut.

»Es ist nicht …«

»Verpiss dich, Ethan.«

Sie stürmt davon.

Ist wohl kein guter Zeitpunkt, meine Jacke zurückzuverlangen.

Fehlender Lion Letter Nr. 4

Ich würde sterben, wenn ich mit Claire singen sollte, doch was macht das schon, ich kann die Bühne ja nicht mal betreten, um es überhaupt zu versuchen. Ich sehe mich nicht im Entferntesten in der Lage, für das Frühlingsmusical vorzusingen. Das ist das Einzige, wozu ich mehr Mut brauchen würde. Ich glaube kaum, dass Claire mit mir auf der Bühne stehen möchte, nachdem ich sie auf dieser Party im Sommer betrunken damit vollgelabert habe, wie begabt und heiß sie doch ist. Da ist jeder Gedanke, den ich je an sie gehabt hab, einfach aus meinem Mund gesprudelt, bis sie mich geküsst hat – wahrscheinlich nur, damit

ich die Klappe halte, denn seitdem hat sie nie wieder mit mir gesprochen. Total demütigend.
Ich stelle mir vor, wie ich jetzt aufstehe und einen Song raushaue, nur um zu sehen, wie sie dann guckt. Wie sie guckt. Es ist unmöglich. Wie könnte ich je auf einer Bühne stehen, wenn schon der Gedanke meinen Blutdruck in ungesunde Höhen treibt. Ganz zu schweigen von dem einen Mal, als ich tatsächlich öffentlich singen wollte und mir auf die Schuhe gekotzt habe. Ein Klassiker.
Wenn ich singe, bin ich am glücklichsten. Aber ehe ich eine verdammte Musicalkarriere verfolge, sollte ich irgendwas anderes machen. Ich bin in einen Körper mit diesem Gehirn gesteckt worden. Ich habe so viele andere Ziele und so viele andere Möglichkeiten. Singen ist nicht das, worauf ich mich an der Liberty vorbereitet habe. Was hat es also zu bedeuten, dass ich wirklich gut darin bin?
Aber wenn ich mir vorstelle, die Liberty zu verlassen, ohne je die Bühne zu betreten … gibt mir das tatsächlich einen Stich. Dies hier ist meine letzte Chance. Claire und das Vorsingen fürs Frühlingsmusical. Wenn ich wirklich mutig wäre? Dann würde ich niemals aufhören zu singen.

20

Natalia

Senior Sunrise, 14:30 Uhr

Uff. Zeit für die gefürchtete Vertrauensübung: das Partner-Hindernisrennen. Was, wenn ich mit jemand Schrecklichem im Team bin? Mit Claire zum Beispiel. Bei der Planung dieser Veranstaltung habe ich wegen dieses Spiels gegen Prashant und das ganze Schülerparlament gekämpft, aber ich bin überstimmt worden. Offenbar ist es nicht der schlimmste Albtraum, sondern macht richtig Spaß, mit verbundenen Augen von jemandem durch einen Parcours geführt zu werden.

»Liegt nur daran, dass du Vertrauensprobleme hast«, sagt Prashant, als ich mich ein letztes Mal bei ihm beschwere.

»Deine Mutter hat Vertrauensprobleme«, murmele ich.

»Hat sie. Deshalb ist sie Psychiaterin geworden und darum weiß ich so viel darüber.« Er lächelt selig und ich lache laut los. Er auch.

Mr Beckett legt die Hände um seinen Mund. »Findet einen Partner. Schnappt euch alle ein Bandana! Das hier ist eine Vertrauensübung. Wer auch immer dieselbe Farbe hat, ist euer Partner. Getauscht wird nicht!«

Alle stürzen sich auf den Karton mit den Stirnbändern. Mindestens dreißig Schattierungen verschiedener Farben muss es geben. Ich greife nach dem nächstbesten, ein leuchtendes Korallenrot. Die

Leute fangen an zu vergleichen und Paare zu bilden. Mason Hartmann klatscht Rainn ab, seine Wangen sind gerötet.

»Bruh! Nie wählt mich jemand aus! Das ist ja Wahnsinn!«

»Na ja, mich auch nicht«, sagt Rainn und hält sein gelbes Bandana hoch. »Aber das ist echt bitter, also los geht's, Alter!« Rainn grinst.

Sie klatschen sich wieder ab mit ihren gelben Stirnbändern. Rainn wirft mir einen entschuldigenden Blick zu, weil wir kein Paar sein konnten. Ich find's auch schade.

Wird Zeit, mal Siennas Bandana zu checken. Hoffentlich hat sie Korallenrot gewählt. Aber als ich sie entdecke, steht sie neben Leti mit einem braunen Band in der Hand. Leti hat das dazu passende und wird ganz rosig und wuschig. Seite an Seite werfen sich die beiden verstohlene Blicke zu, man kann sich nur für sie freuen.

Nun ja, meine Freunde und Freundinnen fallen aus. Eine knospende Angst blüht auf. Ich kann jede einzelne Person im ganzen Abschlussjahrgang in alphabethischer Reihenfolge beim Namen nennen, aber ich kenne keine so richtig gut. Immer bin ich viel zu beschäftigt mit der Planung, um selbst an den Aktivitäten teilzunehmen. Aus eben diesem Grund besteht Ms Mercer darauf, dass ich heute überall mitmache. Ziemlich nervig.

Ich gehe rüber zu Prashant, der neben Janelle steht und anscheinend allen Lebensmut verloren hat, dunkelblaue Stirnbänder baumeln an ihren Händen. Igitt. Nach Korallenrot Ausschau haltend schlendere ich weiter. Weiß, Waldgrün, Himmelblau, Orange, Magenta – aber kein Korallenrot. Gerade als ich in den Karton gucken will, um nachzusehen, ob überhaupt jemand das zweite Band genommen hat, tauchen Ethan und Claire in der Menge auf. Mein Mut sinkt gleich aus zwei Gründen: Sie trägt seine Basketballjacke und er hat ein korallenrotes Bandana in der Hand.

Am liebsten würde ich mein Gesicht zum klaren Nachmittagshimmel wenden und brüllen: *Warum tust du mir das an?*

Jedes Mal, wenn ich Abstand will, werden wir wieder zusammengezwungen.

Claire bemerkt mich zuerst, ihr Blick schießt zu dem Tuch in meiner Hand. Im Vorübergehen funkelt sie mich vernichtend an und rempelt mich mit der Schulter.

Was sollte das denn? War das wieder so ein territorialer Warnschuss wie die Sache mit dem Foto vorhin?

Eine Menge Leute murmeln »Uuuuuuuh« und warten gespannt auf meine Reaktion. Hinter vorgehaltenen Händen wird gewispert oder man wirft sich wissende Blicke zu. Die Augen gehen hin und her zwischen mir, Ethan und Rainn. Und jetzt Claire. Oje, diese alberne Prügelei muss die Vermutung geweckt haben, dass es ein Drama geben könnte. Ich richte das Rückgrat gerade auf und bemühe mich um eine neutrale Miene. *Bei mir kriegt ihr das nicht.*

Genau aus diesem Grund stresst es mich so, dass jemand die Briefe finden könnte. Leute brauchen nur ein Fitzelchen an Informationen und schon können sie eine ganze Geschichte über jemanden erfinden. Wahr oder erlogen, ist egal. Wenn sie rauskriegen, was ich heute getan habe, spielt es keine Rolle mehr, was ich in den letzten paar Jahren an der Liberty gemacht habe. Die erfundene Geschichte wird das Einzige sein, das die Leute glauben. Das weiß ich einfach.

Und deshalb habe ich echt Angst, dass mein Brief da draußen sein könnte. Aus dem Zusammenhang gerissen ist er ein Pulverfass an Tratsch über Ethan. Zwar ist unsere Freundschaft gerade ziemlich verwirrend für mich, trotzdem will ich niemandem Material liefern, das gegen ihn verwendet werden kann. Er hat so viel Schikane über sich ergehen lassen, das reicht für ein ganzes Leben.

Bis jetzt habe ich Glück gehabt, dass heute niemand anders einen Brief gefunden hat, aber mir ist nur allzu klar, dass sich das Blatt jede Minute wenden kann.

Ethan seufzt, als er schließlich das Bandana in meiner Hand bemerkt. Dann kommt er zu mir rüber, offensichtlich ebenso verärgert über unser Zweierteam wie ich.

Er schaut mir nicht in die Augen und hält eine Armeslänge Abstand. Keiner von uns sagt was.

Ms Mercer verkündet die Regeln. »Ein Partner hat die Augen verbunden, der andere führt ihn ohne Berührungen, nur mit Worten, durch den Hindernisparcours! Wer die Augenbinde abnimmt, wird disqualifiziert. Hier geht es darum, kommunizieren zu lernen und einander zu vertrauen, das sind fundamentale Fähigkeiten sowohl an der Liberty als auch im Leben. Legt jetzt fest, wer führt und wer folgt.«

Ethan dreht sich zu mir, er zeigt keinerlei Gefühle. Als wären wir Fremde. Er streicht sich die Locken aus der Stirn, die noch immer feucht sind von seinem Wasserflirt mir Claire. Bilder von ihr – um Ethans Körper geschlungen, nasse Haut, die in der Sonne glitzert – blitzen vor mir auf. Warum hält sie es für nötig, mich wegzuknurren, wenn sie ihn doch schon hat?

Das darf mir nichts ausmachen, das sollte mir nichts ausmachen, ich will nicht, dass es mir was ausmacht. Aber mir macht es was aus, wirklich. Tausend mögliche Satzanfänge sterben auf meiner Zunge.

Mr Beckett legt mal wieder die Hände an den Mund »Kommt, Leute, weiter geht's!«

Schließlich sagt Ethan: »Natürlich kriegst du die Augenbinde.«

»Was? Auf keinen Fall.«

»Wenn hier jemand vertrauen lernen muss, dann du.«

»Warum sagen das immer alle?«

»Weil es wahr ist?«

Als ich nicht antworte, zieht Ethan erwartungsvoll die Augenbrauen hoch. Puh, dazu haben wir echt keine Zeit.

»Gut.« Ich ignoriere das Bandana in seiner ausgestreckten Hand und nehme mein eigenes. Nicht weil es richtig ist, sondern weil ich ohnehin nicht länger in sein perfektes Gesicht sehen will. Die Welt wird dunkel, wir fangen an.

Ich höre alle anderen lachen, herumstolpern und -albern. Aber Ethan fasst sich sehr kurz.

Drehung. Schritt. Großer Schritt.

Wenn ich Fragen stelle, seufzt er so schwer, als würde ich nur seine Zeit verschwenden. Offensichtlich ist er genervt wegen etwas Größerem als unserem Zweierteam, aber ich habe keine Ahnung, was es ist.

Mürrisch leitet Ethan mich durch jede Menge Kurven, die uns gefühlt immer weiter vom Hauptstrand wegführen. Schnell werden die anderen Stimmen leiser. Je weiter wir gehen, desto detaillierter werden seine Anweisungen.

»Rechtsrum und dann geradeaus für ungefähr zwanzig Schritte«, sagt er.

»Zwanzig? Wie groß ist dieser Parcours?«

Doch ich mache, was er sagt. Ein paar Minuten später bin ich völlig desorientiert. In unserer Nähe kann ich niemanden mehr hören. Liegen wir so weit vorn oder so weit hinten?

»Ist schon jemand kurz vorm Ziel?«, frage ich.

»Hmmm.« Seine Stimme klingt angespannt, so als würde er sich vor- oder zurücklehnen, um nachzuschauen. »Sieht aus, als ob Claire und Tanner … mach einen großen Schritt über den Felsen.«

Mach ich. Dann stolpere ich beinahe, als Ethan sagt: »Übrigens hat Tanner einen Brief gefunden.«

»*Was?*«

»Er hat ihn aufgehoben, weil sein Name draufstand, aber gelesen hat er ihn nicht. Dafür habe ich gesorgt.«

»Wann? Wie?« Meine Stimme ist schrill. Ich glaub es nicht.

»Du warst dabei. Jetzt nach links.«

Langsam wende ich mich nach links, dann dämmert's. »Deshalb hast du dich mit Rainn geprügelt?«

Er zögert, dann sagt er: »Mehr oder weniger.«

Ich kann ihn zwar nicht sehen, doch ich weiß, dass er noch was anderes zurückhält. Aber ich frage nicht nach, denn sein Frust schwappt immer noch in Wellen rüber.

Ethan hat mich gerettet ... wieder mal. Indem er sich im wahrsten Sinne des Wortes zum Punchingball gemacht hat.

Ich versuche es mit einem: »Danke, dass du das getan hast.«

»Du brauchst mir nicht zu danken. Ich häng da ja mit drin.«

Gut. Wahrscheinlich hat es nichts mit mir zu tun. Er war zur falschen Zeit am falschen Ort, als ich die Briefe fliegen lassen habe. Er hat sich den ganzen Tag nur selbst geschützt ... nicht mich.

In schwerwiegender Stille gehen wir weiter. Keine Ahnung, was mich reitet, außer dass ich mich mit verbundenen Augen mutiger fühle. »Du und Claire wirkt so, als wärt ihr enger miteinander.«

»Natalia.« In seinem Ton schwingt eine Warnung mit.

»Was?«, rufe ich.

»Lass das einfach, okay. Du hast kein Recht dazu.«

Ich schnaube höhnisch. »Was heißt das denn? Warum bist du so sauer auf mich?«

Nur ein scharfes Einatmen liefert mir den Anhaltspunkt dafür, dass hier was Wildes ausbrechen will. »Keine Ahnung, vielleicht weil du weggegangen bist in jener Nacht? Oder weil du mich den ganzen Sommer geghostet hast? Oder weil du eben einen meiner engsten Freunde geküsst hast? Such dir was aus!«

Meine Hand schnellt hoch zur Augenbinde. Ich will sie mir abreißen, aber seine warmen Finger umschließen mein Handgelenk. »Nein, sonst werden wir disqualifiziert.«

Alles, was er gesagt hat, pulsiert zwischen uns und es ist Folter, ihn nicht ansehen zu können. All meine anderen Sinne arbeiten auf Hochtouren. Ich höre sein schnelles Atmen, spüre seinen festen Griff am Handgelenk.

»Wir dürfen uns auch nicht berühren«, sage ich.

»Richtig«, erwidert er ruhig, lässt aber nicht los. Ich muss ihn nicht sehen können, um zu wissen, dass er mich anschaut.

Und dass er noch aufgewühlter ist, als ich dachte.

Ich halte mich an dieser letzten Sache fest, die er aufgebracht hat. Rainns Kuss.

»Das hast du gesehen?« Meine Stimme zittert.

Er lässt meine Hand fallen, sein bitteres Schnauben reißt ein Loch zwischen uns auf. »Ihr habt mitten auf dem Strand gestanden, Natalia, alle haben das gesehen.«

Da ist irgendwas in seiner Stimme, das ich bis jetzt nicht habe deuten können, aber Eifersucht ist es nicht. Es ist Schmerz. Ich hab's gehasst, wie machtlos ich mich den ganzen Tag gefühlt habe, als ich ihn mit Claire beobachtet habe. An seinen Gefühlen für sie kann ich nichts ändern, aber vielleicht sollte ich anfangen, mir meine eigenen einzugestehen.

Meine Stimme ist sanft, als ich sage: »Ethan, ich mag Rainn nicht auf die Art. Ich dachte, wir flirten aus Spaß. Ich wusste nicht, dass er es anders sieht. Aber ich nicht.«

Stille. Wieder ein wahnsinnig langes Schweigen, das nur von der rauschenden Brandung untermalt wird. Mein Puls hämmert einen rebellischen Rhythmus.

»Tust du nicht?«, fragt er schließlich. In seiner Stimme ist etwas, das ich nicht identifizieren kann.

»Nein.«

Ich mache einen großen Schritt zurück, um Luft zu atmen, die nicht von seinem Duft gefärbt ist.

»Warte …«, ruft er.

Zu spät.

Ich knicke auf nassen Algen um und falle hintenüber in ein Volleyballnetz. Ehe ich auf dem Sand aufschlagen kann, hat Ethan wieder mein Handgelenk gepackt und mich hochgezogen. In derselben schnellen Bewegung krache ich an seine Brust.

Die Augenbinde sorgt dafür, dass alles intensiver wirkt. Sein Herzschlag an meiner Brust, sein warmer Atem an meiner Wange. Meine Lippen gefährlich nah an seinem Hals.

Ich versuche Abstand von ihm zu bekommen, aber es ziept heftig am Kopf.

»Au.«

Ethan tritt hinter mich. »Oh verdammt. Deine Haare hängen im Netz fest.«

Er ist so nah, ich kann seine Stimme auf dem Rücken spüren. Dann bewegen sich seine Hände, seine Schulter reibt sich an meiner, während er den Knoten löst.

Ein paar Sekunden später sagt er: »Ich muss die Zöpfe aufmachen.«

»Ja, mach ruhig, solange ich aus diesem Netz loskomme, ehe ich …« Ich rede nicht weiter, als ich seine Finger in den Haaren spüre, und bin dankbar, dass er nicht sehen kann, wie ich die Augen schließe.

Noch ein Moment vergeht, ein paar Herzschläge lang arbeiten sich seine Finger durch meine Haare, dann ist es so weit. Ich bin frei.

Trotzdem bewegen wir uns beide nicht von der Stelle.

Ich mache es nicht mit Absicht, ich will das gar nicht, es ist magnetische Anziehung – ich lehne mich zurück. Ganz leicht drücken meine Schultern an seine Brust, kaum wahrnehmbar strecke ich den Hals. Seine Atmung verändert sich. Wird schneller.

Ethans Fingerspitzen lösen sich aus meinem Haar und gleiten langsam an meinen Armen entlang, so leicht, es könnte eine Brise sein. Aber das ist er.

»Ist dir kalt?«, fragt er leise.

Ich habe überall Gänsehaut, aber wärmer könnte mir gar nicht sein.

»Mir geht's gut.« Meine Stimme ist schwach.

Ich denke nicht mehr. Darüber bin ich hinweg. Als seine sanfte Berührung meine Handgelenke erreicht, spreizen sich zitternde Finger ohne mein Zutun und laden ihn zum Verflechten ein.

Doch das tut er nicht. Er lässt die Hand abrupt fallen und weicht einen Schritt zurück.

Ich runzele die Stirn. Dabei verrutscht mir die Augenbinde. Schließlich reiße ich sie mir ganz runter, ich hab genug von diesem Spiel – genug von diesen ganzen Spielchen – und ich drehe mich zu ihm um. Die Sonne ist so furchtbar grell, ich muss ein paarmal blinzeln, ehe ich überhaupt etwas klar erkennen kann.

»Na toll. Jetzt sind wir disqualifiziert«, sagt er. Aber in seinem Gesichtsausdruck liegt noch etwas …

Ich schaue mich um. Kein Hindernisparcours. An diesem Teil des Strandes ist niemand. Niemand von unserer Schule, überhaupt niemand. Wir sind völlig allein.

Das lenkt mich kurz ab. »Wo zum Teufel hast du mich hingebracht?«

Er zuckt mit den Schultern. »So weit weg wie möglich. Ich wollte sehen, wie lange du auf mich hörst, bis du das da machst.« Er zeigt auf die Augenbinde in meiner Hand. »Du hast viel länger durchgehalten als erwartet.«

»Ethan!« Ich schlage nach ihm, muss aber die Lippen zusammenkneifen, damit ich nicht lache. »Du bist so …«

»Gut? Gerissen?«

»Grässlich.«

Er wiegt den Kopf. »Wow, du gehst sogar bei der Alliteration mit. Respekt.« Er streckt mir die Faust hin. Aber ich reagiere nicht.

Die Heiterkeit löst sich immer mehr in Luft auf, je länger wir uns anschauen.

»Wir sollten zurückgehen«, sagt er und guckt weg.

»Das ist alles?«

Wird er das, was zwischen uns ist, einfach ignorieren? Ich glaube nicht, dass ich das noch länger kann.

»Was soll ich denn sagen, Talia?«, fragt er, ohne mir in die Augen zu schauen.

Zwölf schnelle Herzschläge dauert es, bis ich meine Stimme finde. »Sag … sag mir einfach, was wir hier machen«, flüstere ich.

Dann guckt er mich so an, dass ich wünschte, ich hätte die Augenbinde anbehalten. Direkt in die Augen. Kühn. So als wäre er ins Auge meines Sturms vorgedrungen, an den einzigen Ort in mir, an dem Ruhe herrscht. Seine Stimme klingt rau und ruhig, als er sagt: »Das kann ich nicht.«

Er fährt sich mit der Hand durchs Haar, sein Blick streift meinen Mund, ehe er mich wieder anschaut. »Aber wir müssen drüber reden. Ich werde nämlich verrückt.«

Ich verstehe das alles nicht. Ich bin so schlecht in solchen Gesprächen, aber jetzt hat er ja schon durchblicken lassen, warum er so wütend und verletzt ist, und da will ich unbedingt mehr wissen. Ich will alles wissen. Warum er mich zurückgewiesen hat zum Beispiel? Warum er erst so eifersüchtig wirkt und im nächsten Moment einen Rückzieher macht? Und was mit Claire los ist?

Und warum sieht er so aus, als würde er mich küssen wollen, wenn er mir doch so deutlich zu verstehen gegeben hat, dass er in Wirklichkeit nichts von mir will.

Er hat recht. Es wird Zeit, dass wir drüber reden. Über alles. Ich hole tief Luft. »Okay.«

Er nickt, seine Schultern entspannen sich. »Okay?«

»Okay«, wiederhole ich.

Eine Trillerpfeife schrillt über den Strand, ein panischer Mr Beckett rennt auf uns zu. Seine Backen blähen sich um eine Fußballpfeife, er rudert mit den Armen. Vermutlich waren wir eine ganze Weile weg.

Als wir zurück zum Hindernisparcours kommen und die Ziellinie überqueren, warten schon alle. Doch ich nehme nur Rainn wahr, der ein gelbes Blatt Papier in der Hand hält.

21

Ethan

Senior Sunrise, 15:35 Uhr

Er weiß es.

Ich stehe wie angewachsen an der Ziellinie des Hindernislaufs, starre Rainn und das gelbe Blatt in seiner Hand an. Er guckt blinzelnd auf den Brief, das entspannte Lächeln weicht einem Ausdruck ungläubigen Staunens.

Als er aufschaut, flitzt sein Blick von einem zum anderen, so als würde er nach der Quelle suchen.

Gehört der Brief mir? Natalia? Oder jemand anderem?

Meine Hand schießt in die Tasche, um sicherzustellen, dass der erste Brief noch da ist. Ist er. Und er provoziert mich.

Natalia und ich schauen uns kurz an. Ihre Augen sind schockgeweitet. Ich fächele mir langsam Luft zu. *Keine Panik*. Ich habe das mit Tanner geregelt. Ich kann das wiederholen.

Schließlich bewege ich mich, aber nicht zu schnell. Ich will keine Aufmerksamkeit erregen. Wir müssen zu Rainn gelangen, ehe irgendjemandem auffällt, was er da in der Hand hält. Um es zu erklären.

Neben mir hält Natalia Schritt und sendet Panikwellen aus.

Rainn beobachtet uns, und als ich ihm einen verzweifelten Blick zuwerfe, erscheint so was wie Verständnis auf seinem Gesicht. Die

Einzelheiten mag er nicht kennen, doch er weiß jetzt, dass Natalia und ich in die Sache verwickelt sind.

Gerade als er versucht, den Brief heimlich in seine Tasche zu stecken, bin ich bei ihm. Ich packe seinen Arm und zerre. »He, Mann, können wir reden?«

Er nickt und kommt mit. Aber in meiner Verzweiflung ziehe ich zu grob an seinem Arm – und aus Versehen lässt er dabei das Blatt fallen.

Janelle dreht sich genau in diesem Moment um und sieht es auf den Strand flattern. »Was ist das?«, fragt sie.

Akira Kurosawa war der erste Filmregisseur, der Zeitlupen eingesetzt hat – in seinem Film *Die sieben Samurai*. Irgendwie war vorher niemand darauf gekommen, dass es Augenblicke im Leben gibt, in denen die Zeit langsamer läuft, gerade so lange, bis einem klar wird, dass nichts mehr so sein wird wie zuvor, bis sie wieder Fahrt aufnimmt.

Janelle pickt das Blatt mit ihren langen künstlichen Nägeln auf und liest es, ehe einer von uns sie aufhalten kann. Mir bleibt die Luft weg.

»Oh mein Gott«, ruft sie. »Das ist ein Lion Letter!«

Ein paar Leute schauen rüber.

Sie wirbelt auf den Hacken herum. »Claire!«

Claire geht zu ihr, ohne meine Jacke, sie beäugt mich argwöhnisch.

»Ja?«

»Sieh dir das an«, sagt Janelle sensationslüstern. Sie hält Claire den Zettel unter die Nase. Ich sollte ihn mir schnappen, damit wegrennen und denjenigen retten, der ihn geschrieben hat. Aber erst muss ich wissen, was Janelle weiß. Ich muss genau wissen, wie schlimm es ist. Ich stelle mich hinter sie, mein Puls rast so schnell, dass ich ihn in den Schläfen spüre, und lese den Brief über ihre Schulter hinweg durch. Ganz schnell.

Ich weiß echt nicht, was das soll. Worüber schreiben die alle nur? Schütten die ernsthaft ihre Herzen auf ein Stück Papier aus, das bloß im Müll landen wird? Ein paar weinen tatsächlich.
Mann, wie ich diese Schule manchmal hasse. Ich bin nicht wie Natalia, die einen Pakt braucht, um was tun zu können, wovor sie Angst hat. Ich brauche keine Spiele, um mutiger zu sein. Ich bin jeden Tag mutig. Wenn ich ein Problem sehe, kümmere ich mich drum. Wenn ich etwas will, finde ich Mittel und Wege, es zu bekommen.
Jackson Ford war ein Problem – und jetzt ist er weg.
Ich mag Sienna, also werde ich mich heute trauen.
Und fertig. Ganz einfach. Da gibt's nichts zu heulen.

Mein Gesicht wird furchtbar heiß. Das ist nicht mein Brief, aber … gut ist es nicht. Natalia hat jemandem von unserem Pakt erzählt. Aber … wir haben uns geschworen, so was niemals zu tun. Dieser Brief wurde geschrieben, bevor ich den Pakt heute Claire gegenüber erwähnt habe. Noch jemand muss Bescheid wissen. Ob das Rainns Brief ist? Könnte er deshalb so hektisch geworden sein?

Aber nein, er steht nicht auf Sienna. Oder doch? Ich sehe mir meine Freunde und Freundinnen ganz genau an und frage mich, ob ich sie überhaupt kenne.

»Jemand hat dafür gesorgt, dass Jackson gefeuert wird«, sagt Claire. In ihrer Stimme köchelt Wut, die noch kein Ventil gefunden hat.

»Der Typ war scheiße«, sagt Rainn.

Claire wirft ihm einen vernichtenden Blick zu.

Aber warum? Rainn hat doch recht, Jackson war scheiße. Er hat nur ein Semester Schauspielschule geschafft, ehe er wieder zurück an unsere Schule gekommen ist und den Job gekriegt hat. Claire mag ihn vielleicht als Regisseur oder sonst was, aber er war so ein Typ, mit dem ich ein Mädchen nie allein gelassen hätte.

»Weißt du, wer das geschrieben hat?«, fragt Claire Janelle.

»Jemand, der Sienna mag«, sagt Janelle hibbelig vor Aufregung. Nach einer Pause fügt sie hinzu: »Und Natalia nicht mag.«

Rainns mitfühlender Blick gleitet rüber zu Natalia. Gut. Rainn würde so was nicht über Natalia sagen. Wessen Brief ist das also?

Natalia löst sich aus einer Art Trance, als ihr Name fällt.

»Was?!«, sagt sie verkrampft.

Ich greife nach dem Zettel. »Moment mal, nicht ...«

Zu spät. Claire reicht ihr das Blatt, ihr Blick durchbohrt mich.

Ich beobachte, wie sich Natalias Gesicht verzieht, weil der Text so hart ist. Und ich weiß genau, wann sie zu der Stelle mit dem Pakt kommt, da wird sie nämlich blass. Warum musste da was über Natalia stehen? Warum musste unser Pakt erwähnt werden? Vermutlich, weil das privat bleiben sollte.

Gott, wie kann dieser Tag denn noch schlimmer werden?

»Was für ein Pakt?«, fragt Janelle niemand Bestimmten.

»Wahrscheinlich der, von dem Ethan mir erzählt hat. Oder, Ethan?«, sagt Claire.

Oh. Auf diese Art also.

Natalias Mund klappt auf. Sie starrt mich an, verletzt, verraten.

Janelle zupft den Brief aus ihrer schlaffen Hand und steckt ihn in die Tasche. Sie sieht uns an.

»Talia, so war das nicht ...«, sage ich.

Doch Natalia schüttelt den Kopf und läuft weg. Ohne jemanden anzusehen, geht sie an Prashant und seinem hochgehaltenen Klemmbrett vorbei und an Ms Mercer, die ihr eine Frage stellen will.

Dieser Ausdruck auf ihrem Gesicht …

»Natalia«, rufe ich.

Sie bleibt nicht stehen. Sie dreht sich nicht um. Alles wie immer.

»Was ist los?«, zischt Rainn mir ins Ohr, in seiner Stimme schwingt völlig untypische Aufregung mit.

Was mache ich jetzt? Gebe ich zu, was ich weiß? Sage ich was darüber, wie die Briefe abhandengekommen sind? Wie es passiert ist, dass Natalia und ich da gemeinsam drinstecken? Dass sie Mist gebaut und geschworen hat, sich drum zu kümmern? Ich war ja vorher schon durcheinander, aber wenn ich mir diese Sache mit ihr so ansehe, scheint mir Quantenphysik Kinderkram zu sein.

Sienna ruft mir zu, ehe ich antworten kann. »Ethan? Ist Natalia okay?«

Wir drehen uns alle gleichzeitig um. Sienna und Leti Mitchell lösen sich von der Gruppe, mit der sie zusammengestanden haben, und kommen zu uns rüber. *Sie halten sich an den Händen*. Ich freue mich total für Sienna, Leti ist schon ewig ihr Crush.

Da kneift Claire die Augen zusammen und es macht klick. Das ist Letis Brief.

Ich sollte irgendwas unternehmen, um them zu warnen.

Was Leti über Natalia geschrieben hat, war nicht cool, aber es sollte ja auch geheim bleiben. Leti wollte Natalia sicher nicht verletzen, und hätte Natalia die Finger von den Briefen gelassen, hätte sie von nichts gewusst. Außerdem ist Ford die reine Platzverschwendung, vermutlich hat er alles verdient, was ihm passiert ist. Wenn Leti was damit zu schaffen hat, ist das einen Orden wert.

Beweg dich, Ethan.

Kann ich aber nicht. Seit der sechsten Klasse terrorisiert Janelle mich und offenbar habe ich Flashbacks. Meine Füße verschmelzen mit dem Sand, meine Stimme steckt irgendwo zwischen dem Richtigen und dem Egoistischen fest: Selbsterhaltung.

Leti und Sienna schließen sich unserer Gruppe an. Janelle verschwendet nicht eine Sekunde. »Na, bei euch ist es ja kuschelig geworden beim Hindernislauf. Echt, *heute hast du dich so was von getraut,* Leti.«

Sienna wirft mir einen Warum-redet-Janelle-Johnson-mit-uns-Blick zu.

Ehe ich darauf reagieren kann, legt Claire los. »Hast du dafür gesorgt, dass Jackson Ford gefeuert wird?«

Leti macht große Augen und lacht erstaunt. »Was?«

»Wir wissen, dass du irgendwas gemacht hast«, sagt Claire vorwurfsvoll.

Sienna runzelt die Stirn. »Hast du das fiese Zeug nicht gesehen, das er gepostet hat? Deswegen ist er gefeuert worden.«

»Das war nicht hilfreich, aber der einzige Grund war es nicht«, sagt Leti kämpferisch.

Siennas Augenbrauen schießen in die Höhe. Claires Hände machen Trockenübungen, als wollte sie Leti gleich den Hals umdrehen.

»Also, viel musste ich nicht tun. Ich hab der Verwaltung bloß erzählt, was ich weiß«, sagt Leti.

Janelle rückt näher und fragt: »Und das wäre?«

Leti zögert und sieht Claire einen Augenblick zu lange an, ehe they sich wieder Janelle widmet. »Spielt keine Rolle.«

Claire atmet langsam aus, ihre Haltung entspannt sich ein wenig. »Tanner flippt aus, wenn er das erfährt.«

Ach, richtig, die sind befreundet. Hat Janelle nicht gesagt, dass Tanner gestern Abend auf einer Party von Jackson Ford war? Gott, wie konnte Natalia nur denken, dass Tanner auch nur im Entferntesten gut genug für sie sein könnte?

Leti wendet sich Sienna zu, um ihr das näher zu erklären. »Mr Ford ist der Typ, von dem ich dir erzählt hab, der, der die Nacktfotos von meiner Schwester gepostet hat, nachdem er sie gedatet hat. Ich musste was unternehmen.«

»Dieses Arschloch«, sagt Janelle. Sie sieht Claire an. »Ich hab ihn immer geduldet, weil Alk im Spiel war, aber du hast nie erzählt, dass er so widerlich war.«

Claire schüttelt den Kopf. »Nein, war er auch nicht«, beharrt sie. Keine Ahnung, wen sie überzeugen will.

»Warum verteidigst du ihn noch nach dem, was Leti uns gerade erzählt hat?«, fragt Sienna wütend.

Claire schlingt die Arme um sich. »Also, er ist ja irgendwie nicht hier, um sich selbst zu verteidigen! Jede Geschichte hat zwei Seiten und viele von uns mochten ihn und haben sich auf ihn verlassen ...« Sie bricht ab und starrt in den Sand.

Das Schweigen ist erdrückend. Rainn und ich tauschen verwirrte Blicke. Wir kommen beide nicht ganz mit, bis Janelle zu Claire sagt: »Du hast doch gesagt, dass nie was passiert ist.«

Ohhh.

»Janelle!«, ruft Claire.

Janelle verzieht das Gesicht. »Ups.«

Ach du Scheiße. Claire und Jackson Ford? Aber offiziell ist der ein Erwachsener mit Bart und – äh – einem Staubsauger. Abgesehen davon war er Claires Regisseur. Was für ein Drecksack.

»Claire ...«, sage ich.

Sie wirbelt zu mir herum, die Augen zusammengekniffen. »Wage es ja nicht, jetzt so zu tun, als würde dir was an mir liegen, Ethan.«

Wow. O...kay.

»Ich …«

Prashant taucht auf und unterbricht mich gnädigerweise. Er trommelt auf sein Klemmbrett. »Hallo? Hört mir irgendwer zu? Wir haben jetzt freie Zeit auf dem Campingplatz.«

Claire nutzt das, um davonzurauschen.

»Sorry. Wir kommen«, sagt Janelle mit einem Lächeln.

Prashant registriert ihren süßen Ton irritiert. Er behält Janelle im Auge, als er sich langsam zurückzieht. »Natalia muss bald wiederkommen. Wir brauchen sie«, sagt er zu mir. »Kannst du nicht …«, er sucht händeringend nach den richtigen Worten, »dein Ethan-Ding abziehen?«

Hitze schießt mir den Nacken hoch. Wie er das sagt! Rainns Augenverdrehen fehlt mir wirklich nicht. Ich schlucke mein Unbehagen aber runter und nicke. Ich wollte sie ohnehin suchen. Diesen Gesichtsausdruck habe ich bei ihr nur ein einziges Mal gesehen, nämlich als sie bei der Abschlussprüfung eine ausgewachsene Panikattacke hatte. War furchtbar.

Sobald Prashant außer Hörweite ist, fragt Leti Janelle: »Wie hast du rausgekriegt, was ich gemacht habe?«

Anstelle einer Antwort brüllt Janelle: »Moment mal, da ist noch einer!«

Offenbar wird es immer schlimmer.

Endlich verbinden sich meine Muskeln wieder mit meinem Hirn und ich trete Janelle in den Weg. Als ob das was nützen würde, ich werde sie ja wohl nicht festhalten. Sie schnaubt höhnisch, drängelt sich an mir vorbei und schnappt sich einen Brief, der sich in den Mittagsblumen vor den Felsen verfangen hat. Janelle ist groß, eine Volleyballspielerin, sie kommt leicht ran.

Sie überfliegt den Zettel und schlägt die Hand vor den Mund.

»Oh mein Gott.«

Sie rennt wieder zu uns, dabei wedelt sie mit den beiden Briefen, die sie jetzt hat. Letis und Siennas Augen werden ganz groß.

»Was steht da?«, frage ich.

»Ach, Ethanpedia muss immer alles wissen«, sagt Janelle überheblich.

Ich funkele sie stinksauer an. Aber für diesen Scheiß habe ich keine Zeit. Mit jeder Sekunde wächst meine Sorge um Talia. Ich muss sie finden.

Sofort.

Doch ich versuche es noch einmal. »Bitte, Janelle.«

Ein mitleidiges Grinsen kriecht über Janelles Gesicht.

Sie steckt den Brief zu dem anderen in ihrer Tasche. »Jemand hatte die Finger in der Keksdose. Und ich werde herauskriegen, wer das war.«

22

Natalia

Senior Sunrise, 15:47 Uhr

Ich gehe, so weit ich kann, bis meine Lungen sich zusammenziehen, als könnte mich jetzt selbst der ganze Sauerstoff der Welt nicht retten. In winzigen, hektischen Zügen sauge ich die salzige Meeresluft ein. Jeder Atemzug dehnt die Lunge weiter, meine Rippen weiten sich bei dem Versuch, tief in den Bauch zu atmen. Ich kann nicht genug kriegen.

Ich zwinge die schweren Beine voran, laufe schneller auf die Mauer zu, die Strand und Fahrradweg trennt. An der sacke ich runter und verstecke mich, vor mir die wilde Weite des Ozeans. Die Steine halten mich aufrecht, mein Blick trübt sich, dann versinkt alles in Dunkelheit. Das Schwarz bedrängt jeden Nerv. Mein Puls ist wie ein Presslufthammer, fest entschlossen, mir die Brust aufzureißen, während aus dem Rest des Körpers das Gefühl weicht.

Wie kann ich derart schwitzen, wenn mir doch so kalt ist? Wenn ich klar denken könnte, wenn ich atmen könnte, dann käme ich schon drauf. Ich könnte es in Ordnung bringen. Aber ich höre bloß Claires arrogante Stimme: *Der, von dem Ethan mir erzählt hat.* Ich sehe nur die Worte aus dem Brief vor mir, die sich in meinen Kopf eingebrannt haben: *Ich bin nicht wie Natalia, die einen Pakt braucht, um etwas tun zu können, vor dem sie Angst hat.*

So sieht mich also jemand. Vielleicht sehen mich alle so. Sie wissen alle, dass es die nette Natalia gar nicht gibt. Sie ist nur die Fassade der verängstigten, schwachen Natalia. Und jetzt wissen sie, dass die Briefe rausgekommen sind. Da ist es nur eine Frage der Zeit, bis sie entdecken, dass ich es war. Es ist vorbei. Alles, was ich an der Liberty aufgebaut habe.

Ich presse die Hände auf die Augen und versinke tiefer in Scham.

Schritte knarzen über den sandigen Beton. »Natalia?«

Ethan. Seine starken, festen Finger legen sich um meinen Arm, ziehen mir die Hand vom Gesicht. Wärme fließt durch seine Berührung wie Sonne an einem kalten Tag. Unsere Blicke treffen sich. Seiner ist ruhig wie sein Atem. So viel Sorge liegt darin, so viel Verständnis. Ich gebe einen erstickten kleinen Laut von mir.

»Geh weg«, krächze ich. »Bitte.«

»Vergiss es.« Ohne zu zögern, hockt er sich vor mich hin. Seine langen Beine falten sich unter ihm zusammen.

Mir fehlt die Kraft und ich sacke an ihm zusammen.

»Okay, okay«, flüstert er beruhigend. »Ich glaube, du hast eine Panikattacke.«

Ich nicke. Eine schlimme. Alles, was ich für mich behalten hatte, bricht sich heute Bahn und stiftet Chaos und Verheerung.

Mein Blick schießt in alle Richtungen, die Lunge will sich nicht weiten. Der Puls macht alles Mögliche. Ist zu schnell, dann zu langsam. Ich sterbe. Wenn das Herz aufhört richtig zu funktionieren, heißt das ganz bestimmt, dass man stirbt.

»Hey? Sieh mich an.«

Mach ich.

»Du bist in Sicherheit. Atme mit mir.« Er schaut mir tief in die Augen und holt lange langsam Luft, was ich versuche nachzumachen, jedoch nicht schaffe. Aber er nickt ermutigend und lässt mich nie aus den Augen. Einatmen. Ausatmen.

Er ist ein Leuchtturm in diesem Sturm, seine Gegenwart mein sicherer Hafen. Ich schaue nicht weg, während meine Gedanken in hundert Richtungen sausen. Die Briefe, meine Eltern, Umziehen, Ethan mit Claire.

Geheimnisse und Herzschmerz und Unsicherheit und nie, niemals irgendwas richtig machen. Ich mache alles nur schlimmer, dabei versuche ich doch immer nur, alles besser zu machen. Das ist auch das Einzige, was ich will. Besser sein. Aber das sieht keiner. Interessiert keinen.

Sie wollen Perfektion und dann noch mehr. Die Latte ist ständig in Bewegung, der Standard ändert sich immerzu. Das drückt mir die Luft ab und ist unmöglich, trotzdem, es wird immer und immer wieder von mir erwartet, dass ich ihn erfülle. Das erwarte ich selber von mir. Aber ich bin nie gut genug.

Ich enttäusche immer jemanden.

Werden die anderen okay sein? Und Ethan und ich?

Werde ich jemals, jemals okay sein?

Ich probiere es mal mit einem tieferen Atemzug.

»Gut so«, sagt Ethan. Seine Stimme ist so warm und ruhig, wieder spüre ich Tränen hinter den Augen. Er nickt und atmet weiter, nickt und atmet.

Aber dieser Junge, der hat mich nie unter Druck gesetzt. Er hat nie, nicht ein einziges Mal von mir verlangt, irgendwas anderes zu sein als genau die, die ich bin.

Der Gedanke ist ein Rettungsring und an den klammere ich mich mit aller Kraft.

Meine Atmung setzt ein, wackelig und flach zunächst, aber ein paar Minuten später ist sie schon ein bisschen langsamer. Ich folge

Ethans Rhythmus, konzentriere mich auf den sonnengesättigten Duft, den er verströmt, und die Luft in meinen Lungen, die ein- und ausfließt. Langsam, langsam wird mein Blick klarer.

Noch ein paar Minuten und ich habe nicht mehr das Gefühl, dass mein Innerstes nach außen gequetscht wird. Das Rauschen des Meeres übertönt das Rauschen meines Blutes und ich bin wieder hier an meinem Lieblingsstrand, mit meinem Lieblingsmenschen.

Ethan spürt die Veränderung und lässt sich neben mir nieder, er legt mir den Arm um die Schultern, drückt die ganze Seite seines Körpers an mich. Das fühlt sich so gut an.

»Besser?«

Ich nicke. »Besser. Aber … ich muss dich was fragen.«

»Nur zu.«

»Wie hat Claire von dem Pakt erfahren?«

Er rührt sich nicht. Bis zu diesem Moment war mir die Sache nicht real vorgekommen, nicht wie etwas, das er tatsächlich tun würde, aber jetzt steht ihm die Schuld ins Gesicht geschrieben. Wenigstens streitet er nichts ab.

»Ich hab ihr nichts Konkretes erzählt«, sagt er. »Wir haben geredet und … irgendwie ist es rausgerutscht.«

Ich möchte ihm glauben. Ich wünsche mir so verzweifelt, dass mit uns alles in Ordnung ist, dass ich mich dazu zwinge, ruhig zu bleiben. »Okay … aber warum redest du mit ihr darüber und nicht mit mir?«

Er seufzt. »Natalia, sag mir bitte, wann ich heute zu dir hätte kommen und sagen sollen: ›Hey, können wir kurz über dieses eine Mal reden, wo wir fast miteinander geschlafen hätten?‹«

Ich halte mir die Hände vor mein brennendes Gesicht. »Oh mein Gott, Ethan.«

»Siehst du? Das machst du immer, wenn ich mit dir darüber

reden will. Du … löst dich in Luft auf und rennst weg. Es ist passiert. Tu bitte nicht so, als wäre nichts gewesen.«

Und da ist es. Es ist passiert. Ich drücke die Wange auf meine Knie und unsere Blicke treffen sich. »Okay. Tut mir leid.«

Plötzlich sind wir so entspannt wie den ganzen Tag noch nicht.

»Warum hast du es Leti erzählt?«, fragt er.

Ich runzele die Stirn. »Hab ich nicht. Warum sollte ich Leti so was erzählen?«

Er zuckt mit den Schultern. »Warum stand das in Letis Brief?«

»Der war von Leti?« Ich rufe mir ins Gedächtnis, was in dem Brief stand, und mir geht auf, dass es eine Anspielung auf unseren Deal mit der Kunsthochschule war. Das erkläre ich Ethan und er lacht matt auf.

»Mann, dieser Tag ist echt beschissen.«

Dann will ich wissen, was passiert ist, nachdem ich gegangen bin, und er erzählt mir, was Leti getan hat, damit der schmierige Jackson Ford gefeuert wird. Er ist ziemlich sicher, dass Jackson und Claire was am Laufen hatten. Das ist ein Geheimnis, das niemals rausgekommen wäre, wenn ich die Briefe nicht fliegen lassen hätte. So sehr Claire mich auch nervt, deswegen fühle ich mich ziemlich mies.

Schließlich erzählt er mir, dass Janelle noch einen Brief gefunden hat, doch sie hat nicht gesagt, was drinstand.

»Wer immer den geschrieben hat, tut mir echt leid«, sage ich.

»Mir auch.«

Wir wechseln einen beunruhigten Blick.

»Es ist nur eine Frage der Zeit, bis sie checkt, was passiert ist.«

»Hm. Vielleicht«, murmelt Ethan nachdenklich. »Glaubst du nicht, es wäre leichter, wenn du einfach allen erzählst, was passiert ist? Es war ein Versehen, hast du gesagt …«

»War es auch.«

Er nickt. »Aber was, wenn sie noch mehr Briefe finden? Wir haben Glück, dass Tanner sich an nichts erinnern wird und dass Letis Brief so allgemein gehalten war. Die anderen, die noch fehlen, könnten persönlicher sein … und ich will nicht, dass Janelle noch jemanden auseinandernimmt. Ich finde, wir sollten den anderen alles erzählen.«

Mein Puls schießt nicht wieder in die Höhe. Im Moment scheint alle Panik aus mir rausgesickert zu sein. Wozu verstecke ich mich eigentlich? Das war ein Unfall. Wenn ich es den anderen gestehe, verstehen sie es vielleicht. Zumindest wird so niemand mehr verletzt.

»Ja, du hast recht«, sage ich.

Erleichtert lässt er die Schultern sinken.

Ich rücke näher an ihn heran und er zuckt zusammen, als hätte das wehgetan, doch dann kann ich mich vorsichtig an ihn lehnen.

Ich beuge mich vor, damit ich ihm ins Gesicht sehen kann. Auf seinem Kinn sprießen dunkle Stoppeln. »Alles okay mit dir?«

»Ja«, sagt er und zuckt wieder zusammen. Ich mustere seinen Oberkörper, über den er die andere Hand hält, und kapiere, was los ist.

»Rainn hat dir nicht ernsthaft wehgetan, oder?«

Er schüttelt den Kopf. »Alles gut.«

Ich kneife die Augen zusammen. Letztes Jahr hatte Ethan bei einem Spiel einen Ellenbogen an die Nase bekommen. Das Blut war ihm übers Gesicht gelaufen und er hatte achselzuckend gesagt, alles sei in Ordnung. Dabei blieb er auch noch, als sich herausstellte, dass die Nase gebrochen war und er eine Woche lang mit einem blauen Auge rumlaufen musste. Für ihn ist nur »alles in Ordnung«, wenn er niemandem zur Last fallen will.

»Lass mich mal gucken.« Ich zupfe an seinem Shirt.

Nach einem langen Moment lässt er mich gewähren. Langsam schiebe ich sein Shirt hoch und ach du … die Hälfte seines Brustkorbs und seiner Muskeln am Rücken sind voller roter Striemen und frischer lila Blutergüsse. Ganz leicht streichen meine Finger über Ethans warme Haut, über die sich sofort eine Gänsehaut zieht.

»Er hat das nicht mit Absicht gemacht. Du weißt ja, wie leicht ich blaue Flecken kriege«, sagt er, loyal wie immer.

Am liebsten würde ich ihn an mich ziehen, vollen Körperkontakt. Um ihn zu trösten und zu beruhigen, so wie er es gerade für mich gemacht hat. Damit dieser Ethan-Duft wieder in mein Blut dringen kann. Doch irgendetwas an seiner starren Haltung hält mich davon ab.

Sein Shirt rutscht über meine Hand, die immer noch auf seinem nackten Brustkorb liegt. Ungefähr zur selben Zeit fällt beiden von uns auf, dass mein Daumen in kleinen Kreisen seine Haut streichelt. Er sieht mich an.

Ich starre ihn an und werde von Gefühlen überwältigt. Wenn er mich so anschaut, lösen sich all meine Widerstände in Luft auf, wenn ich denn überhaupt noch welche habe. Von Minute zu Minute bin ich weniger vorsichtig mit Ethan. Wir können uns beide völlig aufeinander einstellen – und wir wissen, wann mit dem anderen etwas nicht stimmt.

Aber das, was zwischen uns abgeht, soll nicht aus irgendeiner Verpflichtung heraus geschehen. So wie er mich behandelt, wenn ich nicht richtig esse zum Beispiel. Ich will nicht, dass er das Gefühl hat, es wäre sein Job, mich in Ordnung zu bringen oder so.

Aber ich will, dass wir uns wieder öffnen können.

Schnell lasse ich die Hand sinken und sage: »Weißt du, Rainn hat gefragt, ob es wegen dir ist.«

Er guckt verwirrt. »Was?«

»Ob ich wegen dir nicht mit ihm zusammen sein will.«

Ethan schluckt schwer. »Was hast du ihm gesagt?«

Ehe ich ihm alles erzähle, muss ich für mich sorgen und mir klar darüber werden, was ich will. Wirklich will.

Adrenalingetränkt und erschöpft schaue ich ihm in die Augen und sage einfach: »Die Wahrheit.«

23

Ethan

Senior Sunrise, 16:12 Uhr

Will sie mich umbringen? *Die Wahrheit*. Gott, was heißt das?

Ich warte auf ihre Erklärung. Kommt nicht. Anscheinend ist sie darauf aus, mich schmoren zu lassen. Aber das sollte mich nicht erstaunen. Sie hasst es, über Gefühle zu reden. War schon immer so. Und gerade hat sie eine Panikattacke überstanden, ist jetzt bestimmt nicht der richtige Zeitpunkt, dieses Problem anzuschneiden.

Aber sie ist normalerweise gesprächiger, wenn sie was gegessen hat. Kann doch keine Absicht sein, wenn es wahr ist, oder?

»Noch eine letzte Mahlzeit, bevor das Erschießungskommando antritt?«, frage ich und zeige mit dem Kinn auf den kleinen Laden oben auf dem Hügel, ganz in der Nähe von unserem Campingplatz. »Ich lade dich ein.«

Sie grinst. Sie ist schon viel besser drauf als vorhin. Es allen zu sagen, wird gut sein. Selbst wenn sie uns hassen. Ist besser, als wenn jemand anders verletzt wird.

Wir klettern den Hügel hoch und steuern den Laden an. Hier gibt es allen möglichen kitschigen Strandkram und eine Kühltruhe mit Eis. Natalia nimmt zwei Drumsticks und wir gehen zum Tresen. Der Typ an der Kasse guckt fern, eine Unterhaltungsshow, in der Dads Gesicht allgegenwärtig ist.

Wie könnte es anders sein.

Eine hübsche Moderatorin mit langen blonden Haaren verkündet mit munterer Stimme: »Roger Forrester, bekannt für seine Rolle im beliebten Politdrama *The Beltway*, gibt Einblicke in die neue Staffel.«

Ich erstarre. Schon wieder dieses Interview. Ständig wird es überall wiederholt, weil nächste Woche die neue Staffel anläuft. Mein Dad wird eingeblendet, offensichtlich wurde er im Laufe des Sommers in unserem Haus gefilmt, während ich Adam in Seattle besucht habe. Da war er das letzte Mal zu Hause.

Natalia regt sich neben mir und mir fällt auf, dass sie mit verkniffenem Blick zuschaut. Dad sitzt am Esszimmertisch, auf demselben Platz, an dem ich mir heute Morgen eine Schale Müsli reingeschaufelt habe und Mom so getan hat, als hätte sie nicht die ganze Nacht geweint.

In der Sendung ist der Tisch sauber statt voller Post und irgendein Scheißgewächs steht drauf rum, das ich noch nie gesehen habe. Dad trägt ein schickes Leinenhemd. Sein Gesicht ist mit diesen perfekt gepflegten Bartstoppeln bedeckt, mit denen er aussieht wie ein Hobbygärtner oder so. Er lächelt warm und kommt rüber wie der perfekte, bodenständige Familienmann. Sein Scheißmarkenzeichen.

Ich bin schon wieder total wütend.

Er wird gefragt, woher er die Inspiration für seine Rolle, Jonathan Reid, nimmt.

»Die gibt mir meine Familie«, antwortet er. »Ganz gleich, mit welchen politischen Machenschaften Jonathan Reid auch zu tun hat, an allererster Stelle steht für ihn immer seine Familie.«

Ich zerquetsche die Eiswaffeln beinahe in der Hand. Jetzt zeigen sie ein Bild von uns aus dem letzten Jahr, als wir zu viert in Tahoe waren. Wir sehen aus wie eine beneidenswert glückliche Familie.

In Wahrheit waren wir einen ganzen Tag da. Mom wurde wegen einer Notfalloperation ins Krankenhaus gerufen, deshalb mussten wir früher zurück, und Dad ist gleich nach Neujahr für zwei Monate zu einem Dreh nach Europa abgereist. Und als er zurückkam, war er … anders. Da fing ich an Verdacht zu schöpfen.

»Ganz gleich, welche Rollen ich auf der Leinwand gespielt habe …« Die Kamera zoomt zu einer Nahaufnahme, als Dad die Tränen in die Augen steigen. »… Dad ist die einzige Rolle, die mir etwas bedeutet.«

Ich lache laut los.

Wow. Am liebsten würde ich klatschen, seine Performance ist dermaßen hervorragend. Ich knalle das Geld auf den Tresen und der Kassierer ist mit seiner Aufmerksamkeit wieder bei mir. Er macht große Augen und zeigt auf das Fernsehgerät. »Du bist doch wohl nicht …«

»Nee, ist er nicht«, sagt Natalia und schleift mich aus dem Laden.

In der Meeresluft lasse ich den lange angestauten Atem dann fließen. Mein Dad. Mein verlogenes, untreues Arschloch von Dad.

Ich reiße die Folie mit so viel Kraft von der Eiswaffel, dass mir das Ding fast runterfällt.

Natalia legt mir eine Hand auf den Arm, stellt eine Frage, ohne zu fragen. Aber was kann ich denn sagen?

Dass die Welt sich irgendwie weiterdreht, als wäre alles normal, wenn doch in Wirklichkeit meine eigene Welt an einer Textnachricht zerschellt ist?

Natalia guckt mich an. Sie wartet. Statt im Selbstmitleid zu versinken, sollte ich ihr dabei helfen sich zurechtzulegen, wie sie dem Jahrgang die Sache mit den Briefen erklärt. Aber sie hat schon wieder diese sture Miene aufgesetzt und ich weiß, dass sie mich dieses Mal nicht vom Haken lässt. Ich fahre mir durchs Haar.

»Es war … ein echt beschissener Sommer«, gestehe ich ein.

Sie sieht mich mitfühlend an. »Wirklich? Ist was mit Adam?«

Ich schüttele den Kopf. »Er macht sich richtig gut.«

Sie nickt erleichtert.

Ich habe das Gefühl, dass ich die nächsten Worte mit Gewalt rauspressen muss. »Dad ist ausgezogen. Gleich nach der Prom.«

Natalia wird ganz still. »Was ist passiert?«

»Er ist fremdgegangen.« Ich gucke auf meine dreckigen Schuhe.

Mehr sage ich nicht, ich kann's nicht. Von den Textnachrichten, von dem Ultimatum kann ich ihr nichts erzählen. Und wie schwer das Schweigen lastete, als Dad mir gesagt hat, dass er geht.

Wie ich gespürt habe, dass sich eine so enorme Wut in mir aufbaut, dass ich das Haus mit den bloßen Fäusten hätte pulverisieren können. Hab ich aber nicht getan. Denn wenn ich zusammenklappen würde, könnte Mom sich nicht mehr zusammenreißen. Adam auch nicht. Was ich brauche, spielt keine Rolle, solange die beiden okay sind.

Mom weiß noch immer nichts von der Affäre. Ich finde es furchtbar, dass ich es weiß.

»Oh, Ethan …« Mein Name ist wie ein Flüstern im Dunkeln. Beinahe knicke ich an Ort und Stelle ein.

Ich schniefe, schüttele ihre Freundlichkeit ab. Ich hab sie nicht verdient. »Alles gut.«

Sie legt den Kopf schräg, so wie immer, wenn sie mich durchschaut. »Stimmt nicht.«

Das ist keine Vermutung, sie weiß es. Und schon deshalb fangen meine Augen an zu brennen. Denn sie hat natürlich recht. Sie sieht mich.

Ich kann nur den Kopf hängen lassen und sagen: »Du hast recht. Es stimmt nicht.«

Natalia geht einen Schritt auf mich zu und legt mir die Hand mitten auf die Brust, die Handfläche auf meinem Brustbein. Die Berührung, milde wie die letzten Sonnenstrahlen, durchflutet mich. Dass sie mich überhaupt berührt, ist schon unerwartet, aber dass sie mich so berührt … das macht was mit mir. Sie wartet darauf, dass ich ihr in die Augen schaue.

Als ich es mache, sagt sie leise und bestimmt: »Das wird schon.«

Ich will ihr so gern glauben, dass es wehtut. Ich nicke, nehme ihre Hand und drücke sie an mich. Sie blinzelt erstaunt, zieht die Hand aber auch nicht weg.

So stehen wir einfach da und schauen einander an. Sie hat die Haare zu einem unordentlichen Zopf zusammengebunden, mir juckt es in den Fingern, den wieder aufzulösen.

Stattdessen zupfe ich daran wie an einem kleinen Glockenstrang. »Süß.«

Mir entgeht die leichte Röte nicht, die sich über ihre Wangen zieht, und meine Stimmung wird viel besser, als mir eigentlich zusteht.

Je länger wir so dastehen, umso stärker muss ich gegen den Drang ankämpfen, sie an mich zu ziehen. Gott, ich würde sie so gerne küssen …

Aber Natalia kneift die Augen zu und würgt das Gefühl ab. »Ich bin so ein Arsch. Ich hätte diesen Sommer für dich da sein sollen, aber ich war so in meine eigenen Gedanken …« Sie schaut mich an. »Das tut mir so leid.«

Sie meint es ernst, das sehe ich. Aber Frust durchströmt mich, weil sie verschwunden ist, als ich sie am meisten brauchte. Ich versuche das Gefühl wegzuschieben, ist ja nicht alles ihre Schuld, außerdem hat sie mit ihrer Familie Sachen durchgemacht, von denen ich nichts wusste.

»Mir auch.«

Da gibt es noch mehr zu sagen, so viel mehr, aber »Tut mir leid« ist ein guter Anfang. Ich drücke ihre Hand und wir lösen uns voneinander, um in angenehmem Schweigen zur Gruppe zurückzuwandern.

Als wir da ankommen, fragt Natalia plötzlich: »Äh, warum guckt Claire dich an, als wollte sie dich abstechen?«

Ich folge ihrem Blick. Und ja, Claire funkelt mich vom Campingplatz her so an, als würde ihr der Sinn nach einem schönen Prom-King-Mord stehen.

»Vor dem Hindernislauf hab ich mit ihr Schluss gemacht«, sage ich.

Ich beobachte Natalia genau, aber sie zeigt keine Regung. Sie sagt nur: »Oh.«

»Ja.« Am liebsten würde ich das Naheliegende laut aussprechen: Dass es sich endlich so anfühlt, als ob das Universum, das Timing oder das Schicksal auf meiner Seite sind. Auf unserer Seite. Aber das ist Wunschdenken. Besonders, weil sie mir noch nicht offenbart hat, was ihre »Wahrheit« ist und ob die meiner entspricht.

»Warum?«, fragt sie.

Ich kratze mich am Hals. »Ich steh nicht so auf sie. Und ich glaube, sie wollte nur was von mir, weil sie dachte, ich hätte Kontakte oder so.«

»Zu was?«

Mein Kopf wird heiß. »Öh, Hollywood nehme ich mal an.«

»Wie das?« Sie macht tellergroße Augen. Sie stellt sich vorsätzlich stur, damit ich mich besser fühle, und ich grinse, denn ich spiele gern mit.

»Oh, ich bin mir gar nicht sicher, ob du das überhaupt weißt – ist irgendwie peinlich.« Im Flüsterton fahre ich fort: »Mein Vater ist Roger Forrester.«

»Nie gehört«, erwidert sie trocken.

»Er ist sehr berühmt«, sage ich mit ernsthaftem Nicken. »Deshalb habe ich viele Bewunderer, deren Absichten … nicht immer die besten sind.«

»Wenn diese Leute doch nur deine peinlichsten Geschichten kennen würden … Ich könnte ihnen von deinem Star-Wars-Pyjama erzählen – oh! Oder von deiner existenziellen Krise wegen der Drachen, als dir die Weisheitszähne gezogen wurden«, sagt sie.

»He, hör mal, nichts hat mich so fertiggemacht wie die Einsicht, dass ich niemals einen Drachen reiten würde.«

»Ach, ich weiß. *Die Lügen der Kindheit! Hast du das gewusst, Natalia? Es ist alles eine einzige Lüge!*«, ruft sie und zitiert meinen drogenvernebelten Zusammenbruch.

Wir schütten uns aus vor Lachen. Ihres ist kehlig und laut und befreit sie von den letzten Nachwirkungen ihrer Panikattacke. Die Sonne scheint ihr aufs Haar – und, Gott, sie ist hübsch. Wer könnte die lachende Natalia ansehen, der schmelzendes Eis über die Finger läuft, und sie nicht in Erinnerung behalten wollen? Schnell greife ich nach der Polaroidkamera auf dem Picknicktisch neben uns und mache ein Foto von ihr.

»Ethan, ich sehe ekelhaft aus«, sagt sie und hält sich die Augen mit der freien Hand zu.

Ekelhaft? Ich habe Natalia am Straßenrand kotzen sehen, weil ihr beim Autofahren schlecht geworden war. Ich habe sie zahllose Male nach nächtelangem Lernen durchgeknallt und blass erlebt. Ich habe gesehen, wie sie sich die sonnenverbrannte Haut in Fetzen vom Leib gepellt hat, und war Augenzeuge ihres einzigen Katers. Und kein einziges Mal hat sie ekelhaft ausgesehen.

»Geht gar nicht.« Ich zeige ihr das kleine Bild. Es ist hinreißend. Wie sie.

Sie drückt die Zähne auf die Unterlippe, um das Lächeln zurückzuhalten. Klappt nicht. Das werte ich als Erfolg.

Ich stecke das Foto in die Tasche und dabei streifen meine Finger den ersten Brief, den wir gefunden haben. Zum millionsten Mal frage ich mich, ob er von Natalia ist. Und zum millionsten Mal sage ich mir, dass ich ihn nicht lesen darf.

Und als wir so mühelos von schweren Themen zu Insidern übergehen, als ich sie zum Lachen bringe und als sie mich so berührt, als ob sie bloß mit ihren Händen meine tiefsten Wunden heilen lassen könnte, überkommt mich das Gefühl, dass wir zusammen funktionieren könnten. Dass wir richtig gut zusammenpassen würden.

Aber sie ahnt nicht, dass ich der Lügner bin, der sich gegen seine eigene Mutter gestellt hat, damit sein Vater in Ruhe seine Affäre haben kann. Würde sie mich je wieder so ansehen, wenn ihr das klar wäre?

Ist mir ganz recht, das noch eine Weile nicht so genau zu wissen.

24

Natalia

Senior Sunrise, 16:49 Uhr

Wir nähern uns den Zelten. Alle hocken mit ihren Freunden und Freundinnen zusammen und die Anspannung ist spürbar. Ethan und ich gehen an einer Gruppe vorbei, in der geflüstert und sich umgeschaut wird. Als ich mitkriege, worüber sie reden, gehe ich langsamer.

»… das war ein Lion Letter.«

»Wo haben sie den gefunden?«

»Lag auf dem Boden. Offenbar nicht der einzige.«

»Oh mein Gott.«

In meinem Magen schwappt es, als wir an einer anderen Gruppe vorbeikommen.

»Ich hab gehört, Leti hat dafür gesorgt, dass Mr Ford gefeuert wird. Ich glaub, da ging's um Rachepornos.«

»Ich hab gehört, es war, weil er was mit Claire Wilson hatte, jedenfalls stand das in dem Brief, den Janelle gefunden hat.«

»Jetzt wissen wir, wie Claire die Hauptrolle gekriegt hat.«

»Hör auf. Sie war gut.«

Und eine andere Gruppe:

»Wie hat Janelle den Brief lesen können?«

»Sie hat ihn gefunden. Irgendjemand hat die Briefe da verstreut, wo alle sie finden können.«

Ethan und ich wechseln verunsicherte Blicke. Die Sache verbreitet sich schnell. Sofort habe ich wieder zu viel im Kopf, die Glut der Panik lodert erneut auf.

Ein paar Leute fangen an herumzulaufen, als würden sie was suchen. Unter Bänken, im Gestrüpp. Sie sind auf der Jagd nach weiteren Briefen – und das bedeutet, dass mir keine Zeit mehr bleibt.

Dann pustet mir ein Windstoß die Haare aus dem Gesicht und Gänsehaut breitet sich auf meinen Armen aus.

»Ich friere«, sage ich und zeige auf mein Zelt. »Bis später?«

Er nickt, als würde er wissen, dass ich mich in Wirklichkeit sammeln muss, um mir zu überlegen, was ich sagen soll. Wenn ich nervös bin, können mir die Wörter ganz schön durcheinandergeraten. Ich muss allein sein und nachdenken. Nur eine Minute.

Aber als ich in mein Zelt abtauche, um mir einen Pulli zu holen, halte ich inne. Was soll das denn? Mein Schlafsack ist zerknüllt und liegt an der Seite statt glatt in der Mitte. Meine Klamotten, Stifte, das Skizzenbuch ... alles quillt aus meiner Tasche. Dabei erinnere ich mich genau daran, dass ich vor dem Volleyballspiel alle Sachen weggepackt habe.

Jemand war hier.

Während ich schnell meine Tasche kontrolliere, rüttelt noch ein heftiger Windstoß am Zelt. Nichts fehlt. Wenn die Person nichts mitgenommen hat, wonach hat sie dann gesucht?

Ich hole tief Luft. Vielleicht reagiere ich über.

Vielleicht war das Sienna, die auf Übernachtungen chronisch schlecht vorbereitet ist und meine Sachen schon öfter nach Zahnpasta oder Tampons durchsucht hat. Dieser Gedanke beruhigt mich einigermaßen, überzeugt bin ich aber nicht.

Ich muss unbedingt allen erzählen, was passiert ist, bevor der Tratsch schlimmer wird und die Dinge aus dem Ruder laufen. Das weiß ich. Aber jetzt sofort pack ich das nicht, die Panikattacke ist noch zu frisch. Ethan hat geholfen, sehr sogar. Aber es gibt nur eines, das mich wieder ganz zu mir selbst bringen kann.

Zittrig atme ich durch, ziehe mir einen Pulli über, klemme mir das Skizzenbuch unter den Arm und schleiche mich allein zur Klippe. Bei den Felsen finde ich eine gute Stelle, da setze ich mich auf eine Bank, auf der ich einige meiner Sorgen durch den Stift fließen lassen kann.

Ich halte den Fineliner über die leere Seite. Schnell wird eine Zeichnung daraus. Das kratzende Geräusch vom Stift auf dem Papier und der scharfe Geruch der Tinte beruhigen mich.

Zuerst zeichne ich nur, was ich sehe. Die sich brechenden Wellen. Den kühlen Sand. Den langen, dunstverhangenen Horizont. Aber langsam fährt mein Hirn runter und die Hand übernimmt. Ich denke überhaupt nicht mehr. Fühle nur noch.

Gischt. Honigfarbenes Leuchten. Mühelosigkeit. Lachen und reden und Nähe. Halten und teilen und Geflüster. Finger, die über meine Haut streichen. Wärme und Wollen. Annehmen und angenommen werden.

Linien schlängeln sich zu windgezausten Haaren. Aus Kurven werden Formen, Schultern, Ellenbogen, Hände. Während mein Stift sich bewegt, immer weiterbewegt, sich bewegt wie aus eigener Kraft, verschwinde ich an einen anderen Ort. Ziehe immer tiefere Furchen ins Papier, bis es sich ein wenig wellt unter dem Druck der Linien, dem Gewicht der Tinte. Ich weiß nicht, wie lange ich an der Zeichnung arbeite, aber am Ende stoppt meine Hand und sagt mir, dass sie fertig ist. Blinzelnd schaue ich auf das Bild.

Ein wilder, wogender Ozean bildet den Hintergrund. Davor sieht man die Oberkörper von zwei Menschen, einem Jungen und einem Mädchen, in einer Umarmung, die ebenso wild ist wie das Meer hinter ihnen. Sie hat die Arme fest um seinen Hals geschlungen, seine Arme umschließen ihren Rücken. Leiber pressen sich aneinander, Gesichter schmiegen sich an Hälse. Kein Raum zwischen ihnen, klammern die beiden sich aneinander, als wären sie nach langem Lauf kollidiert. Ihre Gesichter muss ich gar nicht sehen, ich weiß auch so, wie sie sich fühlen. Sicher. Erleichtert. Beruhigt.

So als würden sie zusammenpassen.

Sollte ich das alles malen, würde ich Aquarellfarben wählen. Warme Töne. Goldgelb, Bernstein, gebranntes Sienna und einen Hauch zartester Rosatöne. Herzensfarben.

Die Bewegung ist gut eingefangen, die Schraffierungen sind ganz anständig, aber perfekt ist was anderes. Doch warum habe ich dann dieses Brennen in den Augen?

Ethan hat in den letzten Jahren immer wieder Überraschungsauftritte in meinen Skizzen gehabt. Als ich gelernt habe, Hände zu zeichnen zum Beispiel, tauchten seine ständig in meinen Skizzenbüchern auf. Ihre Stärke, das Muttermal neben seinem Daumen, sein schiefer kleiner Finger, der nach einer Verletzung beim Basketball nicht gut wieder zusammengewachsen war. Auch mich selbst habe ich zahllose Male gezeichnet.

Beim Zeichnen nach der Natur – Proportionen, Schattierungen, Bildgestaltung – war es das Naheliegendste, ihn als Modell zu benutzen. Jetzt blättere ich in meinem Skizzenbuch und sehe alles mit neuem Blick. Es gibt jede Menge Seiten, auf denen ich auf der einen zu sehen bin und er auf der anderen.

Aber jetzt habe ich mich zum allerersten Mal mit ihm gezeichnet. Uns beide, zusammen. Noch nie habe ich das gewagt.

Mit den Fingerspitzen streiche ich über die Zeichnung, mein Herz rast. Das hier ist mein echter Lion Letter. Er sagt alles, wofür ich niemals Worte finden konnte. Wie ich meine Zukunft mit Ethan immer gesehen habe, vor uns ein weiter Horizont. Anfänge anstelle von Enden.

Schon ehe ich lernen musste, dass es andere Welten gibt, ehe Männer angefangen haben, über mein Selbstwertgefühl zu bestimmen, ehe unser Kuss eine so heftige Sehnsucht ausgelöst hat, dass ich seitdem nicht mehr klar denken kann, wollte ich Ethan an meiner Seite haben.

Heute Morgen habe ich zu Sienna gesagt, dass ich nicht weiß, wo ich hingehöre. Aber jetzt ist es mir klar.

Wenn ich irgendwo auf dieser Welt einen Platz habe, dann bei Ethan Forrester.

Denn bei niemandem sonst fühle ich mich mehr wie ich selbst. Und ganz gleich, was er für mich empfindet, ich empfinde alles für ihn.

Vorsichtig klappe ich das Skizzenbuch zu und hole tief Luft.

Hinter mir höre ich leise Schritte. Ich drehe mich um, Sienna ist da.

»Heeeey. Hab ich mir doch gedacht, dass ich dich hier finde.«

Sie lässt sich neben mir auf die Bank fallen. Ich ziehe das Skizzenbuch an mich und schiebe es unter meinen Schenkel. Sie wird mir Fragen stellen wegen der Briefe, das weiß ich. Ich sammle Kraft.

Nach einer langen Pause sagt Sienna: »Erzählst du mir, was beim Hindernislauf mit dir und Ethan passiert ist?«

Oh.

»Nichts«, nuschele ich. Obwohl das die Wahrheit ist, werde ich rot. Nichts in der Art hat sich heute zwischen Ethan und mir abgespielt.

Sie nimmt mir das nicht ab. »Gut. Behalte es für dich. Aber du könntest mich wenigstens fragen, was bei mir passiert ist?« Sienna wirft mir einen vielsagenden Blick zu.

»Du und Leti?«, frage ich. Schuldgefühle liegen mir schwer auf der Brust. Ehe ich mein Geständnis vor allen ablege, muss ich es ihr sagen. Und mich bei Leti entschuldigen.

Sie läuft knallrot an und nickt. »Verbundene Augen sind hot.«

Ich kichere. Sie hat recht.

»Also, hm, Ethan hat mir das mit Letis Brief erzählt«, sage ich. »Und ich …«

Sienna verdreht die Augen und winkt ab. »Ja, Janelle zieht wieder ihre miese Masche ab und hat sich an den Briefen zu schaffen gemacht. Sie wollte Leti nicht mal den Brief zurückgeben. Aber Leti hat nicht eine Sekunde nachgegeben. Richtig cool.«

Glaubt sie, Janelle hätte die Briefe geklaut? Ich zögere. Ich könnte mitspielen …

Aber ich hab genug vom Faken. In allen Bereichen.

»Janelle hat nichts mit den Briefen zu tun«, sage ich und verziehe das Gesicht. »Das war ich.«

Und dann bricht alles aus mir heraus. Ich erzähle ihr von meinen Eltern und Sacramento, von Ethan und Silvester und der Prom – und wie ich alles aufgeschrieben habe und es gleich wieder zurücknehmen wollte, weil ich Angst hatte, dass es jemand lesen würde.

»Ironisch, ich weiß«, murmele ich.

Sienna ist still, als sie all das auf sich wirken lässt. Als ich fertig bin, reagiert sie mit einem heftigen »Boah!«.

»Es tut mir leid. Wenn dein Brief draußen rumfliegt, dann tut mir das unendlich leid …«

»Natalia. Die Wahrscheinlichkeit, dass mein Brief irgendwo draußen rumliegt, ist unwahrscheinlich niedrig. Ich mach mir keine Sorgen. Und selbst wenn. Ich hab geschrieben, dass ich mir wünsche, ich würde mich in der Schule mehr für queere Anliegen einsetzen, und wie gern ich Leti mag, was – Spoileralarm – angekommen ist. Nichts Weltbewegendes«, sagt sie mit einem Schulterzucken.

Tränen steigen mir in die Augen. »Warum bist du nicht wütend auf mich?«

Sie runzelt die Stirn. »Weil das ein Versehen war. Du bist nicht perfekt. Ich hab immer gedacht, Mathematik wäre das Einzige in meinem Leben, das perfekt ist. Doch je mehr ich über den Gödel'schen Unvollständigkeitssatz lese, desto überzeugter bin ich davon, dass nichts perfekt ist.«

Sie legt den Arm um mich und ich lehne mich an ihre nach Sonnencreme duftende Schulter. »Du bist verdammt dicht dran«, sage ich.

»Stimmt.« Wir lachen beide leise.

Dann schauen wir auf die Wellen und sie sagt: »Ich wusste, dass auf der Prom irgendwas passiert ist, danach habt ihr euch beide so komisch benommen. Aber, meine Güte, ihr küsst euch gerade mal und schon flieht Ethan aus dem Bundesstaat? Was wäre denn gewesen, wenn ihr die Sache tatsächlich durchgezogen hättet?«

Ich lache mit ihr, das fühlt sich unendlich gut an, nachdem ich alles so lange unter Verschluss gehalten habe.

»Ich will wirklich nicht, dass du nach Sacramento ziehst«, sagt sie.

»Nächstes Jahr gehen wir ohnehin alle weg.« Doch diese Begründung klingt sogar in meinen Ohren leer.

»Du hast dir den Arsch abgearbeitet, um unseren Jahrgang irgendwie zusammenzuschweißen. Kriegst du überhaupt irgendwas davon mit?«

Ich bohre die Zehen in den warmen Sand. »Ich versuch's.«

»Du hast gesagt, du hast das Gefühl, in der Schule nicht dazuzugehören, aber … hass mich jetzt nicht dafür, aber es wirkt so, als wolltest du manchmal für dich bleiben. So als wäre das hier ein Job und nicht dein Leben.«

Ich schlucke, da ist ein Kloß in meinem Hals. »Das ist nur, weil … ich immer das Gefühl habe, nichts richtig im Griff zu haben. Und dann denk ich mir wohl, wenn ich das Ruder übernehme, wenn ich immer beschäftigt bin, werde ich mich nicht mehr so mies fühlen, bin ich nicht mehr so … schwach. Aber je mehr ich mich bemühe, Dinge unter Kontrolle zu behalten, umso schlimmer geht alles daneben.«

Die Briefe, Rainn, diese Entscheidung wegen Sacramento. Dass ich vor Ethan wegrenne, ihn monatelang ghoste, um mich zu schützen, ohne einen Gedanken daran zu verschwenden, dass er mich brauchen könnte. Ich war mir so sicher, dass ich es für uns beide leichter machen würde, indem ich wegbleibe. Indem ich unsere Welten getrennt halte.

Ich lag falsch.

Ich reibe mir das Gesicht. »Uff. Was mach ich nur?«

Sie guckt wieder ernst und schüttelt den Kopf. »Weiß ich nicht, aber sei wenigstens nicht so streng mit dir. Neben dir zu sitzen, stresst mich schon total. Alles wird gut.«

»Wie? Wann?«, frage ich kläglich.

Lange schweigt sie, dann sagt sie: »Wahrscheinlich in dem Moment, in dem Ethan und du aufhört so zu tun, als wärt ihr nicht verliebt ineinander.«

Mein Herz hämmert gegen die Rippen. »Wir … Das … Nicht mal …«

Sie rückt von mir ab, ihre Miene ist unerbittlich. »Natalia. Du musst Ethan sagen, was du fühlst. Was du wirklich fühlst.«

Meine Schultern fallen nach vorn. »Ich weiß nicht, ob ich das kann.«

»Du kannst es.«

»Und wenn er das nicht erwidert?«

Sie lächelt. »Keine Chance.«

Ich denke an Ethans zarte Berührung, den glühenden Blick. Wie er an meiner Seite gewesen ist, mich den ganzen Tag geschützt hat, trotz allem. Ich denke an sein flirtendes Lächeln und die sanften Hände in meinen Haaren. Wie gequält er aussah, als ich ihn gefragt habe, was wir da machen – und er gesagt hat: *Das kann ich nicht.*

Ist es im Entferntesten möglich, dass wir aus demselben Grund nicht können?

Während die Flut langsam steigt, gestatte ich der Hoffnung, dasselbe zu tun.

Auf dem Rückweg zum Campingplatz fällt mir wieder ein, was ich Sienna fragen wollte. »Übrigens, bist du heute in meinem Zelt gewesen?«

»Nee. Du wirst stolz sein, ich hab dieses Mal tatsächlich selber eine Zahnbürste mitgebracht! Warum?«

Ein banges Gefühl macht sich in mir breit. »Ach, nur so.«

Und in diesem Moment hören wir eine laute, wütende Stimme aus der Nähe der Waschräume. Sienna und ich gucken uns an und legen einen Schritt zu, folgen dem Geräusch.

Wir biegen um die Ecke und ich kriege einen Riesenschreck, als ich Tanner Brown sehe, der sich mit wutverzerrtem Gesicht über Leti beugt, als hätte er nur auf die Gelegenheit gewartet, they allein zu erwischen.

25

Ethan

Senior Sunrise, 17:30 Uhr

Ich schlüpfe in meinen Hoodie, dann ziehe ich los und halte nach Natalia Ausschau. Vergebens. Doch ich sehe Rainn, am Rand einer Gruppe von Footballspielern, und Janelle, die Hof hält. Alle lachen sie und werfen Blicke über die Schultern.

Oh nein.

Das Lachen wird verstörender, je näher ich komme, ein hänselnder, hässlicher Sound, an den ich mich nur allzu gut aus der Mittelstufe erinnere. Ich will echt nicht wissen, worüber – oder eher über wen – gelacht wird.

Janelles Stimme weht mir entgegen, während ich überlege, welche Optionen mir offenstehen. Sie hält was in den Händen, aus dem sie vorträgt.

»Wenn ich mutiger wäre, hätte ich dich in jener Nacht angefleht zu bleiben.«

Mir wird kalt. Eiskalt. Scheiße! Nein. *Nein.*

»Du hast ja keine Ahnung, wie sehr ich dich wollte.«

Fuck.

Mit großen Augen lässt Janelle den Brief, meinen Brief, sinken. »Oh mein Gott!«, kreischt sie. »Da geht's definitiv um Sex.«

Scheiße, kann mich nicht der Schlag treffen?

Mein Herz trommelt wie eine wütende Faust von innen auf mich ein. Wie ist es möglich, dass von den sieben Briefen, die heute verloren gegangen sind, ausgerechnet meiner von der beschissenen Janelle Johnson gefunden wird? Das sollte ich Sienna fragen, denke ich, während sich ein hysterisches Lachen in meiner Kehle staut.

»Nicht unbedingt«, sagt Rainn philosophisch. »Nur weil von *über Nacht bleiben* die Rede ist? Das kann alles heißen.«

Janelle schnaubt verächtlich. »Das ist nur der Anfang. ›Nicht mal im Traum hätte ich gedacht, dass du mal oben ohne in meinem Bett sein würdest.‹«

Wieder johlen alle. Ich könnte echt kotzen. Rainn will es sehen, er streckt die Hand aus. In hilflosem Entsetzen muss ich mitansehen, wie Janelle das Blatt Papier mit hämischer Miene dem Menschen reicht, der mir heute schon mal in den Arsch getreten hat.

Am liebsten würde ich mich draufstürzen, ihr den Brief aus den Händen reißen, ihn zerknüllen, verbrennen oder sonst was damit machen, damit die Hälfte des Jahrgangs nicht auch noch den Rest zu hören kriegt. Kann ich aber nicht, weil dann alle wüssten, dass es meiner ist.

Rainn überfliegt die Seite mit gerunzelter Stirn. Er liest laut vor: »›Nach jener Nacht hab ich ja gerade mal den Anflug einer Ahnung davon, wie es ist, dich in den Armen zu halten … neben dir zu liegen und zu denken, dass du mich vielleicht auch willst.‹« Seine Augenbrauen schießen in die Höhe. »Wow.«

Die Gruppe juchzt und lacht.

»Wir sollten aufhören, das ist eindeutig privat.« Rainn wirkt besorgt.

Könnte ich mich bewegen oder sprechen oder sonst was tun, würde ich ihn dankbar in die Arme schließen. Aber so kann ich das nicht. Wie gelähmt starre ich alle an, versuche eine Reaktion von meinem Körper zu erzwingen, Worte zu bilden. Aber nichts. Dabei muss ich gerade jetzt der Prom-King sein können. Charmant und unbeeindruckt und über den Dingen stehend.

Doch dieser Typ existiert natürlich nicht. Es hat ihn nie gegeben. Und deshalb bleibt mir nur mein lahmes altes Hirn. Und das koppelt sich ab und geht völlig andere Wege.

Mir fällt ein, dass das achtzehnte Jahrhundert als das *Große Zeitalter des Briefeschreibens* bekannt war und dass manche Leute ihre Briefe in Geheimschriften verfassten, damit genau so was wie das hier gar nicht erst passiert. Damit ihre geheimen, ganz privaten Gedanken nicht auseinandergenommen und vor einer Bande gelangweilter Arschlöcher, die nichts Besseres zu tun hat, zur Schau gestellt werden konnten.

Damit niemand, sondern nur die Person, für die es bestimmt ist, ihre Herzensangelegenheiten auf einem zerknitterten Stück Papier entziffern muss.

Damit niemals irgendetwas gegen sie verwendet werden kann, sollten sie zu viel Angst haben, ihren Brief abzuschicken.

Janelle liest über Rainns Schulter hinweg vor. »›Wie könnte ich dich endlich, endlich in den Armen halten, nur um dich mit dem nächsten Atemzug wieder zu verlieren? Ich weiß jetzt nämlich, was ich damals schon geahnt habe: Für mich würde es alles ändern. Das hat es bereits getan.‹ Oh mein Gott, ist das peinlich. Wir müssen rauskriegen, wer das geschrieben hat«, krakeelt sie.

Claire mischt sich ein. Ihr Blick ist auf mich gerichtet. »Ich weiß, wer das geschrieben hat«, sagt sie.

26

Natalia

Senior Sunrise, 17:30 Uhr

»Ich weiß, was du meinem Bro Jackson angetan hast«, sagt Tanner, der auf Leti runterglotzt.

Leti zuckt nicht mal mit der Wimper.

»Dann hast du auch gehört, dass ›dein Kumpel‹ ein gesuchter Sexualstraftäter ist?«

»Das ist eine Scheißlüge!« Tanner rückt Leti noch dichter auf die Pelle.

»Oh mein Gott«, japst Sienna.

Wo sind Ethan und Rainn? Ich schaue mich um, falls wir Verstärkung brauchen, aber ich kann sie nicht sehen. Die Waschräume liegen ein kleines Stück vom Campingplatz entfernt und werden zum Teil von einer langen Reihe Eichen verdeckt. Wir sind ganz auf uns selbst gestellt.

Leti mag mich vielleicht nicht, aber ich muss nicht lange überlegen. Mit diesem Arsch sollte niemand es alleine aufnehmen müssen. Sienna und ich rennen auf die beiden zu und stellen uns neben Leti.

»Lass them in Ruhe, Tanner«, sage ich.

Er stiert mich an, es dauert einen Moment, bis er sich auf mich fokussieren kann.

»Sie, meinst du wohl. Lass *sie* in Ruhe. Das ist noch dieselbe

Letica, die sie immer gewesen ist. So'n Lesbenhaarschnitt ändert da gar nichts.«

In mir rast die Wut. Leti lacht, aber ich höre Nervosität heraus. Das ist der Panzer. Das muss er sein.

»Du bist so engstirnig, Alter«, sagt Leti kopfschüttelnd.

»Du bist eine Bitch«, sagt er und bläht die Nüstern.

»Hey!«, brüllt Sienna.

»Und stolz drauf.« Leti zuckt mit den Schultern, hat nicht mal die Hände aus den Taschen genommen. Was im Brief stand, stimmt genau. Leti ist jede verdammte Minute mutig. Keine Ahnung, wie they so ruhig bleibt, ich könnte ausrasten. Ich halte die Hände hoch – und sie zittern.

»Tanner? Geh zurück zu deinem Zelt.«

Er verdreht die Augen.

Ich schüttele den Kopf, meine Atmung wird schneller. »Kommt, wir reden mit Ms Mercer«, sage ich zu Leti und Sienna.

»Nein.« Tanner macht einen Schritt auf mich zu, wie ich gehofft hatte – und da rieche ich seine Alkoholfahne. Erwischt.

»Die geht nirgendwohin«, knurrt Tanner.

Mir läuft es kalt den Rücken runter und ich zwinge mich zu einer geraderen Haltung. »Hau jetzt ab, dann sag ich den Lehrkräften nicht, dass du den ganzen Tag gesoffen hast.« Es geht mir total gegen den Strich, eine so wichtige Regel zu brechen, aber ich tu's, damit meine Freunde und Freundinnen in Sicherheit sind.

Wieder verdreht er die Augen. »Pah, meine Eltern haben der Liberty gerade ein olympisches Schwimmbecken finanziert. Mir passiert gar nichts.« Er guckt mich mitleidig an. »Ich weiß, so was verstehst du nicht.«

Mann, ich kann nicht fassen, dass ich diesen Typen mal gedatet habe.

Sienna zieht an meinem Arm, aber ich schüttele sie ab. Mein Puls rast irre, die Lippe zittert. Ich sehe ihn scharf an und sage: »Danke schön.«

Sein fieses Grinsen wackelt.

»Danke, du verhilfst mir zu der Einsicht, dass manche Leute trotz bester Erziehung einfach dazu verdammt sind, ignorant zu bleiben. Du bist so ein hoffnungsloser Fall. Ich wette, deine Eltern wechseln schnell das Thema, wenn sich ihre Bekannten nach dir erkundigen.«

Sienna lacht laut los.

»Was sagst du …?« Er stürzt sich auf mich und packt meinen Arm.

»Finger weg von ihr!«, brüllt Sienna. Das kriegt eine Gruppe Mädchen aus unserer Fußballmannschaft mit, die gerade vorbeigeht. Schnelle Schritte nähern sich uns.

»Tanner, ernsthaft … lass mich los!«, schreie ich. Ich will ihn abschütteln, doch er ist zu stark. Er bohrt die Finger tiefer in das weiche Fleisch meines Armes, so heftig, dass es einen blauen Fleck geben wird.

Die Gruppe wütender Mädchen kommt schnell heran, aber ehe sie bei uns sind, schnellt ein dünner Arm durch mein Sichtfeld und eine Faust trifft Tanners Kiefer.

»Weg da!«, brüllt Prashant.

Alle starren mit offenem Mund.

Tanner taumelt zurück, er hält sich das Kinn. »Wah woll de Scheiff?«

»Prashant?«

Prashant zieht eine Trillerpfeife unterm Hemd hervor und pustet rein, bis Mr Beckett mit einem Roman in der Hand angerannt kommt.

»Was ist hier los?«, keucht er.

»Tanner blutet«, sagt Prashant gelassen.

»Und ist betrunken«, sage ich.

Die Fußballmannschaft starrt ihren Vizepräsidenten und ihre Präsidentin mit geschocktem Entzücken an.

Mr Beckett wirft einen Blick in die seltsame Runde und stößt den längsten Seufzer aus, den ich je gehört habe. Enttäuschter kann man gar nicht sein.

»Tanner, das ist der dritte Streich. Du weißt, was das bedeutet. Komm, wir besorgen dir was zum Kühlen und rufen deine Eltern an. Ich hab das Gefühl, dass du meine Gutmütigkeit heute ausgenutzt hast …« Auf dem Weg zum Parkplatz hält er Tanner eine Predigt.

Mein Puls hat sich nicht beruhigt. Sienna schließt Leti in die Arme. Die Fußballmädchen klopfen Prashant auf die Schulter und gackern über Tanner, der aus dem Verkehr gezogen wird. Dann kommt Mason Hartman aus dem Waschraum geschlendert und trifft auf diese Szene: Prashant umklammert noch immer seine eigene Hand. Leti hat Tränen in den Augen. Die halbe Mädchenfußballmannschaft plant schon Tanners Abgang.

»Leute, was ist passiert?«

Wir informieren ihn schnell über Tanners queerfeindliche Kommentare. Mason sieht aus, als wollte er einen Mord begehen. Er ist ganz der Quarterback, als er Prashants Hand packt und sie mit Sportlerblick betrachtet.

»Ist nicht gebrochen, aber du brauchst Eis«, befindet er. »Ich hol dir was.«

Prashant nickt, eine seltene Röte zeigt sich in seinem Gesicht.

Mason zieht mit den Fußballmädchen ab und jetzt, wo Tanner auch weg ist, wird deutlich, wie fertig Leti ist. Mit roten Augen sagt they: »Danke, Leute. Einfach nur … danke.«

»Ich glaub, ich hab alles nur noch schlimmer gemacht«, sage ich. »Tut mir leid, dass er so furchtbare Sachen gesagt hat.«

Leti zuckt die Achseln. »Bin ich gewohnt.«

»Sollte aber nicht so sein«, entgegne ich.

They versucht ein Lächeln, aber das ist wacklig.

»Willst du … in den Arm genommen werden?«, fragt Prashant argwöhnisch.

Leti lacht und haut ihm auf den Arm. »Nee. War aber ein Hammer von rechtem Haken.«

Mit großen Augen drehe ich mich zu Prashant um: »Echt jetzt. Du hast eben Tanner Brown eins verpasst.«

»Du warst in Schwierigkeiten«, sagt er.

Das schmale Lächeln rutscht mir aus dem Gesicht, plötzlich möchte ich weinen. Mit Wucht schlinge ich die Arme um meinen Vizepräsidenten. Während ich ihn dankbar umarme, bleibt er stocksteif und lässt die Arme schlaff runterhängen.

»Au. Bist du fertig?«

An seiner Brust schüttele ich den Kopf.

Ein paar Sekunden lässt er sich noch von mir umarmen, dann macht er einen Schritt zurück.

»Danke, dass du heute auf mich aufgepasst hast.«

Er nickt und rückt seine Brille zurecht. »Du wirst sicher das Gleiche für mich tun, wenn ich Präsident bin«, sagt er mit einem kleinen Lächeln.

Ich verdrehe die Augen.

Sienna legt tröstend den Arm um Leti und die Albernheit verfliegt. Das hätte alles so viel schlimmer werden können. Wenn wir nicht alle zum richtigen Zeitpunkt aufgetaucht wären, hätte Leti was zustoßen können. Und das wäre meine Schuld gewesen.

Es wird Zeit, reinen Tisch zu machen, ehe noch was passiert.

Mason kommt mit dem Eis angerannt, eine der Fußballerinnen lacht mit ihm darüber, wie unterhaltsam der Senior Sunrise doch ist.

»Erst die Sache mit Jackson Ford, dann haut Prashant Shukla Tanner Brown eins rein und jetzt noch das Drama mit dem Sexbrief«, sagt sie und lacht wieder.

Ich hab ein mulmiges Gefühl im Bauch.

»Sexbrief?«, quieke ich.

Sie nickt Richtung Eukalyptuswäldchen. »Janelle liest ihn da drüben gerade vor.«

Schon jage ich den kleinen Hügel hinauf und ja, da auf der anderen Seite des Campingplatzes hat sich eine Gruppe von Leuten versammelt. Aber ich sehe nur Ethan, der mittendrin steht, bleich wie ein Gespenst.

Ich renne los.

27

Ethan

Senior Sunrise, 17:35 Uhr

Claire wirft noch einen schnellen Blick in meine Richtung. Ihre Miene ist hart und verletzt – sie ist bereit, alles niederzubrennen. Keine Ahnung, wie sie's weiß, vielleicht hat sie meine Handschrift erkannt oder die Panik in meinem Gesicht, jedenfalls weiß sie, dass es mein Brief ist.

Offenbar ist sie aufgebracht über die Art, wie ich Schluss gemacht habe, aber so was würde sie doch nicht wirklich machen. Oder doch? Niemand ist so grausam. Die Zeit zieht Fäden, während ich sie stumm anflehe.

Sie trifft eine Entscheidung, sieht mir in die Augen und sagt: »Das ist Ethans Brief.«

Ich glaube, die Reaktion darauf ist ein enormes Donnergrollen, kann das aber wegen Tunnelblick und Hämmern in den Ohren nicht mit Sicherheit sagen.

Rainns Stimme. »Was?« Er wirbelt auf der Hacke zu Claire herum. »Woher willst du das wissen?«

Ihr Gesicht läuft rosa an. »Guck ihn dir an.«

Und das tun sie alle. Jedes verdammte Augenpaar ist auf mich gerichtet. Alles, was ich je befürchtet habe, ist wahr: Wir sind alle nur ein schwaches Geständnis von der Vernichtung entfernt.

Rainn mustert Claire mit zusammengekniffenen Augen: »Hast du eigentlich einen Schaden?«

»Auf mich musst du nicht sauer sein. Hier geht es eindeutig um Natalia.«

Oh, das wird ja immer besser. Leises Raunen geht durch die Menge. Alle Umstehenden könnten eigentlich gleich nach dem Popcorn greifen.

So langsam kann Rainn sich ein Bild machen, er dreht sich wieder zu mir um. »Stimmt das?«

Die Wörter bleiben mir im Hals stecken.

Aber vermutlich ist klar, dass es stimmt, denn Rainn schüttelt langsam den Kopf. »Du hast mir erzählt, da wäre nie was passiert ...«

Das Atmen ist viel zu schwer, um irgendwas Zusammenhängendes hervorzubringen. »Es ist nicht ... Wir haben nicht ...«

Einer von den Footballtypen säuselt mit affektierter Mädchenstimme: »Ich hätte dich angefleht zu bleiben.«

»Pussy«, hustet ein anderer in seine Faust.

Sie lachen. Viele von ihnen lachen. Und wie Rainns Hiebe heute Morgen stecke ich das mit zusammengebissenen Zähnen ein. Die blauen Flecken kommen später.

Rainn guckt sie wütend an – und sie halten die Klappe. Er hat diese Fähigkeit, die mir fehlt, genau wie mein Bruder früher. Jeder Typ, dessen glühendes Herz sich niemals in einen Brief ergossen hat, hat sie.

Er macht einen riesigen Schritt auf mich zu, hält den Brief hoch. Und ich will ihn mir schnappen, ihn so fest in meiner verschwitzten Hand quetschen, dass die Tinte sich auflöst. Aber ich lasse die geballten Fäuste herunterhängen, meine Atmung geht zu schnell.

»Wolltest du ihr den geben?«, fragt Rainn.

Mein Hirn kommt wieder in Gang, versetzt mich zurück in den traurigen, einsamen Jungen, der gegen Spinde geschleudert wurde, und ich schalte um auf Überlebensmodus. Auch bekannt als Sarkasmus. »Ja, genau das war mein Plan mit dieser anonymen, ganz privaten Aufgabe.«

Er starrt mich finster an, doch ohne jede Bosheit. Eher … irgendwie frustriert. Verwirrt? Enttäuscht?

Ich kann sie schon hören, ehe ich sie sehe.

»Was ist hier los?« Hinter mir keucht Natalia, als wäre sie gerade hier rübergesprintet.

Einige in der Gruppe schnappen nach Luft, andere geben wieder ein kollektives »Oooooh!« von sich. Ich kann mich nicht dazu bringen, sie anzusehen, mir aber vorstellen, dass sie dieses antrainiert coole Gesicht macht, mit dem sparsamen, aufgesetzten Lächeln, das ihre Augen nicht erreicht.

Schlimm. Im Sinne von: echt scheißschlimm. Nicht nur, weil sie meinen erbärmlichen Brief lesen könnte und der halbe Jahrgang weiß, dass sie oben ohne in meinem Bett war. Oh Gott.

Sondern weil wir all dem hier nicht längst vorgegriffen haben. Sie hat nicht rechtzeitig zugegeben, was sie getan hat – und jetzt ist alles aus dem Ruder gelaufen. Wenn es zu chaotisch wird, rennt Natalia weg.

Das kann ich nicht zulassen. Nicht wenn wir so kurz davor sind, diese Sache zwischen uns zu klären.

Rainn guckt mich noch ein paar quälende Sekunden länger an, dann schwenkt sein Blick langsam zu Natalia rüber. »Das hier ist für dich.«

Mir klappt der Mund auf. Wow. Ich glaube, mittlerweile sollte es mich nicht überraschen, dass Rainn nicht mal dran denkt, mir Rückendeckung zu geben. Tut es aber. Und ich find's scheiße.

»Was ist das?« Sie starrt das gelbe Papier an und weiß genau, was es ist.

Jemand hüstelt »Sexbrief« und die halbe Gruppe lacht.

»Das ist nichts«, sage ich. Meine Stimme klingt hohl und seltsam.

»Das ist auf jeden Fall was«, sagt Rainn und wirft mir einen entnervten Blick zu.

»Gib mir das einfach zurück … bitte«, stammele ich.

»Geht nicht. Sie muss das lesen.«

Warum tut er mir das an? Hasst er mich jetzt denn so sehr?

Natalia guckt zwischen uns hin und her.

»Gib her«, sagt sie. Ihr Laserblick richtet sich auf Rainn. Das ist derselbe kompromisslose, sture Ton, mit dem sie verlangt hat, meine blauen Flecken zu sehen. Rainn kennt diesen Ton auch, ohne zu zögern hält er ihr den Brief hin.

Sie greift danach. Das traurige, zerknitterte Papier, das die Art von seelenentblößenden Worten enthält, mit denen nur Poeten und schwersttätowierte Typen davonkommen. Ich bin weder das eine noch das andere. Und Natalia weiß das. Ich bin ein Loser mit Herzschmerz, der nichts zu bieten hat außer Demütigung von unserem ganzen Abschlussjahrgang. Sie darf diesen Brief nicht lesen.

Ich trete vor und halte ihren Arm fest. Bittend schaue ich sie an: *Tu's nicht.*

Sie gibt mir zu verstehen: *Das würde ich nie tun.*

Unsere ganz persönliche Geheimsprache.

Sie nimmt Rainn das Blatt aus der Hand und guckt es nicht mal an, ehe sie es faltet und mir gibt. Erleichterung strömt durch meinen ganzen Körper.

Dann kommt Prashant bei uns an, mit einer riesigen, tropfenden Tüte voll Eis in der Hand. Kleine Wassertropfen sprenkeln den Sand an seinen Füßen. Was war da denn bitte los?

Natalia kann die Wut kaum unterdrücken, kopfschüttelnd dreht sie sich zur Gruppe um: »Die Lion Letters sind privat.«

Da bemerke ich diesen triumphierenden Blick, den Janelle und Claire wechseln. Das war eine Falle.

Ehe ich meine Stimme finde, sagt Claire schon: »Wenn die so privat sind, warum war dann Ethans Brief in deinem Zelt?«

»Was?« Prashant sieht so geschockt aus, wie ich mich fühle. Der Puls rauscht in meinen Ohren.

Natalias Augen sind ganz groß und rot, Mascara ist unter den Lidern verschmiert. Sie presst sich die Hand auf die Brust und macht einen Schritt auf mich zu. »Das hab ich nicht gewusst, er muss rausgefallen sein, als wir sie wieder in die Flasche gestopft haben …«

Die Menge schnappt nach Luft.

»Moment mal, ihr *beide* habt die Briefe gestohlen?« Claire wirkt echt verblüfft.

Ich mache einen Schritt nach vorn. »Ja …«

Natalia stellt sich vor mich, ihr Rücken ist kerzengerade. »Nein. Ethan hat gar nichts gemacht.«

Nur ich kann sehen, wie fest sie ihre Hände umklammert, die sind ganz weiß geworden. Einen zurückhaltenderen Menschen als Natalia kenne ich nicht. Sie hat eine Höllenangst davor, nicht als beherrscht, ruhig, gefasst wahrgenommen zu werden. Und nun gibt sie vor dem ganzen Jahrgang ihren Fehler zu.

Und sie tut es für mich.

»Es ist meine Schuld. Alles ist meine Schuld«, fährt sie fort. Ihre Stimme klingt zittrig. »Ich habe sie nicht gestohlen. Es war ein Unfall. Ich … der Wind hat sie in alle Richtungen geweht. Es war keine Absicht. Ich wollte es euch erzählen, aber vorher wollte ich so viele wiederfinden, wie ich nur konnte.«

Panik kommt in der Gruppe auf.

»Du hast sie verloren?«, fragt Mason, seine Stimme wird schrill vor Schreck. Aufgeregt fährt er sich durch die Haare.

»Nur ein paar«, sagt sie schwach.

»Sie lügt. Sie hat offensichtlich Ethans Brief rausgefischt, weil sie wissen wollte, was drinsteht«, sagt Claire.

»Nein ...«

»Ja, genau«, höhnt Janelle und verdreht die Augen.

»Das schwöre ich«, sagt Natalia nur zu mir.

»Ich glaube dir«, erwidere ich sofort.

Und das tue ich. Heute habe ich alle Seiten von Natalia gesehen. Gestresst, emsig, kontrollierend. Und auch die loyalen, respektvollen und vertrauenswürdigen Seiten. Wenn sie sagt, sie hat es nicht getan, dann ist das auch so. Einen Augenblick lang hält sie meinen Blick, wird milder dabei.

Dann nimmt sie sich Janelle vor. »Was du eben gemacht hast, würde ich niemals tun.« Ihre Stimme ist jetzt tief und zittert vor Wut.

Janelle lacht, kalt und spitz. »Oh mein Gott. Du klaust unsere Briefe und führst dich trotzdem so auf, als wärst du besser als alle anderen.«

Natalia wird rot. »Ich hab sie nicht geklaut und ich halte mich auch nicht für besser als sonst jemanden«, sagt sie ruhig. »Aber ganz egal was ich auch getan habe, du hättest Ethans und Letis Briefe nicht vorlesen dürfen.«

Janelle guckt mich mitleidig an. »Deiner war schon ziemlich erbärmlich. Und erstaunlich versaut, *Prom-King*.«

»Prom-King« klingt bei ihr jetzt ironisch. Viele lachen, bestätigen, was ich schon immer gewusst habe. Wie ich es hasse, dass meine Augen davon so brennen. Aber man kann nicht gegen sich selber kämpfen oder vor sich fliehen, also bleibe ich einfach als der Loser stehen, der ich immer gewesen bin.

Natalias Schultern werden starr, aber sie lächelt Janelle an. Wie eine Heckenschützin. »Möchtest du deinen denn vorlesen? Ich würde zu gern deine Beichte hören. Vielleicht wünschst du dir, dass du nicht so faul wärst, wenn man mal bedenkt, wie schlau du bist. Oder vielleicht, dass du freundlicher wärst, um nicht auch so ein scheißlangweiliges Mean Girl zu sein? Unglaublich, dass jemand mit einer so hässlichen Persönlichkeit so hübsch sein kann.«

Die Gruppe ooooht daraufhin und Janelles Wangen fangen Feuer.

Genau vier Sekunden lang gestatte ich mir zu glauben, dass alles gut wird, dann tritt Claire vor.

»Offensichtlich lügt sie! Wenn es tatsächlich ein Unfall gewesen wäre, hättest du es uns gesagt. Aber du hast beschlossen, es zu verbergen. Warum?«

»Weil ich Angst vor genau dieser Reaktion hatte«, sagt Natalia.

Ein paar Leute wechseln verständnisvolle Blicke, aber in den meisten Gesichtern zeigt sich Wut, Verletzlichkeit oder Panik.

Claire verdreht die Augen. »Oder du lügst immer noch, weil du uns alle in der Hand haben und mit unseren Geheimnissen erpressen willst. Wir wissen alle, dass du das Geld brauchst.«

Natalia sieht aus, als hätte man ihr ins Gesicht geschlagen. Ich weiß nicht genau, was lauter ist, das donnernde Blut in meinen Adern oder die tödliche Stille, die sich über die Gruppe senkt.

Claire blinzelt ein paarmal, ihre Wangen leuchten pink. »Ich mein ja nur …«

Und da finde ich meine Stimme. »Wir wissen alle, was du gemeint hast«, knurre ich. »Das ist genau das, was du tun würdest. Natalia würde so was niemals machen. Sie hat sich immer nur um unseren Jahrgang gekümmert.«

»Ja, sie ist eine Hammerpräsidentin«, wirft Mason ein. »Ich stimme jedes Jahr für sie. Dann weiß ich, dass ich mir um Schulscheiß keine Sorgen machen muss, weil Natalia das regelt. Jeder verkackt mal, Claire.«

Natalias Nasenspitze rötet sich, wie immer, wenn ihr die Tränen kommen. Sie beißt sich auf die Lippe und wirft Mason ein kleines Lächeln zu.

»Was denn?«, keift Claire. »Kann sie sich etwa alles erlauben, bloß weil sie Präsidentin ist? Das ist Machtmissbrauch!«

»Du musst es ja wissen.« Das ist Sarah Lui von der Theatergruppe. »Wir haben alle mitgekriegt, dass Mr Ford und du was laufen habt, Claire. Er hat seine Macht so was von missbraucht.«

Einige Leute nicken.

Claire klappt der Mund auf. »Ihr wisst ja gar nicht, was ihr da redet.«

Sarah lässt sich nicht beirren. »Deshalb hast du die Hauptrolle in *Mamma Mia!* gekriegt – und nicht ich. Wie konntest du so was tun für eine Rolle?«

Claire sieht aus, als wollte sie jeden Moment anfangen zu weinen. Janelle greift ein. »Halt, lasst uns wenigstens aufs Slutshaming verzichten.«

»Sagt die Bitch, die den Sexbrief vorgelesen hat«, kräht jemand.

Die Menge murmelt zustimmend, aber Janelle verdreht nur die Augen.

Mit wirrem Blick mustert Claire die Umstehenden. »Leute, konzentriert euch! Dieser ganze persönliche Scheiß ist rausgekommen, weil Natalia sich an den Briefen zu schaffen gemacht hat!« Sie zeigt mit ausgestrecktem Arm auf Natalias Gesicht.

Die Gruppe wird still und die Schuld landet wieder vor Natalias Füßen.

»Ich … ich wollte doch nicht …«, fängt sie an.

»Du hast aber. Diese Briefe sollten privat bleiben und …« Claire schüttelt den Kopf. Ihr Gesicht ist rot, ihre Augen sind glasig, als sie sagt: »Ich vertraue dir als Präsidentin nicht mehr. Ich verlange eine Amtsenthebung. Mit sofortiger Wirkung.«

Natalia wird kreideweiß.

»Wer unterstützt mich?«, fragt Claire in die Gruppe.

Fast alle heben die Hand. Alle außer mir, Rainn, Sienna, Leti, Prashant und Mason. Das ist ein vernichtender Schlag.

Prashant tritt vor. »Okay, so funktioniert das nicht, gar nicht«, sagt er. »Erst mal: Du bist nicht dazu berechtigt, eine Amtsenthebung zu verlangen.«

Claire zieht ein saures Gesicht.

»Aber«, er weist mit der nicht vereisten Hand auf die erhobenen Arme, »du hast genug Leute hinter dir, um ein Amtsenthebungsverfahren beim Schülerparlament zu beantragen. Entspricht das deinem Wunsch?«

Claire nickt, mit einem Funkeln in den Augen.

Prashant seufzt. »Dann werde ich dieses Anliegen als Vizepräsident am ersten Schultag dem Schülerparlament zur Abstimmung vorlegen. Wenn der Antrag dort angenommen wird, werden wir in der ersten Schulwoche eine Neuwahl für das Amt durchführen. Bis dahin«, er wirft einen schmerzerfüllten Blick zu Natalia rüber, »werde ich als Interimspräsident agieren.«

Natalia taumelt einen Schritt zurück. »Im Ernst, Prashant?«

Er zuckt mit den Schultern, obwohl er den Anstand hat, betroffen zu wirken. »Das ist die offizielle Vorgehensweise, Natalia. Wir sind eine Demokratie.«

Natalias Kinn zittert, aber sie hält nicht dagegen. Die Integrität des Amtes bedeutet ihr alles.

Unsere Blicke begegnen sich. Ihr schönes Gesicht ist von Reue gezeichnet. So ein schrecklicher Moment, den wir hier erleben, und trotzdem geht mir das Herz auf, wenn ich sie ansehe. Und da weiß ich es. Ich hasse diese Schule – und die meisten Leute hier.

Aber ich bin so verdammt verliebt in *sie*.

28

Natalia

Senior Sunrise, 18:45 Uhr

Ich bin gestürzt worden. Oder ich werde gestürzt, wenn das Schülerparlament im Sinne fast aller Schülerinnen des Abschlussjahrgangs abstimmt. Das Einzige, mit dem ich mich an der Liberty auszeichnen konnte, ist nun weg. In vier Jahren habe ich *einen* Fehler gemacht und das reicht, um alles Gute auszulöschen, das ich getan habe.

In meiner Vorstellung stecke ich bis zu den Unterarmen in Farbe, die ich mit hohlen Händen schöpfe wie aus einem Bach. So schnell und so heftig ich kann, klatsche ich sie an die riesige Leinwand. Immer und immer wieder spritzen die Farben und laufen ineinander. Die Farbe kriecht mir die Arme hinauf bis zu den Ellenbogen, dann den Schultern. Ein Farbregen. Mit Donner. Ein Strudel aus Farbe, der sich in nichts als Chaos auflöst.

Nichts als Katastrophe.

Noch warte ich darauf, dass mich die Panik wieder packt, doch ich bin nur taub. Außerdem ist da noch der beste Freund, um den ich mich kümmern muss.

Ich nähere mich Ethan jetzt, als der größte Teil der Arschlöcher sich verzogen hat, um vor dem Lagerfeuer noch was zu essen. »Willst du reden?«

Er schüttelt den Kopf, ohne mir in die Augen zu schauen. »Ich glaub, ich brauch noch ein wenig«, sagt er, schiebt die Hände in die Taschen und geht.

Ich sehe ihm nach und wünsche mir, den ganzen bescheuerten Tag zurücksetzen zu können. Ich kann ihm keinen Vorwurf machen, wenn er mich für das, was eben passiert ist, für immer hasst. Wahrscheinlich werde ich mich selber für immer hassen.

Rainn und Sienna kommen jetzt zu mir. Rainn wirkt total frustriert. Sienna und ich verständigen uns mit einem Blick und sie zwingt mich stumm, Rainn alles zu gestehen.

»Das mit den Briefen hätte ich dir sagen sollen«, sage ich. »Tut mir leid.«

»Was hast du mit ihnen gemacht?«, fragt er.

»Ich wollte mir meinen wiederholen, mehr nicht.«

»Warum?«

Ich schaue ihm schnell in die Augen. »Damit genau das hier nicht passiert, Rainn.«

Meine Wut holt mich ein. Eine Fußballerin hat mir gesteckt, dass Rainn auch einen Teil von Ethans Brief vorgelesen hat. »Damit keiner je die Gelegenheit bekommt, mir das anzutun, was du eben mit Ethan gemacht hast.«

Irgendwie verstehe ich jetzt, warum Mom so ausrastet, wenn sie wütend ist. Wenn man die Worte schon nicht versteht, dann versteht man wenigstens den Ton. Und meiner ist mörderisch feindselig.

»Wie konntest du das tun?«, frage ich ihn.

Ich habe das brennende Bedürfnis, eine Erklärung von ihm zu hören, warum er seinem besten Freund so wehtun konnte. Bitte, lass ihn was sagen, irgendwas, das möglicherweise als Entschuldigung für das herhalten könnte, was *ich* Ethan angetan habe.

Er schüttelt den Kopf. »Ich hab versucht, Janelle dazu zu bewegen, mir den Brief zu geben, weil ich rausfinden wollte, wem er gehört. Nach dem Hindernislauf war ziemlich klar, dass Ethan und du was damit zu tun hattet, dass die Briefe draußen verteilt waren. Ich wollte helfen.«

Mein Herz wird weich. »Oh.«

»Aber trotzdem hab ich daraus vorgelesen«, sagt er zerknirscht. »Er wird mich hassen, ich hab verkackt.«

Nein, das hab ich. Meine Wut richtet sich nach innen und meine Worte klingen nicht entschuldigend, sondern anklagend: »Wir wissen alle, was er durchgemacht hat mit dem ganzen Mobbingscheiß.«

Er schnappt ein. »Mann, Natalia. Ich hab doch gesagt, dass es mir leidtut.«

»Nein, hast du nicht.«

Sienna beobachtet unser Hin und Her wie ein Tennismatch.

»Oh«, sagt Rainn. »Na dann. Scheiße, ich hab die Briefe doch nicht ausgekippt. Warum bist du so sauer auf mich?«

Sienna verpasst Rainn einen Rippenstoß, aber er hat recht. Ich bin total unfair. Also lasse ich Luft ab und lege die Arme schützend um mich. »Genau! Es ist meine Schuld. Ich bin nicht sauer auf dich«, sage ich. In die Augen schauen kann ich ihm nicht. »Ich bin sauer auf mich.«

Die Eukalyptusbäume zittern in der Brise. Wir machen alle eine lange Pause, ehe Rainn sagt: »Vielleicht ist es gar nicht so schlimm, dass ich das vorgelesen habe.«

Sienna und er wechseln einen schnellen Blick, den ich nicht deuten kann. Ich schnaube höhnisch, Ethan wäre am liebsten im Boden versunken.

Rainns Ton wird milder. »Willst du nicht wissen, was drinstand?«

Alle haben nur vom »Sexbrief« geredet. Klar will ich wissen, was drinsteht. Wie ich es hasse, dass Rainn es weiß – und die bescheuerte Janelle Johnson –, aber ich nicht.

Ich versuche an meinem Entschluss festzuhalten. »Ethan hätte mir den Brief gegeben, wenn er gewollt hätte, dass ich es weiß«, sage ich.

Nun ist Rainn mit dem Schnauben dran. »Dieser Typ braucht eine Viertelstunde, um ein Sandwich zu bestellen. Er hat keinen Schimmer, was er tut. Vor allem was dich betrifft.« Da klingt so eine ruppige Zuneigung durch, die einen großen Teil meiner Wut wegschmelzen lässt.

Es dauert wirklich Jahre, bis Ethan eine Entscheidung trifft. Das ist sehr liebenswert an ihm – und kann einen total auf die Palme bringen.

Rainn und ich wechseln einen kurzen Blick und mir geht auf, dass wir schnell wieder in den Modus unserer Freundschaft zurückfinden werden, obwohl wir uns auf unsicherem Gelände befinden. Die Sache mit dem Flirten ist so leicht abzulegen wie eine Jacke.

Ein paar Jungs gehen hämisch kichernd vorbei und es ist ziemlich klar, dass sie über Ethan und uns und dieses ganze Kuddelmuddel reden.

Ich starre sie wütend an, dann sage ich zu Rainn und Sienna: »Ich muss das in Ordnung bringen.«

»Wie?«, fragt Rainn.

Ich schüttele den Kopf. Keine Ahnung. Aber ich will einfach nicht, dass Ethan wieder zur Zielscheibe wird. Er soll in der Schule nicht noch mal im Zentrum eines Skandals stehen, so wie damals, als sein Dad seinen Durchbruch hatte und Adam in die Entzugsklinik kam. Er hasst das Rampenlicht, in dem er wegen seines Vaters steht. Ist zwar nur noch für ein Jahr und er mag ja sagen, dass es ihm gut geht, aber ich weiß es besser. Niemandem, dessen Privatsphäre derart verletzt wird, kann es gut gehen. Leti nicht. Claire nicht. Mir würde es auch nicht gut gehen.

Ich habe ihre Privatsphäre genauso sehr verletzt wie Janelle. Und ich muss das in Ordnung bringen.

»Wir könnten machen, was du vorhin gesagt hast, und Janelles Brief klauen. Und vorlesen?«, schlägt Rainn todernst vor.

»Das war rein hypothetisch gemeint, so als Rache. Das können wir doch nicht wirklich machen.« Obwohl es ziemlich verlockend ist …

»Dieses Mal ist Janelle zu weit gegangen. Ganz viele fanden das furchtbar«, sagt Sienna. Sie guckt nachdenklich. »Moment mal. Ich habe eine Idee. Du schaust, ob Ethan okay ist. Und Rainn und ich nehmen die Sache in die Hand.«

Rainn nickt.

»Nein, ich sollte das regeln …«

Sienna fällt mir ins Wort. »Er ist auch unser Freund, Natalia. Lass uns helfen.«

Meine Augen brennen schon wieder. Ich umarme die beiden. »Danke.«

Wir machen ab, später wieder zusammenzukommen. Sie gehen, während Sienna Rainn aufgeregt in ihren Plan einweiht.

Ehe ich Ethan suchen gehen kann, kommt Prashant auf mich zu. Die Hände hat er in den Taschen seines Pullis, denn es ist kälter geworden, die Sonne geht bald unter.

Prashant beäugt mich argwöhnisch und sagt ganz vorsichtig: »Wir – äh – müssen die Snacks und die Liedertexte für das Lagerfeuer bereitlegen.«

»Kriegst du das nicht allein hin?«

»Schachteln aufreißen und Marshmallows auskippen? Klar schaffe ich das«, sagt Prashant trocken. »Aber das ist das allererste Mal, dass du mir so was auch wirklich zutraust.«

Ich kleistere ein Lächeln auf. »Nun, als Amtsinhaber ist es wahrscheinlich an der Zeit für dich, selber mal was anderes zu machen, als mir in den Rücken zu fallen.« Meine Stimme trieft vor Sarkasmus.

Er guckt mich lange an. »Hast du ernsthaft erwartet, dass ich mit dir untergehe?«

Ich kann ihm nicht in die Augen schauen. Vielleicht habe ich genau das erwartet. Besonders nachdem er einen Typen für mich niedergeschlagen hat.

»Ich hätte keine Loyalität erwarten dürfen.« Ich bemühe mich um Neutralität – und versage.

Er kneift die Augen zusammen. »Ich bin loyal. Gegenüber dem Präsidentenamt, dem Jahrgang, der Schule. Bin ich persönlich der Meinung, dass ein Amtsenthebungsverfahren nötig ist, weil ein paar Lion Letters verloren gegangen sind? Nein. Ich hab verstanden, dass es ein Versehen war. Aber Claire hat nicht unrecht, du durftest dich nicht an den Briefen zu schaffen machen. Da stehst du drüber. *Wir* müssen über solchen Sachen stehen, müssen besser sein.«

Er macht eine Geste, die uns miteinander verbindet. In seinen Worten liegt eine tiefere Bedeutung. Er meint nicht nur diejenigen von uns, die im Schülerparlament sitzen. Als einer der wenigen People of Color an der Schule weiß er nur zu gut, dass an uns besondere Erwartungen gestellt werden. Er ist auch der Einzige in der Schule, der mir diese Seite offen zugesteht. Obwohl ich schamrot werde, möchte ich ihn schon wieder umarmen.

In etwas milderem Ton sagt er: »Du hast Mist gebaut, Natalia. Du kommst nicht damit durch, wenn du so tust, als wäre das nicht so.«

Dann geht er weg und ich stehe einen Moment erschüttert da. Heute habe ich so viele Menschen enttäuscht, doch das hier trifft mich wirklich. In Prashant steckt so viel mehr, als ich ihm zugetraut habe.

Wie konnte ich das tun?

Von Stress und Druck lasse ich mich in Ecken drängen, bis ich keinen Ausweg mehr sehe. Doch langsam frage ich mich, ob ich mir das nicht größtenteils selbst antue. Meine Eltern erwarten viel von mir, aber ich habe mir angewöhnt, noch mehr zu erwarten. Mit vorauseilender Perfektion ersticke ich jeden Hauch von Enttäuschung im Keim. Und halte alle davon ab, mich so kennenzulernen, wie ich wirklich bin. Wenn ich nämlich nicht perfekt bin, mag ich nicht, wie ich wirklich bin.

Aber wenn Sienna recht hat und nichts perfekt ist – nicht mal Mathe –, welche Hoffnung bleibt mir dann?

Auf der Suche nach Ethan trapse ich über den Campingplatz. Was ihm heute passiert ist, verdient er nicht, das ist alles nur meinetwegen geschehen. Als ich durch den Eukalyptushain gehe, sehe ich blau gesträhnte Haare. Meine Eingeweide fangen sofort wieder an zu brennen.

Claire hört meine Schritte und wirft mir einen wütenden Blick zu. Ihre Augen sind rot gerändert, so als hätte sie geweint. Sie überholt mich, legt noch einen Schritt zu.

Ich folge ihr. Ohne nachzudenken, rufe ich ihr zu: »Wie konntest du Ethan das antun?«

»Lass mich in Ruhe, Natalia«, sagt sie warnend.

»Ich weiß, dass ich einen Fehler gemacht habe, und es tut mir leid, okay? Aber …«

Claire bleibt so plötzlich stehen, dass ich ihr in den Rücken krache. Sie wirbelt herum: »Das soll wohl ein Witz sein«, sagt sie und lacht. »Wegen dir habe ich den beschissensten Tag aller Zeiten – und du denkst, ich nehme deine Entschuldigung an?«

Ich kneife die Augen zu, mein Herz hämmert: »Nein, aber es tut mir wirklich leid. Die Sache mit den Briefen und dass alle Bescheid wissen über dich und Mr Ford.«

Sie sieht aus, als wollte sie gleich wieder anfangen zu weinen. »Die sind alle so judgy.«

Vor schlechtem Gewissen zucke ich zusammen.

Sie redet weiter: »Ich bin kein Opfer oder so, er ist nur vier Jahre älter als ich.«

Als ich nichts sage, kneift sie die Augen zusammen.

»WAS?«

»Nur du darfst sagen, was dir passiert ist«, sage ich, »aber er war nun mal dein Lehrer.«

»Er war mein Regisseur. Und mir ist so was von egal, was du denkst.«

Ich werde sauer. »Okay, egal. Hass mich doch, ich hab's verdient. Aber du hast dein Ziel ja schon erreicht. Wahrscheinlich verliere ich mein Amt als Präsidentin. Also, von jetzt an lässt du Ethan da raus. Er hat genug durchgemacht.«

»Wir machen doch alle Fehler, oder?«

Ich verstehe, wie sie das meint: An dem, was Ethan passiert ist, hat sie genauso Schuld wie ich. Und dass sie recht hat, geht mir gegen den Strich.

»Abgesehen davon hätte ich nicht gedacht, dass Janelle ihn so demütigen würde«, sagt sie.

Demütigen? Mir dreht sich der Magen um. Ich will sie nicht fragen, schließlich hätte ich alles von meinen Freunden und Freundinnen erfahren können, aber jetzt bin ich so wild darauf, es zu wissen, dass ich kaum an mich halten kann. »Was stand in dem Brief?«

Claire versucht ihr Entzücken zu verbergen, erfolglos, als sie fragt: »Hat er dir das nicht gesagt?«

»Nein.«

Das scheint sie überaus interessant zu finden, deshalb sage ich schnell: »Noch nicht.«

Sie schaut sich um und verknotet die Finger. »Na ja, im Grunde, dass er sich echt mies fühlt, weil er euren Pakt gebrochen hat und …«

Ich halte die Hand hoch, damit sie aufhört. »Moment. Gebrochen? Was soll das heißen?«

Weil er es nicht durchziehen wollte? Oder weil er schon mal Sex hatte? Oje, deshalb ist das für alle der »Sexbrief«?

Ich starre Claire an, sie wird rot.

Moment. Haben er und Claire …? Ist es das, was Ethan den ganzen Tag vor mir verbergen wollte? Mein Hals wird eng. Das Ding mit dem ersten Mal ist es nicht, aber der Gedanke an Ethan mit einer anderen … mit Claire … der schnürt mir die Luft ab.

Claire beobachtet mich ganz genau. »Normalerweise genieße und schweige ich ja, aber …« Sie zuckt verschämt mit den Schultern. Da habe ich meine Antwort. Er hatte wirklich Sex diesen Sommer. Mit Claire.

Mein Herz, oh, mein Herz.

Jetzt weiß ich endlich, dass es nichts bedeutet hat, wie er mich in jener Nacht angesehen hat, wie er federleicht Schultern, Hals, Hüften berührt hat. Wie er meinen Namen gesagt hat im Mondschein, mit belegter Stimme, atemlos, das war nichts. Wie unser Atem, wie unsere Hände gezittert haben – das hatte nichts zu bedeuten.

Blöd hat Ethan das in jener Nacht genannt. Kein Wunder. Das war alles nur in meinem Kopf. Genau wie die Bilder, die ich niemals malen, und die Zukunft, die ich niemals haben werde.

Natürlich war es Claire. Ihre Welten sind dieselben. Sie ist genau die Art Mädchen, die Mr Forrester sich für Ethan wünscht. Sie sagt, was sie meint, nimmt sich, was sie will. Hat Geld. Wohnt in derselben bescheuerten Straße. Ihre Welten könnten nicht kompatibler sein.

Sie braucht keinen Pakt, um Sachen zu machen, vor denen sie Angst hat.

So was braucht niemand außer mir.

Blöd. Ich bin so blöd.

Ihr Mundwinkel kräuselt sich ein wenig: »Er hatte zu viel Angst, dir das alles zu erzählen, aber in einer guten Freundschaft sollte es keine Geheimnisse geben.«

Ich gehe.

Der Himmel färbt sich rosa, ein wunderbarer Sonnenuntergang beginnt. Ein kleines Feuer lodert in der Feuerstelle. Für die gerösteten Marshmallows.

Der Geruch des Feuers füllt die Luft mit Erinnerungen. An so viele Ausflüge mit meinen Eltern, nach denen mir der Rauch in den Haaren und Kleidern hing, an jeder Schicht meiner Haut zu kleben schien. Ausflüge, die ich nie wieder mit ihnen machen werde. Erinnerungen, die tot und grau sind wie die Asche unter den Flammen. Wie lange sind sie wohl schon unglücklich? Wie oft in meiner Kindheit haben sie Familienglück vorgetäuscht?

Wie viel von meinem Leben ist eine Lüge?

Sienna hebt den Daumen und weist mit einer Kopfbewegung zur entlegensten Ecke des Campingplatzes. Ich folge ihrem Blick und mir bleibt die Luft weg.

Ganz allein auf einer Bank am Wasser sitzt Ethan und starrt auf den Boden. Das ist so ein krasser Gegensatz zum Anfang des Tages, als alle gar nicht genug kriegen konnten von ihrem Prom-King. Was sind das für Leute?

Doch ich kann mich nicht dazu bringen, zu ihm zu gehen. Ich will nichts sagen, das ich später bereue. Oder außerstande sein, überhaupt was zu sagen. Er ist frei, kann machen, was er will. Er schuldet mir nichts. Aber ich kann nicht in seiner Nähe sein, wenn ich so sehr für ihn fühle.

Warum denke ich überhaupt daran, an der Liberty zu bleiben, wenn ich doch weggehen, einen Schlussstrich ziehen und all diese Leute für immer aus meinem Leben streichen könnte. Ich bekäme einen echten Neuanfang, keinen nur symbolischen. An einer neuen Schule, an der mich keiner kennt. Wo kein Ethan ist. Wo ich mir das hier nicht jeden Tag ansehen muss. Wo der Verlust des Präsidentenamtes, der Verlust von ihm mir nicht auf Schritt und Tritt folgt.

Die Lehrkräfte sind beschäftigt, das habe ich überprüft, also gehe ich zu der Kiste mit den Telefonen. Hocke mich hinter den Tisch, wo niemand mich sehen kann, krame mein Handy raus und schalte es ein. Keine Minute später leuchten unzählige Benachrichtigungen auf. Ich ignoriere sie alle. Mit klopfendem Herzen schicke ich eine SMS an meine Mom.

Ich will mit dir nach Sacramento kommen.

Dann kneife ich die Augen zu, atme lange aus, schiebe die Panik weg. Mein Handy summt. Ich halte es für die Antwort meiner Mutter, aber es ist eine Benachrichtigung, die Schlagzeile einer Klatschseite.

Ich lese sie ein Mal. Zwei Mal. Schaue auf die Fotos. Oh nein.

Tausend Gründe sprechen dagegen, trotzdem laufe ich ein letztes Mal zu Ethan.

29

Ethan

Senior Sunrise, 19:30 Uhr

Das Lagerfeuer fängt bald an, noch kann ich den anderen aber nicht gegenübertreten. Mit geschlossenen Augen und zurückgelehntem Kopf sitze ich auf der Bank am Aussichtspunkt.

Ich liebe sie. Fuck, ich liebe sie.

Was, wenn sie diese Gefühle nicht erwidert? Und wenn sie vielleicht gerade ihr Präsidentinnenamt verloren hat wegen Claire? Wegen *mir*.

Mir ist egal, was diese Arschlöcher von mir denken. Was Natalia denkt, ist mir aber wichtig. Schon immer.

Trotzdem stand ich nur rum, erbärmlich, erstarrt und schwach. Für mich selbst bin ich nicht eingetreten und für sie auch kaum. Den Brief habe ich nicht mit der Gewissheit verteidigt, die ich beim Schreiben gespürt habe. Als es drauf ankam, habe ich mir weder Rainn vorgeknöpft noch Claire zur Rede gestellt. *Ich habe alles geschehen lassen.* So wie ich immer Schlimmes geschehen lasse mit Menschen, die ich liebe.

Erst meine Mutter, jetzt Natalia.

Schnelle, knirschende Schritte, dann jemand an meiner Seite. Ich muss die Augen nicht aufmachen, ich weiß auch so, dass sie neben der Bank steht, zögernd. Sie beobachtet mich. Mein Herz fängt an zu hämmern.

»Hast du gewusst, dass ungefähr zwanzig Prozent aller Schüler zwischen zwölf und achtzehn Jahren Erfahrungen mit Mobbing machen?«

Ihre Füße scharren über den Sand, ich spüre ihre Wärme, als sie sich neben mich auf die kalte Bank setzt. Vorsichtig, so als könnte alles zerbrechen. Als könnten wir zerbrechen.

»Kommt mir ehrlich gesagt viel zu niedrig vor«, sagt sie. »Alles in Ordnung mit dir?«

Ich könnte lügen, tu ich aber nicht. »Eigentlich nicht.« Ich mache die Augen auf und sehe sie an.

»Und du?«

Sie schüttelt den Kopf. »Ethan …« Ihre Stimme zittert, aber sie sagt nichts weiter, holt nur ihr Handy raus.

WAS? »Du hast dir dein Handy zurückgeklaut?«

»Bloß geborgt. Und ich – äh – hab da so eine Warnung von einer Klatschseite bekommen.«

Ihre Augen sind groß wie Planeten. Sie ist nervös. Dann zuckt mir die Angst durch die Eingeweide. Das kann nur mit Dad zu tun haben.

»Wenn du das jetzt nicht sehen willst, zeig ich's dir nicht. Aber ich will keine Geheimnisse mehr vor dir haben.«

Ich atme durch und strecke die Hand aus. Sie reicht mir das Handy mit einem Gesicht, als hätte sie eine Nacktschnecke verschluckt. Ich merke, wie ich blass werde, als ich die Schlagzeile lese.

ERWISCHT! ROGER FORRESTER UND CO-STAR
SOFIA SANCHEZ KNUTSCHEN IN SOHO

Ich lese das noch mal. Und noch mal.

Die Galle steigt mir hoch, als ich den Artikel lese, der mehrere

»Quellen« zitiert, die berichten, die Liebesaffäre – coole Umschreibung für Ehebruch – habe am Set des Films begonnen, den sie in Italien gedreht haben. Kommentare der beiden Beteiligten gibt es nicht. Ich lese alles – und jeder Nerv stumpft dabei ab.

Ich wische von einem Foto zum nächsten. Dad in einem Oberhemd, das Mom ihm letztes Jahr zum Geburtstag geschenkt hat, schlingt die Arme um eine Frau, die kaum älter ist als Adam. Sie küssen sich auf einem von Menschen wimmelnden Bürgersteig in New York, wo sie gerade drehen. Die Fotos sind körnig, aber kein Zweifel, das ist er.

Das war's dann also. Die Transformation zum Hollywoodklischee ist vollzogen.

Ich glaube ... genau deshalb hat Dad den ganzen Morgen versucht mich anzurufen. Er wollte mich warnen, weil die Geschichte an die Öffentlichkeit gelangt war.

Oder – was wahrscheinlicher ist – er wollte fragen, ob ich dafür verantwortlich bin. Ist ja nicht so, als wäre mir das in den letzten Monaten nie in den Sinn gekommen. Aber das hätte ich Mom niemals antun können.

Gott ... Mom. Sie hat kaum überlebt, dass mein Vater gegangen ist. Aber wenigstens hat sie nichts von der Affäre gewusst. Jetzt weiß sie es. Jetzt wissen es alle.

Und was ist mit Adam? Panik durchzuckt mich wie ein Blitz. Wird das einen Rückfall auslösen? Wird er wieder anfangen? Ich könnte ihn mit Natalias Handy anrufen. Mich bei ihm melden.

Aber ich rühre mich nicht. Ich kann nicht. Ich lebe jetzt auf dieser Bank.

»Was soll ich denn mit einer neuen Mutti, die nicht mal alt genug ist, mir ein Bier zu kaufen?« Mein Witz ist flacher als ein Pfannkuchen. Wenn ich doch mit den Eukalyptusblättern von dieser Klippe geweht werden könnte. Vielleicht stehe ich unter Schock.

»Das tut mir so leid«, sagt Natalia.

Ich vergrabe das Gesicht in den Händen. Sie legt mir zur Beruhigung die Hand auf den Arm. Und das ist ein gutes Gefühl, tröstlich. Aus irgendeinem Grund nervt es mich aber auch tierisch.

»Hey, rede mit mir«, verlangt sie.

»Jetzt willst du reden?« Sogar in meinen Ohren klingt das feindselig. »Du hättest den ganzen Sommer mit mir reden können! Als die ganze Sache gerade passiert ist. Als ich allein damit war.«

Sie nickt reumütig. »Ich weiß.«

Die ganze Bitterkeit, die ich Monate, vielleicht sogar Jahre unterdrückt habe, sickert aus jeder nie ganz abgeheilten Wunde. Mein Bruder, der mich für Pillen und Alkohol im Stich gelassen hat, meine Mutter, die in ihrer Arbeit verschwunden ist, mein Vater, der sich mehr für sich selbst als sonst irgendjemanden interessiert. Das Mobbing, das erst aufgehört hat, als der Ruhm in mein Leben gestolpert ist und meine Familie zerstört hat.

»Es tut mir leid«, sagt sie noch mal.

»Hör auf, das zu sagen.«

»Warum?«

»Weil das nicht deine Schuld ist. Es ist meine!« Meine Stimme hallt wie ein Donnerschlag.

Natalias Berührung ist sanft, aber ihre Stimme klingt fest, als sie sagt: »Auf keinen Fall ist das deine Schuld.«

Keine Ahnung, ob wir über die Sache mit Dad reden oder über uns. Spielt auch keine Rolle. »Ich hab's dir doch erzählt, ich weiß schon eine ganze Weile von der Affäre.«

»Deswegen bist du noch lange nicht schuld daran.«

Sie kapiert es nicht. Ich werde ihr den Rest erzählen müssen, damit sie begreift, wie total abgefuckt meine Familie ist. Wie abgefuckt ich bin.

Als ich meinen Vater nämlich dabei erwischt habe, wie er Sophia nach seiner Reise Nachrichten schrieb, hatte er mich gebeten, meiner Mutter nichts davon zu erzählen. Und ich war einverstanden.

Ich war einverstanden.

Ich war einverstanden.

Dad hatte mir erzählt, da sei nichts. Dann war da doch was, aber er wollte die Sache beenden. Einen Monat später hat er nicht die Sache mit ihr beendet, sondern die mit uns.

Wenn es diese Prom-Nacht nicht gegeben hätte, hätten Natalia und ich den ganzen Sommer über geredet und mittlerweile hätte ich es ihr gesagt. Aber ich bin mir nicht sicher, ob das wirklich wahr ist.

Wegen der Rolle, die ich bei dem Betrug an Mom gespielt habe, bin ich schuldig.

In den sechsundsiebzig Tagen, die seitdem vergangen sind, bin ich mehr und mehr zu der Überzeugung gelangt, dass alle Forrester-Männer egoistisch und abgefuckt sind.

Wenn ein Mann, der mir regelmäßig stundenlang vorgelesen hat, der mich an meinem liebsten Ort auf Erden (dem Space and Science Museum) nicht ein einziges Mal zur Eile getrieben hat, der mir das Basketballspielen beigebracht und mir meinen ersten Gaming-PC gekauft hat – und mir immer gesagt hat, wie sehr er mich liebt … Wenn dieser Mann zum Fremden wird – sich von jemandem, den ich bewundere, verwandelt in jemanden, der mich zutiefst anwidert –, welche Aussichten hab ich dann? Ich sehe genauso aus wie er … Was, wenn ich genauso werde?

»Ich habe die ganze Sache lange Zeit geheim gehalten. Als ich es nicht mehr aushalten konnte, habe ich ihm gesagt, er müsse es meiner Mom sagen, sonst würde ich das tun. Einen Tag später ist er ausgezogen.«

Ich mache eine Pause, hoffe, dass es mir besser geht nach diesem Geständnis, aber eigentlich könnte ich kotzen. Wäre er geblieben, wenn ich ihm kein Ultimatum gestellt hätte? Und hätte er die Affäre beendet, wie er versprochen hatte? Hätten Mom und er eine Lösung gefunden?

Wie konnte er Mom das antun? Wie konnte ich das?

»Danach konnte ich es meiner Mom nicht sagen. Sie war ein verdammtes Wrack, als er gegangen ist. Wenn ich ihm nicht die Pistole auf die Brust gesetzt hätte, wäre er geblieben.« Die Wörter bleiben mir fast im Hals stecken. »Er hätte keinen Schlussstrich gezogen, wenn ich ihn nicht gedrängt hätte.«

»Nein. Du bist ein richtig guter Mensch. Du hättest niemals in diese Lage gebracht werden dürfen. Er ist fremdgegangen. Er ist gegangen. Er. Nicht du. Glaub mir, dein Vater ist ein verdammtes Ekel«, sagt Natalia mit zitternder Stimme.

Das macht mich stutzig. »Was?«

Sie guckt, als könnte sie selbst nicht fassen, dass sie das gerade gesagt hat. »Sorry. Äh. Ich glaube, mich wühlt das einfach auf. Deinetwegen. Du hast nichts falsch gemacht und ich bin so wütend, weil er deiner Familie das angetan hat. Dir.«

Ich starre auf meine Schuhe. »Das ist es doch, Natalia. Ich habe was falsch gemacht. Ich habe dieses enorme Geheimnis vor meiner Mutter verborgen und ich …«, ich würge den Schmerz runter, »ich weiß nicht mal, warum.«

»Ich schon«, sagt sie leise. »Du wolltest sie beschützen. Darin bist du wirklich gut. Viel zu gut.«

Ich schnaube höhnisch. »Was soll das denn heißen?«

»Hätte ich den Mund gehalten, hättest du den ganzen Jahrgang glauben lassen, du hättest dich an den Briefen zu schaffen gemacht. Oder liege ich da falsch?«

Nein. Ganz richtig. Ich schüttele den Kopf.

»Du kannst dich nicht immer wieder in die Schusslinie werfen. Du wirst nur durchlöchert.«

Mir schwirrt der Kopf, darauf kann ich nicht antworten.

Sie rückt näher ran. »Egal wie sehr du dich auch anstrengst, du kannst nicht alle vor dem Schmerz bewahren, der für sie bestimmt ist.«

Meine Stimme ist rau, als ich sage: »Ich tu das nicht für alle. Nur für die Menschen, die ich …«

Scheiße, beinahe hätte ich *liebe* gesagt. Das war knapp. Unsere Blicke begegnen sich, ich möchte ihre Hand nehmen.

Also nehme ich sie. Ich will die Finger mit ihren Fingern verflechten, fest zugreifen, ihren Handrücken mit dem Daumen reiben. Sie schaut auf unsere verflochtenen Hände und blinzelt ein paarmal.

»Ethan, ich …« Sie spricht nicht weiter. Langsam zieht sie ihre Hand weg.

Oh.

30

Natalia

Senior Sunrise, 19:43 Uhr

Ehe das hier mit Ethan noch weitergeht, muss ich ihm von Silvester erzählen. Und von Sacramento. Das »Keine Geheimnisse mehr« war ernst gemeint.

Doch bevor ich überhaupt irgendwas sagen kann, schlägt er die Hacken in den Boden und springt von der Bank. Überrascht stehe ich auch auf.

Er fährt sich mit den Fingern durchs Haar und schaut mich schließlich an.

Wenn ich sein Gesicht mit geschlossenen Augen zeichnen sollte, wäre das kein Problem. Ganz leicht würde ich jedes Mienenspiel wiedergeben können. Wie er die Oberlippe nach oben zieht, wenn er grinst. Wie sich die eine Seite der Nase ein wenig hebt, höhnisch irgendwie, wenn er sauer ist. Die strenge Falte zwischen den Augen, wenn er wütend ist. Und wie Freude seine Augen zum Strahlen bringt. Ich dachte, ich hätte alles gesehen. Bis jetzt.

Dieser Gesichtsausdruck jetzt, erstaunt, betroffen, mit einer Härte um die Augen, aber weich um den Mund herum, offenbart wahre Verletzlichkeit, Kummer.

Es haut mich um.

»Warum machst du das immer wieder?«, fragt er.

Ich bin ehrlich verwirrt. »Was denn?«

»Wegrennen. Vor mir.«

Ich kapiere durchaus, wie komisch das ist. Wenn er mich so ansieht, will ich echt nur noch wegrennen. So weit und so schnell meine Leichtathletikbeine mich tragen wollen. Ganz weit am Strand entlang, so lange, bis die Lunge brennt und das Kreischen im Kopf aufhört.

Aber das mache ich nicht. Ganz gefasst sage ich: »Tu ich nicht. Es gibt nichts, wovor ich weglaufen muss.«

Hinter ihm stellt der Himmel einen explosiven Sonnenuntergang zur Schau, der Ethan in goldenes Licht hüllt, als er mir auf die Pelle rückt. Sein Fichtennadelduft mischt sich mit der schweren Salzluft. Mein Herz galoppiert davon. Hitze und Hoffnung stauen sich in meinen Adern. Ich muss das von mir stoßen. Ich muss aufhören. Ich gehe fort und ich habe es ihm nicht gesagt. Ich muss es ihm sagen.

Doch dann lehnt er seine Stirn an meine und alles andere versinkt. »Was ist es dann?«, will er wissen. »Du fühlst das doch auch. Das weiß ich.«

Ich bin überwältigt. Warum passiert das jetzt? Wo wir keine Aussicht haben, zusammen sein zu können. Wo ich als gute Freundin zu ihm gegangen bin und ihn loslassen wollte.

Der Wind lebt auf. Ethan streicht mir eine Haarsträhne aus dem Gesicht. Sein Blick ist zärtlich, forschend, offen, so als wüsste er, dass in mir gerade eine Schlacht tobt.

»Solche Sachen kannst du nicht sagen«, sage ich.

»Warum nicht. Warum machst du ständig Rückzieher?«

Ich kann ihm keine Antwort geben. Wenn er mir so nah ist, kann ich nicht klar denken. Ich atme immer schneller.

»Ich weiß nicht«, keuche ich. »Ich will nur …« Ich verstumme.

»Was denn?«, drängt er sanft.

Mein Herz rast, weil seine Augen dunkel sind und zu mir sprechen. Brust an Brust spüre ich seinen schnellen Atem und ich greife nach der Wahrheit in mir, obwohl es mich zerbrechen wird, wenn ich es endlich ausspreche. »Ich will immer nur, dass du mir ganz nahekommst«, flüstere ich.

Meine Augen schließen sich in der Sekunde, in der seine Lippen meine berühren.

31

Ethan

Senior Sunrise, 19:48 Uhr

Der Kuss ist wild, gierig. Lippen, Zähne, Stöhnen. Heißer Atem, kühle Haut. Meine Finger verschwinden im Gewirr ihrer Haare, als ich sie an mich ziehe. Doch das reicht nicht, ich will mehr, so viel mehr. Will ihren mich zum Wahnsinn treibenden Geschmack, das Gefühl Halt zu finden. Den Sonnenuntergang auf der Haut, Natalia in meinen Armen.

Endlich.

Der Kuss wird intensiver. Sie macht dieses kleine Geräusch, das mich schon mal fast umgebracht hat, und ich verschlinge es, bin ausgehungert nach ihr. Als Reaktion darauf packt sie mein Hemd. Genau da, wo die blauen Flecken sind. Ich schlucke den Schmerz runter, macht mir nichts aus. Nichts soll das hier stoppen. Als ich ihr sanft in die Unterlippe beiße, drückt sie mich fester und ich zische ihr ins Ohr.

»Sorry!« Sie taumelt zurück, ihre Brust bebt, sie ist rot geworden, überall. Mit dem Handrücken bedeckt sie den Mund.

»Alles gut – oh mein …«

»Ja.«

Wenn die Prom-Nacht Feuer war, dann war dieser Kuss ein Inferno. Ich schüttele den Kopf, gleich lache ich los, ich strecke die

Arme nach ihr aus, will unbedingt weitermachen. Aber sie erwidert mein Lächeln nicht. Sie wirkt total verängstigt.

Nein.

»Was ist denn?«, frage ich.

Ich rechne damit, dass sie so was sagt wie, dass es komisch ist, seinen besten Freund zu küssen, oder dass sie so was hier nicht bei einer Schulveranstaltung machen will, aber mit glasigem Blick schaut sie mich an und sagt was völlig Unbegreifliches: »Ich ziehe um. Nach Sacramento.«

Vollbremsung. Ich schüttele den Kopf, versuche mitzukommen.

»Was? Wann?«

»Diese Woche, glaub ich. Meine Mutter hat einen neuen Job«, erklärt sie und ringt die Hände.

Ich blinzele benommen.

Sie redet weiter. »Ich war mir nicht sicher, ob ich mit ihr gehen soll. Aber nach all dem heute, dachte ich, okay, wenn ich wirklich mutiger sein will, so wie in unseren Lion Letters, dann muss ich die Dinge tun, die mir Angst machen.«

Nun weiß ich, was Sache ist. Ich lache hohl. »Darum ging es in deinem Brief? Um den Umzug? Gott, was bin ich für ein Idiot!«

»Nein, das war es nicht – was meinst du?«

Sie packt meinen Arm – aber ich drehe mich um und schüttele sie ab.

»Ethan, ich habe nicht erwartet, dass so was passiert. Ich wusste nicht … Bitte, mach nicht dicht.«

Ich wirbele zu ihr herum, stinksauer. »Du machst nie was anderes.«

Bei ihr fließen Tränen.

Verdammt. Die Meeresbrise rüttelt wieder an uns und bringt

Klarheit in die Lage. Irgendwie sind wir gut darin geworden, uns fertigzumachen. Ich verliere sie. Ich verliere sie wirklich.

»Wie konntest du das für dich behalten?« Wie ich meinen verletzten Ton hasse.

»Ich … ich hab nicht gewusst, wie ich es sagen soll.«

Sie kehrt mir nicht den Rücken, aber ich bereite mich darauf vor, dass sie gleich gehen wird. So macht sie das. So machen das alle in meinem Leben. Nicht jedes Problem kann gelöst werden. Nicht alles, was kaputt ist, kann repariert werden.

Kopfschüttelnd schließe ich die Augen. »Talia, so kann ich das nicht mehr.«

Sie schweigt. Als ich die Augen wieder öffne, schauen wir uns lange an.

»Was kannst du nicht?«, fragt sie so leise, dass ich es kaum verstehe.

Sie beobachtet mich, blass, ängstlich, bedauernd. Das Mädchen, das ich liebe und auf das ich gerade so wütend bin, dass ich kaum Luft kriege. Sie hat so viel von sich vor mir verborgen. Und jetzt zieht sie um? Haut ab. Im Galopp. Die Wut prallt auf meine Sehnsucht und explodiert.

»Ich kann nicht zusehen, wie du wieder weggehst. Das kann ich einfach nicht.«

Ich wende mich ab. Selbst mit dem Rücken zu ihr spüre ich, wie sie darauf brennt, alles Kaputte zwischen uns wieder in Ordnung zu bringen. Und alles Kaputte in mir … Aber dazu ist es zu spät.

Es ist zu spät für uns.

Aus dem Feuer wird irgendwann Asche.

32

Natalia

Senior Sunrise, 19:52 Uhr

Wir haben uns eben wirklich geküsst. Einfach so. Nicht wegen eines Pakts, einer Mutprobe oder eines Spiels. Er hat mich geküsst, als ob er das wollte. Als ob er es nicht lassen konnte. Und das war ein völlig neues Spektrum von Farben, wie ich sie noch nie gefühlt habe. Sie waren … nicht von dieser Welt. Nichts in meinem Leben hat sich je so richtig angefühlt.

Aber ich habe Panik bekommen und alles kaputt gemacht, wie immer.

Ich kann nicht zusehen, wie du wieder weggehst.

Mit einem Fingerschnipsen ist die knisternde Spannung zwischen uns verpufft. Er dreht mir den Rücken zu und es ist klar, dass diese Sache für ihn erledigt ist. Die mit mir.

Ich sehe, wie er in sich selbst verschwindet, und mit ekelerregender Klarheit ist mir bewusst, wie total falsch ich alles angegangen bin. So hätte ich ihm das nie sagen dürfen. Vielleicht hätte ich es überhaupt sein lassen sollen. Warum hab ich Mom geschrieben, als ich so aufgewühlt war?

Ich hab mich von Claire irritieren lassen. Und plötzlich hatte das, was zwischen den beiden passiert ist, mehr Gewicht als das, was jetzt zwischen uns geschieht.

Mein Kopf dröhnt, weil ich ihm so viel zu erzählen habe, so viel zu fragen und zu erklären. Aber die Worte bleiben stecken, so wie immer. Denn Tatsache bleibt, dass heute zwar viele Geheimnisse enthüllt worden sind, doch meins ist immer noch tief vergraben.

Ich schließe die Augen, muss die rasenden Gedanken bremsen, damit ich ihm die Erklärung geben kann, die er verdient hat. Doch das dauert zu lange.

Meine Zeit ist abgelaufen, als er sagt: »Geh einfach.«

Dumpf klingt das, emotionslos. Abweisend. So hat er mich noch nie weggestoßen. Und da geht mir mit vernichtender Klarheit auf, dass der schlimmste von all den Fehlern, die ich heute gemacht habe, der war, nicht offen mit ihm zu reden.

Neue Tränen brennen mir in den Augen. Ich lege die Arme um seinen Rücken, presse die Wange an seine Schulter.

»Ethan, es tut mir so leid«, flüstere ich. »Das … alles.«

Er reagiert nicht. Sein Körper ist starr. Noch nie habe ich ihn so gesehen, so wahnsinnig unerreichbar.

Die Wellen tosen und seine Stimme ist kaum zu hören. »Talia. *Bitte*.«

Er fleht darum, in Ruhe gelassen zu werden. Ich soll gehen.

Da rollt dann doch eine Träne an meiner Nase runter, auf seinen Hoodie.

Ihm reicht's. Verständlich. Ich lasse die Arme hängen.

Ob wir später reden können, frage ich. Doch entweder hat er mich nicht gehört oder er ignoriert mich.

Langsam mache ich mich auf den Weg zurück zum Campingplatz. Tränen strömen mir übers Gesicht, mein Hirn läuft heiß, weil ich unbedingt verstehen will, was da eben passiert ist. Dieser Streit, dieser Kuss. Wir haben eine neue Grenze überschritten. Der Pakt war eine Sache, aber das hier … Was hat das zu bedeuten?

Ethan sieht mich klarer als irgendjemand sonst. Alles strahlt in knalligen Blautönen und leuchtendem Pink, wenn ich an ihn denke. Berühren wir uns, verwandeln sie sich in warmes Gold und tröstliches Waldgrün. Sind wir getrennt voneinander, verblassen die Farben und über alles legt sich ein Schleier.

Warum habe ich mich so vor ihm abgeschottet?

Auf der dunklen Heimfahrt nach der Prom-Nacht hat sich in mir ein Abgrund von Einsamkeit aufgetan, weil ich dachte, dass er mich nicht wollte. Gerade als mein Herz weicher wurde, als ich dachte, er würde mich wieder küssen, hat er aufgehört.

Talia … ich, ich finde nicht … Das hier ist blöd. Ich will nicht … mit dir … Nicht so.

Das Wort ist mir durch und durch gegangen. Blöd. Seit die Beliebten ihn beachten, hat er dieses Wort ständig benutzt. Meine Ängste geben mir dieses Gefühl. Niemals will ich mich so fühlen. Immer kontrolliert, gemäßigt, gut vorbereitet. Niemals blöd.

Als er das gesagt hat, habe ich sofort das Gefühl gehabt, mich schämen zu müssen. Weil ich ihn hinterlistig dazu verleitet hatte, mich anzufassen. Mich zu begehren. Und den Pakt dazu benutzt hatte, mich vor all meinen Gefühlen zu schützen.

Ich hatte ihn zu mir gelockt und er hatte es umgehend bereut. Ich hatte also genau das getan, was sein Dad mir unterstellt hatte.

Er taumelte, als ich ihn weggestoßen hatte, um mein Hemd zu suchen. Scham, Verlangen und Trauer brannten in mir.

»Moment, ach, Natalia, warte doch mal«, sagte er.

Er griff nach meinem Arm und ich zog ihn weg. »Alles gut, Ethan.«

»Du bist sauer.«

Ich war nicht sauer. Ich war am Boden zerstört. Gedemütigt. Weil ich dachte, er hätte in jener Nacht nur die Sirene gesehen, das billige Mädchen, das ihn dazu verführen wollte, etwas zu tun, was er nicht tun wollte – und nicht das verwirrte Mädchen mit dem verzweifelten Wunsch nach einer ganz neuen Art der Verbundenheit mit ihm. Ich war bereit, so offen zu sein, wie ich überhaupt konnte ... und er wies mich ab.

Und statt mit ihm zusammen eine Lösung zu finden, bin ich weggelaufen und er hat sich mit Claire eingelassen.

Mittlerweile habe ich begriffen, dass er diesen Sommer an etwas gelitten hat, von dem ich nichts wusste. Genau wie ich. Und vielleicht hat Sienna recht. Vielleicht hat er mit Claire gemacht, was ich mit Rainn gemacht habe: einfach versucht, okay zu sein.

Aber wir bestehen nicht nur aus Rissen.

Selbst wenn es vorher nicht so war, nach unserem Kuss weiß ich, dass er mich jetzt will. Und das könnte noch beängstigender sein. Und aufregender.

Vielleicht ist immer noch was zu retten. Er hat ja recht, ich bin diejenige, die aus dem Zimmer stürmt, weggeht, davonrennt, deshalb ist es meine Aufgabe, das hier wieder in Ordnung zu bringen.

Rainns vertrautes Lachen schallt über den ganzen Campingplatz. Das bringt mich auf eine Idee. Ich flitze auf die Geräusche zu.

Keine Ahnung, ob Ethan mir je vergeben wird für den Sommer, die Briefe, für alle Katastrophen, die ich angerichtet habe. Den ganzen Tag lang haben sich Gelegenheiten geboten, den Schaden zu beheben, aber jedes Mal habe ich's versaut. Aufgeben werde ich aber nicht.

Ich kann das hinkriegen.

Bei Rainn angekommen reiche ich ihm verstohlen das Handy.

»Du hast schon wieder gegen eine Regel verstoßen?«, sagt er verblüfft.

»Vertrau mir, ich wünschte, ich hätte es nicht getan. Sieh dir den Artikel an.«

Er macht es und verzieht das Gesicht. »Scheiße.«

»Könntest du vielleicht mit ihm reden? Ich hab's versucht, aber dann habe ich ihm vom Umzug nach Sacramento erzählt und …«

Ich kann nicht weiterreden, die Kehle ist wie zugeschnürt. *Und er hat mich geküsst, als ob er mich auch lieben würde.*

Rainn nickt und gibt mir das Handy zurück. »Klar.«

Ich sage ihm, wo Ethan ist, und er zieht los zum Aussichtsplatz.

Nie im Leben kann ich es bei Ethan wiedergutmachen. Aber das hindert mich nicht daran, es zu versuchen. Ich hab nämlich endlich begriffen: Vor ihm hätte ich niemals weglaufen sollen.

Denn er ist es, zu dem ich hinlaufen sollte.

33

Ethan

Senior Sunrise, 19:59 Uhr

Ich laufe auf und ab – und ich muss unbedingt auf etwas einschlagen. Im Moment könnte ich einen Berg in Grund und Boden trümmern, so wütend bin ich. Sie küsst mich so – und trotzdem will sie weggehen?

Das macht mich völlig fertig und ganz plötzlich ist die Raserei verflogen.

Ich lasse mich wieder auf die Bank fallen und weine. Weine, wie ich seit der siebten Klasse nicht mehr geweint habe, als ich mit solcher Wucht gegen einen Spind geschleudert worden bin, dass ein Stück von meinem Schneidezahn abgebrochen ist. Ich weine und frage mich dabei, was eigentlich so schrecklich an mir ist, dass niemand bei mir bleiben will. Die Tränen quellen aus einem Ort, den niemand erreichen kann.

Vermutlich nicht mal Natalia.

Ich kann nicht weiter hinter ihr herlaufen. Ich kann nicht weiter darauf warten, dass sie mich wählt.

Sie zieht ernsthaft nach Sacramento? Wir haben nicht mal … ich dachte, wir hätten mehr Zeit. Aber wenn sie weggeht, wenn sie drei Stunden von hier wohnen wird und es nicht mal versuchen will, welche Hoffnung gibt es dann für uns?

Keine, und jetzt ist klar, dass wir nie eine hatten.

Wenn ich jetzt mein Handy hätte, würde ich nach Zitaten oder Fakten suchen, die dieser Sache einen Sinn geben. So banales Zeug, das mich beruhigt und mir vor Augen führt, dass ich es überleben werde. Dass ich nicht der erste Typ in der Geschichte der Menschheit bin, dem das Herz gebrochen wird.

Doch es fühlt sich verdammt noch mal so an.

Dann leise Schritte und eine schüchterne Stimme: »Hey, Mann. Kann ich mich zu dir setzen?«

Ich ziehe den Ärmel über die nassen Augen und nicke.

Rainn rutscht neben mich auf die Bank. Mit den Handflächen streicht er sich über die Oberschenkel, immer auf und ab. Seine Tie-Dye-Jogginghose ist dreckig von Staub und Sand, der Geruch vom Lagerfeuer haftet an ihm. »Natalia hat mir erzählt, was mit dir und deinem Dad los ist. Bist du okay?«

Ich sage nichts.

»Hm, na ja, offensichtlich nicht.« Er kratzt sich am Hinterkopf. »Tut mir echt leid. Glaub mir, ich weiß, wie das ist.«

Ich runzele die Stirn.

Er redet weiter. »Okay, nicht genau natürlich. Was mit meinen Eltern ablief, war nicht im Internet. Aber ich hab dir nie erzählt, warum die sich in unserem ersten Highschooljahr getrennt haben …«

Er muss mir die Frage am Gesicht abgelesen haben, denn er sagt: »Ja, ja. Mit seiner Physiotherapeutin.«

»Fuck«, sage ich kopfschüttelnd.

Rainn nickt. »Genau.«

Eine Weile lauschen wir dem Meer und ich finde es gut, dass er nicht sagt, es wird alles wieder gut. Ist nicht nötig. Mir genügt, dass er mich versteht.

Nach ein paar Minuten frage ich: »Kriegst du Schiss, weil es laut Studien ein Gen gibt, dass möglicherweise mit Untreue in Zusammenhang stehen könnte?« Er verzieht das Gesicht. »Nee. Ich hab gesehen, was der Arsch meiner Mom angetan hat. Ich werde niemals fremdgehen.« Er schaut mich eine ganze Weile an. »Und du? Du weigerst dich sogar, das Café zu wechseln, obwohl die in dem an der Schule deine Bestellung so gut wie immer vermasseln.«

»Ich unterstütze eben gern lokale Unternehmen. Was hat das damit zu tun?«

»Du bist verdammt loyal. Du bist nicht dein Dad. Du bist … du.«

Wer auch immer das sein mag. Aber endlich kann ich Rainn ansehen – und das Gefühl, auf was einschlagen zu müssen, ist nicht mehr ganz so überwältigend.

»Tut mir leid«, sagt er. »Das mit deinem Brief und dass ich dir nichts von Sacramento erzählt habe. Stand mir nicht zu.«

»Versteh ich.«

Und das tu ich. Ich mach weder ihm einen Vorwurf noch Sienna. An mir nagt aber, dass Natalia es ihnen erzählt hat und mir nicht.

Mit leiserer Stimme sagt Rainn: »Fürs Protokoll, ich wollte ihr deinen Brief nur geben, weil ich weiß, dass sie genauso empfindet.«

Ich verdrehe die Augen.

Er haut mir auf den Arm. »Wenn irgendjemand so einen Brief über mich geschrieben hätte, würde ich ihn lesen wollen. Ich hatte keine Ahnung, dass du solche Gefühle für sie hast.«

»Tja, na dann … ist jetzt auch egal.«

Rainn dreht sich zu mir. »Das meinst du nicht ernst.«

»Doch.«

Er knurrt frustriert und ringt die Hände, so wie eine Trockenübung im Halsumdrehen. »Ihr beide seid so stur. Sie steht auf dich, Mann. Sie hat mich doch abblitzen lassen wegen dir.«

Ich lache verbittert und drücke den Daumen so gut ich kann auf den Keim der Hoffnung, der sich in meiner Brust regt. »Sie hat dich wegen dir abblitzen lassen.«

Er verdreht die Augen, ist aber erleichtert, weil ich einen Witz gemacht habe. »Liebst du sie?«

Nach einer ganzen Weile nicke ich. »Aber das spielt keine Rolle …«

»Warum nicht?«, fragt er entnervt.

»Sie hat mich aus ihrem Leben ausgeschlossen, so als würde ich ihr nichts bedeuten. Warum hat sie mir sonst nichts davon erzählt?«

Er zuckt mit den Schultern. »Vielleicht hat das nichts mit dir zu tun?«

Mir klappt der Mund auf, ich mache ihn aber gleich wieder zu.

»Ist ganz schön schwer, den Scheiß auszusprechen, den du nicht sehen willst, weißt du?« Er schmunzelt. »Natalia ist da sogar noch schlimmer. Wahrscheinlich hätte es geholfen, wenn sie dir was hätte malen können. Da ist sie so wie du mit deinen Fakten.«

Keine Ahnung, wie er das geschafft hat, aber er holt ein kleines Lächeln aus mir raus. Er hat recht.

Ich schaue ihm ins Gesicht. »Warum machst du das? Vor noch nicht mal acht Stunden hast du mir den Arsch blau gehauen wegen ihr.«

Er grinst. »Ich hab dich verhauen, weil du mich drum gebeten hast und weil es Spaß gemacht hat. Und ja, ich mochte sie.« Er guckt auf seine Hände und ich merke, wie es ihn ernsthaft Kraft kostet. »Aber ich komm drüber weg. Nachdem ich deinen Brief gelesen hatte, ergab auf einmal alles einen Sinn. Ihr beide hattet schon immer so ein … Schneekugelding am Laufen. Irgendwie wart ihr immer in eurer eigenen magischen Welt. Alle anderen können das sehen, nur ihr nicht, weil ihr so tief drinsteckt. Ich schüttele nur den Schnee ein bisschen für euch.«

Ich werfe ihm einen schrägen Blick zu. »Mann, ist das tiefgründig«, sage ich. Und meine es so.

»Warum tun bloß immer alle so überrascht?«

Danach sitzen wir eine Weile schweigend da und lauschen den Wellen. Ich lege ihm die Hand auf die Schulter. »Danke. Dafür. Alles gut mit uns.«

Seine Miene hellt sich auf und er zieht mich hoch von der Bank.

»Was soll …«

Mit Wucht schlingt er die Arme um mich. Die Umarmung ist so heftig, dass ich lachen muss, obwohl meine Blutergüsse protestieren. Als er mich freilässt, bleiben seine Hände auf meinen Schultern liegen und er starrt mir ins Gesicht.

»Schluss mit dem trübseligen Scheiß. Dein Dad ist ätzend, ist aber nicht deine Schuld.«

Ich will ihn abschütteln, doch er rührt sich nicht.

»Rede mit ihr, bevor du dich von irgendwelchen Klippen stürzt.«

»Genau genommen ist das ein Steilufer.«

Er lächelt, dabei sieht er so aus, als würde er mir gern wieder eine reinhauen. Ich schiebe die Hände in die Taschen und stoße auf ein zerknülltes Stück Papier. Der erste Lion Letter, den wir heute Morgen gefunden haben. Mir wird die Brust eng.

Ich verspreche, gleich nachzukommen, und hole den Brief erst raus, als Rainn weg ist. Ich sollte ihn nicht lesen, das weiß ich. Aber ich kann nicht widerstehen.

Die blaue Tinte fällt mir zuerst auf. Dann mein Name. Aber ich muss weder Tinte noch Namen sehen, um zu wissen, wer diesen Brief geschrieben hat. Natalias Handschrift würde ich überall wiedererkennen, genau wie ihr Lachen, ihre Berührung.

Viel Gekritzel und Durchgestrichenes, zum ersten Mal seit Monaten kann ich in ihren Kopf schauen:

Wenn ich mutiger wäre, würde ich Ethan alles erzählen. ~~Ich würde ihm sagen, was an Silvester passiert ist und warum zwischen uns alles so komisch geworden ist.~~ Warum ich seitdem so abweisend bin. Ich hab nicht gewusst, wie ich es ihm sagen soll, weil ich nicht wollte, dass sich alles zwischen uns ändert. Das muss es, ich weiß, und sobald ich es ihm sage, wird es das auch, aber ... ich verspreche, ich habe nicht gewollt, dass so was passiert.

~~Wenn ich mutiger wäre, würde ich Ethan sagen, warum ich in jener Nacht weggerannt bin. Was ich wirklich wollte. Welche Angst ich hatte, alles kaputt gemacht zu haben. Ich hab mich nicht im Griff, wenn ich mit ihm zusammen bin ...~~

Wenn ich mutiger wäre, würde ich akzeptieren, dass nie was aus diesen Gefühlen werden kann, ganz egal wie groß sie sind oder wie richtig sie mir erscheinen. Sein Dad hatte recht – wir leben in anderen Welten. Ich kapiere jetzt, was anscheinend alle längst begriffen haben: Ich bin nicht gut genug für ihn. Das war ich nie. Ich bin nicht hübsch genug. Ich bin nicht klug genug. Ich warte immerzu auf ein Heilmittel für dieses Gefühl und ich habe schreckliche Angst ...

Wenn ich mutiger wäre, würde ich Ethan gehen lassen.

Ich lese den Brief noch einmal, verschiedene Sätze stechen hervor und bohren sich mitten ins Herz.

Ich hab mich nicht im Griff, wenn ich mit ihm zusammen bin ... Ich bin nicht gut genug für ihn ...

Doch die Worte, an denen ich hängen bleibe, sind: »Sein Dad hatte recht.« Das – und dazu, wie sie ausgesehen hat, als sie meinen Vater ein verdammtes Ekel genannt hat.

Was für einen Scheiß hat er gemacht?

Ich werfe einen Blick auf die Uhr. Das Lagerfeuer haben wir schon verpasst und danach ist Nachtruhe. Heute werden wir keine Zeit mehr zum Reden haben, aber ich muss sie sehen. Ich renne hinter Rainn her und sage ihm das.

Er grinst verschmitzt. »Überlass das mir.«

34

Natalia

Senior Sunrise, 21:40 Uhr

Ethan und Rainn sind noch nicht zurück und es ist fast Zeit für die Zeltkontrolle und die anschließende Nachtruhe. Das Lagerfeuer haben sie verpasst, nicht so schlimm, alle haben mich behandelt, als wäre ich wandelnder Fußpilz. Doch ich muss zugeben, dass Prashant eine ganz passable Snackstation aufgebaut hat. Ignoriert zu werden hat mir Zeit gegeben, mir zu überlegen, was ich Ethan sagen will. Auch wenn ich ihn wahrscheinlich erst morgen früh sehen werde.

Sienna und ich gehen zusammen zum Zähneputzen, wir waschen uns auch so viel Sand wie möglich ab vor dem Schlafengehen. Nebenwirkungen vom Camping am Strand. Ich riskiere einen Blick in den zerkratzten, verzogenen Spiegel. Krass, diese roten Augen. Ich weiß nicht genau, ob wegen Ethan oder dem Senior Sunrise, aber heute habe ich mehr geweint als den ganzen Sommer.

Ob mit Ethan alles in Ordnung ist? Habe ich das Richtige getan, als ich Rainn zu ihm geschickt habe? Wie … wie kann ich das hier nur besser machen? Das einzig Gute ist, dass sonst niemand ein Handy hat, also erfährt vor morgen früh auch keiner den Klatsch über seine Familie.

Meine Füße sind schwer auf dem Weg zum Zelt.

Mr Beckett verkündet dem gesamten Zeltplatz: »Liberty Lions, Zeltkontrolle!«

Bei mir und Sienna fängt er an. Er hat dunkle Ringe unter den Augen und will die Sache offenbar schnell hinter sich bringen. Noch bevor wir ins Zelt kriechen können, hat er uns schon auf seiner Liste abgehakt.

Sobald Mr Beckett davongeschlurft ist, dreht Sienna sich um und drückt mich kurz. »Okay, gute Nacht!«

»Was? Wir haben ihm eben gesagt, dass wir das Zelt teilen«, sage ich verwirrt.

Sie guckt ganz komisch und sagt: »Tja, aber jetzt chill ich erst mal … woanders.«

»Ach, woanders!« Ich ziehe die Augenbrauen hoch. »So nennen wir Letis Zelt also?«

Sie grinst, sagt aber nichts.

»Gut. Ich decke dich. Wie lange bleibst du weg?«

Sie zuckt die Achseln, ihr Blick kriegt was Verschlagenes. »Ich hab das Gefühl, du wirst eine Weile auf Gesellschaft verzichten müssen.«

Und weg ist sie. Ich kann nur noch ihre Taschenlampe lustig in der Dunkelheit wippen sehen, bevor sie in Letis Zelt auf der anderen Seite des Platzes verschwindet.

Okay …

Aus strategischen Gründen habe ich mein Zelt so weit von der Gruppe aufgebaut wie möglich. Wird irgendwie schön sein, es für mich allein zu haben. Doch wahrscheinlich werde ich nicht schlafen. Mein Kopf ist ein Irrgarten, den ich im Moment nicht mal malen könnte.

Mit der Lampe in einer Hand mache ich den Reißverschluss auf und erstarre.

Ethan sitzt auf meinem Schlafsack.

»Hi.«

Mein Puls schießt in die Höhe. Er hat graue Trainingshosen an und einen dunklen Hoodie, Locken fallen ihm in die Stirn. Seine Augen sind auch rot. Und das ganze Zelt riecht nach seiner Fichtenseife.

»Was machst du hier?«, flüstere ich erstaunt. Schnell klettere ich ins Zelt und ziehe den Reißverschluss wieder runter. Damit wir nicht erwischt werden und umgehend von der Schule fliegen.

»Sienna ist bei Leti. Rainn hält Lehrerwache.«

»Aber …«

»Wir müssen reden.«

Er klopft auf den Schlafsack ihm gegenüber und ich zögere nicht mal. Mittlerweile habe ich gegen so viele Regeln verstoßen, auf eine mehr kommt es da auch nicht an. Und so sitzen wir uns Knie an Knie gegenüber.

Ich fühle mich wie kurz vor einem Hürdenlauf. Als hätte ich Sprungfedern in allen Gliedern und müsste mich bewegen. Doch dieses Gefühl verscheuche ich. Schluss mit dem Rennen. Ethan verdient, dass ich bleibe.

Er fängt an: »Tut mir leid wegen vorhin. Ich hätte dich nicht so anschreien dürfen.«

»Doch, hättest du.«

Er muss lachen. Da schlägt mein Herz gleich wieder schneller. »Mir tut's auch leid. Heute, der Sommer. Dass ich weggerannt bin. Dass ich immer wegrenne.«

»Ja. Sacramento.«

»Genau.« Zittrig atme ich aus.

»Warum gehst du? Was ist der *wahre* Grund?«

Jetzt noch irgendwas zurückzuhalten ist total sinnlos, also lasse ich es. Ich erzähle ihm, wie verwirrt ich war. Was für eine Erleichterung es wäre, auf eine neue Schule zu gehen, wo ich aufhören könnte, mich immer so anzustrengen. Der Druck an der Liberty setzt mir jeden Tag mehr zu. Welche Angst ich habe, alles zu versauen. Wie sehr mir das Malen fehlt.

Und er hört zu. Er hört wirklich zu, so wie er das immer getan hat. Ohne Unterbrechung, ohne Einwurf. So als wolle er wirklich verstehen. Wie all die vielen Male zuvor, wo wir uns nie berührt, aber selbst in schlimmsten Zeiten unterstützt haben.

Am Ende spreche ich das eigentliche Problem an. »Ich will malen, aber mein Vater will mich nicht mal den Kunstkurs belegen lassen. Er findet, ich soll *Statistik* nehmen. Wenn ich mit meiner Mom wegziehe, kann ich machen, was ich will. Meine Konditionen, weißt du?«

Er knetet seine Hände. »Oh…kay. Aber was passiert, wenn ihm die Fächer nicht gefallen, die du wählst? Oder das College, auf das du gehen möchtest? Willst du immer weiter wegrennen? Dinge können sich ändern, wenn du was sagst. Letzten Endes wirst du für dich selbst entscheiden müssen.«

»Das mache ich ja.«

Er schüttelt den Kopf. »Wirklich? Die Sache mit dem Umzug hast du geheim gehalten. Du hast sie vor mir verborgen. Vor mir!« Um das zu unterstreichen, schlägt er sich so heftig an die Brust, dass ich es beinahe selber spüren kann. »Warum?«

»Ich weiß es nicht.«

Er zieht die Augenbrauen hoch. »Du hast gewusst, dass ich dich zur Rede stellen würde.«

Mit einem Seufzen atme ich aus. »Kann sein«, gebe ich zu.

»Du verbringst so viel Zeit damit, dich abzuschotten, dass niemand je zu sehen bekommt, wie du wirklich bist. Du machst dich unglücklich. Glaubst du wirklich, das ändert sich in einer neuen Stadt?«

Ich werde sauer. »Ich … vielleicht! Das weißt du nicht. Ich könnte dahin ziehen und malen und chillen und …«

»Und dich verstecken.«

Meine Kehle schnürt sich zu.

»Willst *du* das wirklich? Nicht deine Eltern, ich oder sonst wer – du?«

Ich raufe mir die Haare, total aufgewühlt. »Ich wusste, dass du das machen würdest! Mir tausend Fragen stellen, auf die ich keine Antwort weiß.«

Seine Stimme wird sanfter. »Es ist eine Frage. Nur eine.«

Aber es ist die schwerste. Und sie zieht tausend andere nach sich.

Was will ich?

Ich kneife die Augen zu und suche die Leinwand in meinem Kopf. Sie ist da, aber sie ist leer. Eine leere weiße Fläche, nichts. Ich kann die Farben nicht finden. Ich kann nicht … kann nicht – mein Atem geht viel zu hastig.

Warme Hände auf meinen Wangen. »Hey. Komm zurück.«

Als ich den Blick hebe, schauen Ethan und ich uns in die Augen. »Natalia, was macht dir denn solche Angst?«

Die Luft im Zelt wird schwer. Er hat die Hände weggenommen, doch die unsichtbare Kraft, die uns immer wieder zueinanderzieht, legt sich um mein Herz – und die wahrste Antwort kommt heraus: »Das hier«, sage ich.

Er hat die Hände in den Schoß gelegt, zuckt mit den Fingern. »Warum?«

Der Wind frischt auf und rüttelt an den Zeltwänden. Keiner von uns rührt sich. Sein durchdringender Blick hat mich erstarren lassen. Das Gewirr meiner Gefühle für ihn habe ich so tief nach unten gewühlt und weggesperrt, dass ich gar nicht mehr weiß, wie ich rankommen kann.

»Was zwischen uns geschehen ist … nach dem Prom-Ball … war … ist so verwirrend«, antworte ich wahrheitsgemäß.

Er holt tief Luft und wartet, bis ich ihn ansehe. »Für mich auch.«

»Wirklich?«

Er nickt. Wir sind uns nah. So nah.

Ich schlucke den Kloß im Hals runter. Das braucht mehrere Anläufe. »In jener Nacht wirkte es nicht so, als ob du es wolltest.«

»Ich wollte«, sagt er schnell. »Aber dann nicht. Nicht nachdem du gesagt hattest, es würde nichts ändern.«

»Das habe ich nur gesagt, weil ich nicht wusste, wie es dir damit ging. Du solltest nicht denken, dass ich irgendwas erzwingen wollte.«

Er macht ein komisches Geräusch, so als würde ihm die Luft wegbleiben. Und er ist ganz rot geworden. Ganz leise sagt er: »Dann … hätte es für dich etwas geändert?«

Ja.

Aber ich werde das fühlen, was nötig ist, um ihn in meinem Leben zu behalten.

»Wenn es für dich nichts war, kann es für mich nichts sein«, sage ich schließlich.

Dieser intensive Blick. Es wird enger im Zelt. »Für mich war es was«, sagt er.

Mit zitterndem Kinn sage ich: »Warum hast du es dann blöde genannt?«

Er zuckt zusammen, als er es begreift. »Oh nein, ich hab den Pakt gemeint. Ich konnte nicht mit dir … so … wegen so einem Spielchen …« Er schüttelt den Kopf. »Ich habe nicht von dir geredet oder von uns …«

Ich sage das Schlimmste, das Grauenhafteste: »Es gibt kein Uns.«

Er zieht mich an sich. Hände um meine Taille, Finger, die weiche Haut unter dem Bund meines Pullovers finden. Ich will ihn so nah nicht sehen. So nah, aber nie nah genug. Aber ich tu's.

Er sieht mich an und sagt: »Es wird immer ein Uns geben.«

Eine unsichere, forschende Sekunde lang machen wir nichts. Dann kommt es zur Kollision.

Ethans weiche Lippen auf meinen. Geschmack von Minze und Meersalz, ich schmiege mich an ihn. Wohin ich mich auch bewege, er folgt. Stark, sicher, solide.

Um zu überleben, musste ich all meine Gefühle für ihn in die dunkelsten Ecken meines Herzens verbannen. Aber jetzt? Jetzt sind meine Hände in seinen Haaren und mein Herz seufzt. So soll es sich anfühlen.

Wenn Sehnsucht auf Gewissheit trifft.

Das hier passiert. Es passiert wirklich. Zartes wird zu Hitze. Der vertraute Schmerz in mir geht in den lodernden Flammen des Begehrens auf. Er zittert, wenn ich ihn berühre, und zieht mich näher an sich. Hungrig. Begierig. Seine starken Arme umfangen mich und die stille, dunkle Lust in ihm erfasst meinen Körper wie eine Schockwelle. Wir küssen uns und jede Zelle in meinem Körper erglüht, denn es gibt keinen Zweifel daran, wie richtig wir füreinander sind.

»Warte.« Ethan keucht ein bisschen.

Er rückt etwas von mir ab, um mich anzuschauen mit seinen haselnussbraunen Augen. Er beobachtet mich genau. Ganz genau. Dann greift er in seine Tasche. »Ich glaube, es gibt noch einen anderen Grund dafür, dass du es mir nicht erzählt hast«, sagt er.

Als er einen zerknüllten gelben Zettel mit blauer Tinte zum Vorschein bringt, lache ich beinahe los. Obwohl mir das Lachen dann im Hals stecken bleibt. War ja klar, dass er meinen Brief findet.

»Hast du ihn gelesen?«, frage ich, obwohl ich die Antwort kenne. Versuche Zeit zu schinden.

Er nickt. »Bitte, keine Geheimnisse mehr, Talia. Was hat mein Dad gemacht?«

Zuerst klingt meine Stimme ein bisschen gepresst. »Es spielt keine Rolle …«

»Doch.« Er nimmt meine Hand und wartet.

Schließlich erzähle ich ihm alles.

»Er hat gesagt, ich soll mich von dir fernhalten. Irgendwie hat er mich in eine Ecke gedrängt, als ich an Silvester zu euch gekommen bin. Wir haben uns das Bild angeschaut, aber dann hat er alle möglichen Sachen gesagt. Ich würde Jungs nur scharfmachen und wäre nicht die richtige Art von Mädchen für dich, hat mich trashig genannt …«

Ethan wird so wütend, dass seine Hände zu zittern beginnen.

»Er ist Trash. Du bist …« Er macht die Augen zu. »Brillant und hinreißend und …«

Ich drücke seine Hand ganz sanft. »Und eine Stipendiatin.«

Er blinzelt. »Was hat das denn …«

»Deine Eltern finanzieren den Großteil des Stipendienprogramms, Ethan. Dein Dad könnte mir das Stipendium streichen, wenn er wollte. Ob ich umziehe oder nicht, das Stipendium für die Liberty könnte ich trotzdem verlieren. Und ich könnte … dich verlieren.«

Als ich es laut sage, wird mir erst klar, wie sehr ich das für möglich gehalten habe. Mr Forrester hat Macht über mich. Und zwar viel zu viel.

»Ich würde ihn auf hundert verschiedene Arten fertigmachen, wenn er das auch nur versuchen würde. Talia, warum hast du mir das nicht erzählt?«

»Weil er dein Dad ist.« Ich wollte ihm den Schmerz darüber ersparen, dass sein Vater ein so großer Arsch ist, und ihr Verhältnis nicht kaputt machen. Doch es fühlt sich besser an, ehrlich zu Ethan zu sein.

Eine irre Wut spiegelt sich in seinen Augen. »Ist mir egal, so was darf er dir nicht antun. Er darf dich mir nicht wegnehmen.«

Mein Herz zieht sich zusammen. Ich streiche ihm die Locken aus der Stirn und versuche einen Witz zu machen. »Mann, ich verstehe, du willst nicht, dass ich gehe.«

Er lacht nicht, presst seine Stirn an meine. Sein Atem streift meine Lippen, als er mit rauer, gequälter Stimme gesteht: »Natürlich will ich nicht, dass du gehst.«

Meine Finger wühlen sich tiefer in seine Haare, als ich ihn küsse – und wieder küsse.

Als wir uns voneinander lösen, kann ich endlich aussprechen, was für mich am schwierigsten zu erkennen war. »Ich glaube, ich habe am meisten Angst gehabt, dir das alles zu sagen, weil … ich nicht die Art Mädchen bin, die wegen eines Jungen bleiben kann.«

Er drückt mich fester, so als hätte er Angst, ich könnte im nächsten Augenblick verschwinden. Dann flüstert er: »Ich weiß.«

Sein Blick tänzelt zwischen Angst und Hoffnung. Eine gefühlsschwere Pause bringt meinen Puls auf Touren. »Aber ich bin nicht die Art Junge, der zusehen kann, wie du weggehst – ohne dir zu sagen, dass ich in dich verliebt bin.«

35

Ethan

Senior Sunrise, 22:42 Uhr

Oh Gott, noch nie hatte ich mehr Angst, während ich mir so sicher war. Aber ich musste es sagen. Mit dem Zurückhalten ist Schluss.

Langsam streichen meine Fingerspitzen über ihren Hals. Seit der Prom denke ich ständig an diese weiche Haut. Irgendwie ist ganz egal, was als Nächstes geschieht, ich werde so lange auf sie warten, wie es eben dauert.

Doch als Natalia gar nichts sagt, sondern sich aus meinen Armen löst, melden sich Selbstzweifel.

Sie kriecht rüber zu ihren Sachen. Ein gelblicher Schein erleuchtet das Zelt, nachdem sie die Lampe wieder auf die schwächste Stufe zurückgestellt hat. Hoffentlich schlafen Ms Mercer und Mr Beckett fest und merken nichts. Sie wühlt in ihrer Tasche und holt ihr Notizbuch raus, blättert, bis sie findet, wonach sie gesucht hat. Ihr Finger fährt die Seite runter, die sie mir nach zittrigem Durchatmen reicht.

Es ist eine Zeichnung. Lange Finger, inklusive eines krummen kleinen Fingers, der sich um einen Stift legt. Meine Hand. Ich erinnere mich noch, weil ich ewig still halten musste, während sie versuchte, alles richtig hinzukriegen. Sie hat andauernd geflucht und radiert und ich hatte einen Krampf in der Hand.

Sie blättert um. Noch eine Zeichnung. Ich dribbele einen Basketball, die Bewegung so lebendig eingefangen, dass ich sofort Lust kriege zu spielen.

Eine andere Seite, auf der ich im Profil die Golden Gate Bridge anschaue, der Wind hat mir die Haare nach vorn geweht. Das muss sie letztes Jahr auf unserer Klassenfahrt gezeichnet haben. Da hatten wir so viel Spaß. Wir hatten so wenig geschlafen, dass wir auf dieser Bustour mehr gelacht haben als jemals zuvor.

Noch eine Seite. Ich in meinem Zimmer über den Schreibtisch gebeugt beim Lernen, das Kinn in die Hand gestützt. Das waren die Abschlussprüfungen letztes Jahr. Sie war eingeschlafen und hatte die Prüfung in Wirtschaft »in den Sand gesetzt«. Sie hat ein B gekriegt, war aber total genervt.

Auf einem anderen Bild halte ich die Hände vors Gesicht, die Finger in die Haare gekrallt. Ich bin gestresst. Wütend wegen irgendwas. Ich dachte immer, diese Seite von mir hätte ich von ihr ferngehalten. Aber sie hat es gesehen. Alles.

Mit jedem Umblättern brennen meine Augen mehr, denn ich kapiere, warum sie mir das alles zeigt.

»Natalia, die sind richtig gut.«

Viele Bilder sind schnelle Skizzen mit Bleistift oder Tinte, andere sind Aquarelle oder Buntstiftzeichnungen. Sie hat mir seit Jahren keine Arbeiten mehr gezeigt, obwohl ich immer wieder gefragt habe. Aber sie ist so gut geworden. Unglaublich sogar.

Die Bilder sind auch nicht alle von mir. Es gibt Dutzende von ihren Händen und ihrem wunderschönen Gesicht, den großen Augen, den langen Beinen, von Siennas kompliziert geflochtenen Zöpfen, vom auf brechenden Wellen surfenden Rainn. Eine Menge von anderen Mitschülern aus verschiedenen Kursen. Ihr Zimmer, ihr Garten. Das ist ihre Welt. Aber es ist nicht zu leugnen, ich stehe im Mittelpunkt. So viele kleine Augenblicke unserer Freundschaft.

Sie blättert noch einmal um.

Mein Blick tanzt über das Bild, mein Herz schlägt heftiger gegen die Rippen.

Auf der Zeichnung sind zwei Menschen am Strand, diesem Strand, das sieht man an den Eukalyptusbäumen am Bildrand. Die beiden Menschen halten einander, als ob sie endlich atmen können. Als ob sie zu Hause sind.

Auf all den anderen Skizzen waren Dinge, die um sie herum waren, außen. Aber dieses Bild ist anders. Es ist aus ihrem Inneren. Keine Ahnung, woher ich das weiß, aber es ist deutlich, dass sie es mit einer gewissen Zärtlichkeit gezeichnet hat. Mit Gefühl.

Ich kann weder den Blick davon losreißen noch die Bewunderung aus meiner Stimme raushalten, als ich sage: »Das sind wir.«

»Das ist mein Lion Letter. Mein echter Lion Letter.«

Ich schaue schließlich zu ihr auf, sie beobachtet mich gespannt.

»Ich hoffe, es ist klar, warum …« Sie spricht nicht weiter.

Und das ist es. Aber ich bin ein Arsch, der sie dazu zwingen will, es auszusprechen. Je länger ich nichts sage, desto nervöser verknotet sie ihre Hände.

»Ich bin so verliebt in dich. Es ist, als ob … ich nichts täte, außer dich zu lieben.«

Ich grinse.

Ich lege das Skizzenbuch hin, knipse die Lampe aus und ziehe sie an mich. Ihre Lippen finde ich im Dunkeln. Natalia ist die Einzige, die in mich hineinschauen kann und den unsicheren Nerd sieht. Ich bin nur ganz ich selbst, wenn ich mit ihr zusammen bin.

Irgendwie liebt sie diesen Typen aber.

Jeder Gedanke ist gelöscht, sobald unsere Münder aufeinandertreffen. Wir sind wie im Rausch. Keuchen. Gott, ich liebe sie. Dieses Gefühl ist mit nichts zu vergleichen, was ich je empfunden habe. Das ist der verdammte Himmel, goldene Vollkommenheit und endlich, endlich ist das hier Wirklichkeit geworden. Ich bin hier. Sie ist hier. Auf meinem Schoß, vor mir. Ihre Finger in meinen Haaren, meine Hände an ihren Hüften.

Sie zupft an meinem Pulli, ich zerre ihn zusammen mit dem T-Shirt über den Kopf. Es ist kalt, aber das bemerke ich kaum, weil meine Haut glutheiß ist. Sie zieht ihren Pullover auch aus, die langen Haare fallen über die nackten Schultern.

Das Gefühl ist genau dasselbe wie nach dem Prom-Ball, aber alles hat sich verändert. Mit den Fingerspitzen streiche ich über ihren Rücken, eine Berührung, die ihr Gänsehaut macht. Sie schließt die Augen und das finde ich wunderbar.

»Du bist so schön. Ich kann nicht …«

Der Satz wird nicht beendet, ihr Mund ist wieder auf meinem. Mein Lachen trifft auf ihre Lippen – und zum ersten Mal in meinem ganzen Leben habe ich das Gefühl, genau da zu sein, wo ich hingehöre. Wir küssen uns, als würde uns die Zeit davonlaufen. Und so ist es wohl auch.

Ich ziehe sie fester an mich, küsse sie intensiver. Sie reagiert darauf, ich spüre ihre Nägel auf meinem Rücken.

Oh mein … Gott.

Ich weiß nicht genau, wie viel Zeit vergangen ist, denn ich gebe auf. Ich bin weg. Versunken. Wir sind in unserer Schneekugel, im Duft von Jasminshampoo und Seeluft, unsere Atemgeräusche sind schnell und stockend.

Nach einer Weile rückt sie ganz sanft von mir ab, wir keuchen beide.

Sie kneift die Augen zu, wie es ihre Gewohnheit ist, wenn sie nachdenkt. »Okay, ich weiß, es ist komisch, aber ... aber nur weil du es schon getan hast, heißt das nicht, dass ich mein erstes Mal bei einer Schulveranstaltung erleben will. Ganz gleich, wie sehr ich es will oder wie heiß du gerade aussiehst.«

Ich muss ein paarmal blinzeln, weil mein Gehirn irgendwie nicht richtig funktioniert. Das Blut ist offenbar ... irgendwo anders hingeflossen. Ich setze mich auf. »Das ist nicht komisch. Wenn wir nicht drüber reden können, sollten wir es wahrscheinlich nicht tun.«

Sie nickt und streicht sich die Haare glatt, die ganz schön durcheinandergeraten sind. Was wohl an mir liegt. Tolles Gefühl, ehrlich gesagt.

Aber dann wird mir klar, was sie da gerade gesagt hat, und ich frage: »Was meinst du damit, dass ich es getan habe?«

Sie beißt sich auf die Lippe. »Na, du und Claire ... oder?«

Was? Hoffentlich sieht sie mir an, wie entsetzt ich bin. »Oh Gott, nein. Nicht im Entferntesten. Technisch gesehen bin ich immer noch Jungfrau«, sage ich. Mir wird ganz heiß.

Sie schweigt eine ganze Weile. »Ist das dein Ernst?«

»Ich muss es doch wissen.«

Sie bläht die Nüstern. »Dann soll ihr das Karma lieber mal kräftig in den Arsch treten – oder ich mach's selbst.«

Ich lächele und streiche über ihr Haar und nehme mir einen Moment, um auf mich wirken zu lassen, wie gut es sich anfühlt, wenn sie sich an mich schmiegt. Mein Grinsen entgeht ihr nicht.

»Was?«, sagt sie.

Ich zucke mit den Schultern. »Du findest mich heiß.«

Sie verdreht die Augen. »Nein, tu ich nicht.«

»Du hast ungefähr tausend Bilder von mir gemalt«, sage ich.

Sie drückt ihr Gesicht an meinen Hals, als wollte sie sich verstecken. »Nein, hab ich nicht.«

»Du wirst rot.«

»Du kannst mich gar nicht sehen«, grummelt sie.

»Muss ich auch nicht.«

Sie lacht, dieses hohe, mädchenhafte Kichern. Sofort hält sie sich den Mund zu, weil das zu laut war für den stillen Campingplatz. Noch nie hat sie sich so leicht angehört. So glücklich. Dass ich was damit zu tun habe, lässt mich überschäumen vor Glück.

»Ich hasse dich«, sagt sie leise.

»Du liebst mich.«

Und dann, im schwachen Schein des Mondes, treffen sich unsere Blicke und unsere Lippen wollen gerade wieder zueinanderfinden, als ganz in der Nähe der Reißverschluss von einem Zelt aufgemacht wird. Wir erstarren beide.

»Hoffentlich ist niemand aus seinem Zelt gekommen«, sagt Mr Beckett, der ziemlich erschöpft klingt. »Und keiner ist in einem Zelt, in das er nicht gehört.«

»Scheiße«, flüstert sie, ich spüre ihren warmen Atem auf der Brust.

Ich kann hören, wie Mr Beckett aus dem Zelt kriecht, und ich glaube, er ist mit dem Fuß hängen geblieben, denn er flucht leise.

Wenn wir jetzt unsere Shirts überziehen, wird uns das Geraschel verraten. Also bleiben wir liegen, starr wie wilde Tiere im Scheinwerferlicht.

Wo ist Rainn? Er sollte doch Wache halten. Aber ich weiß nicht, wie lange Natalia und ich geredet … und dann nicht geredet haben. Könnte eine Weile gedauert haben. Wahrscheinlich hätten wir uns schon vor einer ganzen Weile mit Rainn und Sienna absprechen müssen.

Wir schauen uns weiter entsetzt an, als das Licht von Mr Becketts

Taschenlampe und seine schweren Schritte direkt auf unser Zelt zukommen. Als ob er es weiß.

Mein Herz hämmert, ich halte sie in den Armen, meine Hände klammern sich an die nackte, feuchte Haut ihres Rückens. Zwischen uns ist kein Spalt, trotzdem ziehe ich sie näher an mich heran.

Wenn wir so erwischt werden, ist Sacramento unsere geringste Sorge. Ihr Vater würde garantiert irgendwas Shakespeare-mäßiges abziehen und wir würden ganz tief in der Scheiße stecken.

Aber nicht mal das kann diesen Augenblick für mich so ganz kaputt machen. Endlich halte ich Natalia in den Armen und das ist einen Rausschmiss aus der Schule wert.

Die Schritte stoppen neben unserem Zelt. Natalia wird ganz starr, ich halte den Atem an.

Auf der anderen Seite des Campingplatzes wird ein Reißverschluss aufgerissen. »He, Mr Beckett!« Rainns Bühnenflüstern hallt durch die Nacht.

»Rainn? Was ist denn?«, fragt Mr Beckett.

»Öh, ich, ähem, hab mir in den Finger geschnitten.«

Mr Beckett seufzt. »Wie denn? Ist es schlimm?« Seine Stimme und Schritte werden leiser, als er über den Platz zu Rainns Zelt stapft.

Natalia atmet aus, ihre Muskeln entspannen sich. Ich hoffe, er hat sich nicht wirklich geschnitten, um uns den Arsch zu retten. Aber wir schulden ihm was. Ernsthaft.

Unsere Freunde und Freundinnen haben heute Nacht echt was für uns getan.

Ich bin nicht so allein, wie ich immer dachte.

Natalia und ich bleiben still liegen, während wir darauf warten, dass Mr Beckett zu seinem Zelt zurückgeht. Ich streichele ihr den

Rücken und sie gluckst glücklich. Eng umschlungen liegen wir da und ich fühle mich zutiefst entspannt. Ich küsse sie ganz leicht und bin fasziniert davon, dass ich das tun kann. Fasziniert, wie albern sie lächelt, wenn ich das tue.

Ganz egal welche Veränderungen morgen für uns kommen, diese Nacht wird uns bleiben.

36

Natalia

Senior Sunrise, 0:23 Uhr

Wir sind dann wohl eingeschlafen.

Draußen ist es noch dunkel, als ich die Augen aufmache, und ich höre Stimmen, also ist ganz bestimmt noch nicht Sonnenaufgang. Was immer Rainn und Sienna abgezogen haben, wir schulden ihnen was.

Ich habe mich an Ethan geschmiegt, sein Gesicht wirkt entspannt und verschlafen. Er hat sich überhaupt nicht gerührt, von seinen Armen umschlungen liege ich noch immer an seiner nackten Brust. Allzu deutlich merke ich, wie wir aneinanderkleben, Haut an Haut, und das macht mich verlegen. Im Laufe der Jahre bin ich zahllose Male bei ihm zu Hause aufgewacht, nach durchlernten Nächten und Übernachtungen mit Freunden und Freundinnen. Aber nie in seinen Armen. Es ist perfekt, ich könnte mich wirklich dran gewöhnen.

Doch meine Gedanken verfinstern sich, als mir klar wird, was ich getan habe. Was ich mit meiner Nachricht an Mom in Bewegung gesetzt habe. Ich habe mir ihre Antworten darauf nicht angesehen und habe keine Ahnung, was sie denkt oder plant. Ich weiß nur, dass ich mit ihr und meinem Dad reden muss. Ich muss mir sicher sein, dass ich die richtige Entscheidung für mich treffe. Nicht für sie, Ethan oder sonst wen. Nur für mich.

Ich versuche aufzustehen, ohne Ethan zu wecken, aber er regt sich schon, als ich mich aufrichte. Ich ziehe Shirt und Pullover an und sehe mit einem nervösen Ziehen im Bauch, wie seine Lider zucken und er die Augen aufschlägt. Was, wenn es ihm leidtut, dass wir uns gegenseitig das Herz ausgeschüttet haben? Wir waren beide immer so vorsichtig mit unserer Freundschaft – und jetzt ist das für immer verloren.

Er blinzelt ein paarmal, gewöhnt sich an die Dunkelheit, und als sich unsere Blicke begegnen, lächelt er so, dass mir ganz warm wird. Ich habe das Gefühl, fliegen zu können.

»He, du«, sagt er.

Das ist meine liebste Ethan-Stimme. Rau und verschlafen. Sofort kriege ich Lust, ihn überall zu küssen, aber ich widerstehe. Irgendwie.

»Wie spät ist es?«

Im Dunkeln taste ich nach meinem Handy, das ich nie zurückgelegt habe. »Halb eins«, flüstere ich.

Ich rufe die Nachrichten auf, die mir entgangen sind, und mein Herz schlägt schneller, als ich die letzte Mitteilung lese. »Ethan. Deine Mutter hat mir eben geschrieben.«

Ich reiche ihm das Handy und presse die Lippen auf seine nackte Schulter, während er liest.

Hi Natalia. Ich weiß, ihr seid auf eurem Senior Sunrise, aber falls du das hier siehst, ehe ich Ethan erreiche, sag ihm bitte, dass er mich anrufen soll. Egal wie spät es ist. Ich muss wissen, dass es ihm gut geht. Danke.

Ethan reibt sich das mittlerweile stoppelige Kinn. »Wahrscheinlich sollte ich …« Er lässt den Satz ins Leere laufen.

»Ja. Soll ich gehen, damit du deine Ruhe hast?« In der Ferne höre ich Geflüster aus anderen Zelten. Da sind noch mehr Leute auf.

»Und vielleicht eine Unterkühlung kriegen?« Er zieht die Augenbraue hoch. »Kommt nicht infrage.«

Ich rücke näher an ihn heran, weil ich heraushöre, was er wirklich meint: Er braucht moralische Unterstützung.

Sie nimmt beim ersten Klingeln ab.

»Ethan?« Auf dem Zeltplatz ist es so leise, dass ich ihre Stimme deutlich hören kann, obwohl Ethan das Handy ans Ohr presst. Sie klingt müde, hat aber wohl noch nicht geschlafen.

»Hey, Mom.«

»Hast du es gesehen?«

Er sagt Ja.

Ihre Stimme ist tränenschwer. »Es tut mir so leid. Wie kommst du zurecht?«

Ethan drückt meine Hand. Ich reibe ihm kleine Kreise auf den Rücken. »Mach dir um mich keine Sorgen. Tut mir leid, dass du es auf diese Art rausgefunden hast.«

Sie schweigt eine Weile, dann sagt sie: »Ethan, ich hab es gewusst.«

Über seine Schulter hinweg guckt Ethan mich mit großen Augen an. Ich bin sicher, meine sind genauso groß.

»Was?«, sagt er.

Sie seufzt tief. »Dein Dad ist kein besonders toller Schauspieler, egal was die Leute sagen.«

Ethan fährt sich mit der Hand durch die Haare. »Wow … ich … ich hab es auch gewusst.«

Dann erzählt er seiner Mutter alles, von den Textnachrichten und den Monaten der Geheimhaltung. Ich merke, wie sich die unsichtbaren Fesseln um ihn immer mehr lösen, mit jedem Wort. Seine Mom beruhigt ihn, gibt ihm Rückhalt und macht mir wieder einmal klar, wie Ethan so … Ethan bleiben konnte, trotz des ganzen Promiwahns.

»Und was ist mit Adam? Glaubst du, er wird einen Rückfall haben?«, fragt Ethan.

»Oh, Schatz, nein, nein. Er hat es auch gewusst. Dein Vater ist alles andere als diskret. Wir haben dir nichts gesagt, weil wir dich beschützen wollten.«

»Ich dachte, ich würde euch beschützen«, sagt er mit einer kleinlauten Stimme, die neue Tränen bringt – bei ihr und ein paar auch bei mir.

»Wir hätten einander wohl weniger beschützen und ein bisschen mehr miteinander reden sollen«, sagt sie.

Ethan sitzt verblüfft schweigend da, während sie ihn auf den letzten Stand der Dinge bringt. Es fühlt sich … bedeutend an, dabei zu sein, bei so einem privaten Gespräch. Aber Ethan gibt mir nie das Gefühl zu stören. Während sie reden, achtet er darauf, dass wir uns immer irgendwie berühren. So als wäre er nicht nur mein Anker, sondern ich auch seiner.

Als die beiden das Gespräch beenden, wirkt er befreit.

»Alles, was mich so gestresst hat, wussten sie schon.« Er lacht ein bisschen.

Ich drücke ihn. Wie schön, dass er diese Last los ist. Ich bin dankbar dafür.

Wir reden eine Weile über seinen Bruder, der bald zu Besuch kommt, und über die Pressestrategie seiner Mutter, die die Privatsphäre der Familie so gut wie möglich wahren will. Und wir reden darüber, wie wütend, enttäuscht, gedemütigt und hintergangen Ethan sich fühlt, weil sein Vater so ein Arschloch ist.

»Das werde ich ihm nie verzeihen. Schon gar nicht, was er mit dir gemacht hat«, sagt er mit Wut in der Stimme.

Wir liegen nebeneinander, sehen uns an, ich habe mein Bein über seines geschoben.

»Nie ist eine lange Zeit«, murmele ich.

»Nicht lange genug. Er hat es so was von versaut.« Sein harter Ton wird gleich wieder sanfter, als er sagt: »Es tut mir leid, dass du all das allein durchstehen musstest, Talia.«

Wieder wollen Tränen rollen. So schmerzhaft es auch ist, es tut gut, dass wir jetzt drüber reden können.

Er hält mich in den Armen und drückt die Nase in meine Haare. »Ich glaube, wir sollten uns überlegen, wie wir wieder in die richtigen Zelte kommen.«

Ich nicke.

»Oder …« Er zieht mich an sich und küsst mich.

Eine Weile liegen wir eng umschlugen da und es braucht ein paar Anläufe, bis wir uns erfolgreich entwirren können.

»Ich brauche übrigens deine Hilfe«, sage ich, bevor wir uns wieder voneinander ablenken lassen können. »Ich habe eine Idee.«

Seine Augenbrauen schießen in die Höhe.

»Aber dafür müssen wir noch ein paar Regeln mehr brechen.«

»Du hast dich schon an den Briefen zu schaffen gemacht, ein Handy geklaut und einen Kerl in dein Zelt gelassen, obwohl ›das Fraternisieren auf einem Schulausflug entsprechende Strafen nach sich zieht, eingeschlossen – aber nicht begrenzt auf – einen Schulverweis‹. Wer bist du eigentlich?«, fragt er grinsend.

Ich schaue ihn lange an. »Du hast doch nicht etwa die Schulordnung auswendig gelernt?«

Er versucht, seinen Gesichtsausdruck zu wahren, aber selbst in dunkler Nacht merke ich, wenn er rot wird. »Kann sein, dass ich diesem Abschnitt vor unserem Ausflug besondere Aufmerksamkeit gewidmet habe. Es gab … Gründe.«

Ich gebe ihm einen Klaps, meine es aber nicht ernst. Ich liebe diesen Nerd so sehr.

»Was ist das für eine Idee?«

Ich erzähle es ihm, und obwohl ernsthaftes Herumschleichen erforderlich ist, damit es klappt, und wir irre Schwierigkeiten kriegen könnten, grinst er wieder. Ich kann mich nicht daran erinnern, dass Ethan je so viel gelächelt hat.

Ich schlüpfe in die Schuhe und mache ganz vorsichtig das Zelt auf. Dann klettern wir raus und schleichen an anderen Zelten vorbei, überall unterhalten sich Leute flüsternd. Fast jeder ist noch wach, mit Ausnahme der Lehrer, in deren Zelten es still ist. Nur Mr Beckett schnarcht.

Ethan und ich laufen zum Parkplatz und steigen in sein Auto. Der Vorteil von diesem albernen Ding ist, dass es echt leise ist. In Kriechgeschwindigkeit verlassen wir den Zeltplatz und biegen auf die Hauptstraße ab.

Ich schaue ihn an beim Fahren. Die kleine Schneekugel zu verlassen, die wir uns am Strand und im Zelt geschaffen haben, macht mich irgendwie orientierungslos.

Aber als ich mein Skizzenbuch mit Ethan durchgeblättert habe, ging mir auf, was ich für den Jahrgang tun könnte. Nach allem, was wir gestern durchgemacht haben, ist es das Risiko wert.

Wir kommen bei mir zu Hause an und müssen nicht mehr leise sein. Mom ist in ihrer Wohnung und Dad kommt erst morgen von seiner Tagung zurück. Beide wollten wir nicht mitansehen, wie Mom die Sachen verlädt, die wir mal geteilt haben.

Ich schließe die Tür des dunklen Hauses auf und Ethan folgt mir nach drinnen. Wir müssen schnell sein. Ich weiß genau, was ich brauche und wo es ist. In maximal zwanzig Minuten sollten wir wieder im Auto sitzen und auf dem Weg zurück zum Zeltplatz sein.

Ethan geht mit mir in mein Zimmer. Ich schalte die Lichterkette an, nicht die Deckenbeleuchtung. Er lässt sich auf mein Bett fallen, während ich die große Kiste mit meinen alten Skizzenbüchern hervorzerre. Ich blättere sie durch und lege die wichtigen zu einem kleinen Stapel zusammen. Nach ein paar langen Minuten des Rumwühlens und Ordnens habe ich, was ich brauche.

»Okay, fertig!«, sage ich.

Doch Ethan rührt sich nicht. Er hat sich in meine Bilder vertieft, die überall an den Wänden hängen.

Darunter sind einige abstrakte Gemälde, auf diesen Stil greife ich zurück, wenn ich meine »Launen« habe. Die Bilder in meinem Kopf sehen oft so aus – fließende Farben, die keine feste Form annehmen, aber Gefühle und Orte heraufbeschwören.

Diese Arbeiten schaut er sich eine Zeit lang an, dann geht er weiter zu den Portraits. Ich weiß, dass er sich die schon angesehen hat, denn er hat mich mal im Scherz gefragt, warum ich ihn nie male. Die Antwort kennt er jetzt.

Dann schaut er sich die wenigen Aquarelle an, die ich gemacht habe. Ich liebe Wasserfarben, greife aber nur zu ihnen, wenn ich sanfter gestimmt bin. Wenn ich mich sicher fühle, geliebt oder glücklich. All das kommt bei mir selten vor. Vor allem nicht in den letzten Jahren.

»Talia, du bist echt begabt.« In seinem Ton liegt eine gewisse Traurigkeit, die ich nicht verstehe. »Wenn du dich an der Liberty nicht mehr wohlfühlst wegen … allem, solltest du irgendwo hingehen, wo du so was machen kannst. Das hier musst du machen.«

Ich versuche meine Arbeiten mit seinen Augen zu sehen, weniger streng mit mir zu sein – und … er hat recht. Sie sind gut. Dass er mich versteht, sollte mich nicht so verblüffen. Das war schon immer so, aber jetzt hat das eine andere Bedeutung, weil er es sehen will, obwohl ich deshalb weggehen könnte.

Ich schlinge die Arme von hinten um ihn und presse die Wange an seine Schulterblätter. »Danke. Ich habe auch schon gedacht, das hier ist vielleicht größer als die Liberty.«

Ich glaube, ich habe mir die Liberty aus den gleichen Gründen ausgeredet, wie ich mir Ethan ausgeredet habe. Weil ich Angst habe, dass es mir doch nur wieder weggenommen wird. Es ist viel leichter zurückzuweisen, statt zurückgewiesen zu werden. Aber leichter heißt nicht immer besser.

Ganz gleich, was erbärmliche Männer wie Mr Forrester sagen, ich verdiene es, an der Liberty zu sein. Ich verdiene einen Platz im Kunstkurs bei einer anerkannten Künstlerin wie Ms Aucoin. Ich verdiene jede Chance, für die meine Eltern Opfer gebracht und in die sie investiert haben. Und ich habe das Recht verdient, in mich selbst zu investieren.

Er löst sich aus meiner Umarmung und sieht mich an. »Was meinst du damit?«

Ich hocke mich auf die Bettkante und er setzt sich neben mich.

»Ich weiß nicht«, sage ich, »ich hab nachgedacht über das, was du gesagt hast. Dass ich letzten Endes für mich selbst entscheiden muss. Denn … ich will auf die Kunsthochschule«, sage ich. Laut. Und deutlich.

Er wirkt kein bisschen geschockt.

Ich rede weiter. »Seit Jahren will ich das schon. Und immerzu wird uns gesagt, wir sollen auf unser Bauchgefühl hören, oder? Wir sollen auf unsere Intuition vertrauen. Aber ich wusste nie, wie das gehen soll, weil meine Angst mich immer mit falschen Informationen gefüttert und mir eingeredet hat, dass ich ständig in Gefahr bin. Wie soll man sich da selbst vertrauen?«

Ich sehe mir die Arbeiten an der Wand noch mal genau an. Keine ist perfekt. Und ich auch nicht.

Ich fahre fort. »Mein Vater flippt aus, wenn ich ihm sage, dass ich Kunst studieren will. Ich dachte mir, wenn ich mit meiner Mutter nach Sacramento ziehe und sie sieht, dass ich da richtig gut bin im Kunstunterricht, hilft sie mir vielleicht, ihn zu überzeugen. Und dann wäre das kein Problem mehr.«

Ich schaue auf meine Hände. »Aber ich glaube, ich hab versucht mich davon zu überzeugen, dass es das Beste ist, weil ich mich nicht mit all dem auseinandersetzen wollte, das am Hierbleiben so schwer ist. Sie zu vermissen, bei meinem Vater zu wohnen, mit meinen Fehlern zu leben.

Aber ist es das wirklich wert? Mir würde mein letztes Jahr in meiner Heimatstadt entgehen, in meiner Schule, mit allen, die mir was bedeuten, nur weil ich Angst vor einem Gespräch mit meinen Eltern habe, das wir sowieso irgendwann führen müssen. Ich habe Angst, ja, aber wenn ich jedes Mal weglaufe, werde ich ewig rennen. Ich muss es versuchen. Ich muss mir vertrauen.«

Ethan strahlt, als er mich in die Arme nimmt.

»Wusstest du, dass eine Welle, die nicht von irgendetwas gebrochen wird, das Potenzial hat, ein ganzes Meer zu durchqueren?«, fragt er.

Und ich weiß, was er mir sagen will, und mein Herz ist ganz voll.

»Welche Entscheidung du auch immer triffst, ich vertraue dir. Wir kriegen das hin«, sagt er.

Meine Augen werden feucht. »Wirklich?«

Er sieht mich verständnisvoll an und ganz sanft. »Drei Stunden sind gar nichts. Stell dir vor, wie viele Hörbücher ich mir auf so einer Fahrt reinziehen könnte.«

Drei Stunden sind *nicht* nichts, aber ich finde es trotzdem wunderbar, dass er es sagt.

»Und wenn das mit uns nicht funktioniert?«, flüstere ich.

Er streicht mit dem Finger über mein Kinn. »Und wenn es funktioniert?«

Ich sehe ihn an, mein Herz schlägt wie wild. Das ist der Freund, der mich sieht, wenn ich das Schlimmste von mir zeige. Der weiß, dass meine Gedanken herumwirbeln wie in einem Tornado und mich immer wieder daran hindern, dem zu vertrauen, was ich fühle oder denke. Er hält trotzdem zu mir. Fordert mich. Macht mir Mut, mir selbst zu vertrauen.

Mit ihm bin ich die beste und die wahrhaftigste Version meiner selbst.

In einem Tag haben wir uns durch das Chaos unserer verletzten Gefühle zueinander zurückgekämpft und die Mauer unserer Geheimnisse durchbrochen. Wir können alles schaffen.

Ich ziehe ihn an mich und küsse ihn. Heftig. Und dann ist es so leicht, aufs Bett zurückzusinken, die weichen Decken sind so viel angenehmer als der kalte Zeltboden. Ich weiß, wir müssen zurück zum Campingplatz, aber zum ersten Mal seit Menschengedenken ist mir ganz egal, ob ich Ärger kriege oder irgendwen enttäusche. Das hier ist wichtiger. Das hier ist mein Leben.

Im Schein der Lichterkette, während wir reden, uns umarmen, küssen und lachen, landen unsere Klamotten auf dem Boden. Ich bin so dankbar, dass er uns in der Prom-Nacht gestoppt hat. Der Pakt hätte uns zu etwas gedrängt, für das wir nicht bereit waren, und unsere Freundschaft beendet. Beinahe wäre es so gekommen.

Und jetzt muss ich meine Gefühle für ihn nicht zurückhalten oder beherrschen, denn Scham, Fragen oder Angst gibt es nicht. Ethan streicht mir zärtlich über die Hüfte, ich spüre seinen Atem an meinem Hals. Mein Haar auf seinem Kissen, seine großen Finger greifen meine. Unsere Blicke verschmelzen und ich sage ihm, dass ich mir sicher bin. Und das bin ich.

Ich bin sicher, dass ich mich nie sicherer gefühlt habe, nie glücklicher gewesen bin. Ich bin sicher, dass mein wildes Herz ihm gehört. Und dass es immer so gewesen ist.

Denn zusammen sind wir wie ein Aquarell.

37

Ethan

Senior Sunrise, 5:44 Uhr

Irgendwie – weil wir Glück haben oder unsere Freunde und Freundinnen auf uns achtgeben oder Waluigi uns ein gutes Vorbild ist – haben Natalia und ich es vor einer Stunde geschafft, unbemerkt auf den Campingplatz zurückzuschleichen.

Mein Hirn braucht eine ganze Weile, bis es all das aufgenommen hat, was geschehen ist. Im Weltraum sind astronomische Objekte schon lange vor dem Aufprall auf Kollisionskurs. Dasselbe gilt für Natalia und mich. Erst haben wir auf gegenüberliegenden Seiten des verdammten Universums herumgelungert, um dann zum vorgesehenen Zeitpunkt zusammenzukrachen. Genau wie auf ihrem Bild. Alle sagen, dass beim Senior Sunrise krasse Sachen passieren, aber so was …

Es ist immer noch dunkel, als wir aus den richtigen Zelten kriechen, so als hätten wir die ganze Nacht dort verbracht. Sienna mustert uns, mit den Händen auf den Hüften.

»Waren meine Berechnungen korrekt?«, fragt sie Natalia, die einen Blick in meine Richtung wirft und rot wird.

»Ich fahr ganz bestimmt nach Vegas mit dir, wenn wir alt genug sind«, sagt Natalia.

Sienna grinst. So was von selbstgefällig. Rainn hängt am Rand rum. Er schaut Natalia ein bisschen zu lange an. Ich gehe zu ihm rüber.

Er ist der treue Freund, ganz wie er im Buche steht. Ein Freund, wie ihn sich jeder nur wünschen kann: selbstlos, großzügig und verständnisvoll. Er hat mir kein schlechtes Gewissen mehr gemacht, seit er begriffen hat, was läuft. Dabei hat er gestern noch den Arm um sie gelegt.

»Geht's?«, frage ich.

Rainn nickt bestätigend. »Ja. Alles gut.«

»Du kannst mich noch mal vermöbeln, wenn du willst«, biete ich ihm an.

»Nee. Aber vergiss nicht, dass ich's kann.«

Ich lege die Hand auf die Rippen und stöhne dramatisch. »Wie könnte ich.«

Er lacht ein bisschen.

»Ernsthaft, Alter, du darfst mich hassen. Hab ich total verdient.«

Er macht ein Gesicht, als würde er es erwägen, dann schnalzt er abfällig mit der Zunge. »Ich kann nicht wütend aufs Meer sein, weil es Wellen schlägt. Ich bin Surfer.«

Ich lege den Arm um ihn, damit er weiß, dass ich kapiere, was er für mich getan hat. Gestern habe ich Rainn gehasst. Ich konnte ihn und Natalia nicht zusammen sehen und mich für sie freuen. Was er tut, würde ich nicht über mich bringen. Er ist so viel besser als ich. Und ich bin so verdammt dankbar dafür, dass er mein Freund ist.

Ein riesiger Tisch ist zum Frühstück gedeckt. Zum Glück hat jemand anders aus dem Schülerparlament diese Aufgabe übernommen. Dennoch wirft Natalia einen prüfenden Blick auf das Ganze, schaut sich unauffällig um und arrangiert die Kaffeebecher neu. Sie kann einfach nicht anders.

Ich bin so aufgedreht, als hätte ich Natalia im Blut. Kaffee brauche ich überhaupt nicht. Aber ich verschlinge schnell zwei Zimtschnecken. Nach der dritten muss ich gähnen.

»War's 'ne lange Nacht?«, fragt Natalia über den Rand ihrer Kaffeetasse hinweg.

Wieder grinse ich. Heute Morgen lächele ich so viel, dass mir echt die Backen wehtun.

Ich streiche über ihre Wange und schiebe ihr eine Haarsträhne hinters Ohr. »Die beste Nacht«, sage ich.

Die Erinnerung blitzt zwischen uns auf. Das Schimmern der Lichter, unsere Herzen, Hände überall. Haut bis in die Ewigkeit. Gott, es war perfekt.

Die Lehrkräfte verkünden, dass wir nur noch zwanzig Minuten bis Sonnenaufgang haben, und Natalia kriegt diesen entschlossenen Gesichtsausdruck.

Ihre Überraschung steht uns noch bevor.

Hand in Hand gehen wir mit der Gruppe an den Strand. Ich spüre, wie sich Claires Blick in meinen Rücken bohrt, aber besonders geschockt ist sie nicht. Rainn hatte schon recht, Natalia und ich waren unvermeidlich und das haben alle gewusst. Zum Glück sind wir auch endlich draufgekommen.

Wir gehen ans Wasser und versammeln uns dort alle ein letztes Mal. Der Nebel ist dabei sich zu verziehen, das verheißt einen klaren Himmel für den Sonnenaufgang. Im Moment herrscht das diesige dunkle Blau, das dem Sonnenaufgang vorausgeht.

Die Kiste steht noch immer da, wo wir sie hingestellt haben, kurz bevor wir in unsere Zelte gekrochen sind. Wir haben sie neben der Feuerschale abgesetzt, als wir zurückkamen, damit sie uns als Ausrede dienen konnte, falls wir draußen erwischt wurden. Ms Mercer sieht sich um und merkt, dass sie die Flasche mit den Lion Letters vergessen hat. Ich sehe Natalias Gesicht. Mit einem Husten überspiele ich mein Lachen.

Schnell rücken wir alle ans Feuer, das Ms Mercer angezündet hat, und warten, dass sie mit der Glasflasche zurückkommt.

Natalia steht auf. »Hey, Leute, ich hatte gehofft, mit euch reden zu können.«

Mit freundlichen Blicken wird sie nicht empfangen. Der ganze Jahrgang ist offensichtlich immer noch wütend auf sie, viele starren ins Feuer oder aufs Wasser hinter ihr. Das Schweigen ist angespannt.

Natalia strafft die Schultern und tut, was Natalia am besten kann: Sie führt. »Ich wollte, dass ihr alle wisst, welche Ehre es war, euch in den letzten Jahren als Präsidentin zu dienen. Ich wollte für uns immer nur alles perfekt machen.

Aber Perfektion ist unmöglich. Und um eine gute Führerin zu sein, braucht man mehr als Donuts und Plakate. Man muss vertrauenswürdig sein. In dem Punkt habe ich versagt. Wegen mir sind einige eurer persönlichen Briefe abhandengekommen und laut vorgelesen worden.«

Unsere Blicke begegnen sich, als sie sich ein paar lose Haarsträhnen hinters Ohr streicht. Mein Herz macht tatsächlich einen kleinen Satz.

Sie sieht jede und jeden Einzelnen an. »Es tut mir leid. Dass ich mit euren Briefen, euren Geheimnissen so nachlässig umgegangen bin. Ich verspreche euch, ich habe sie nicht gelesen. Ich akzeptiere die Folgen, auch wenn das bedeutet, dass ich nicht mehr die Präsidentin des Schülerparlamentes der Liberty sein kann. Ich weiß, das ändert auch nichts, aber ich will meinen echten Lion Letter mit euch allen teilen. Denn wenn ich mutiger wäre, würde ich meine Kunst nie wieder verstecken.«

Das scheint bei einige Leuten Interesse zu wecken. Sie holt ihre

Skizzenbücher aus der Kiste und findet die Seiten, die sie letzte Nacht rausgerissen hat. Einzelne Blätter überreicht sie bestimmten Leuten. Unsere Hände berühren sich, als sie mir eins gibt – es ist unsere Skizze –, und wir lächeln uns vertraulich an.

Alle gucken irgendwie verwirrt, bis Janelle nach Luft schnappt. »Oh mein Gott, das bin ich!«

Sie zeigt das Blatt herum, damit alle die Zeichnung sehen können, die Natalia letztes Jahr auf dem Schulausflug zur Golden Gate Bridge von ihr gemacht hat. Die Brücke ist hinter Janelle und sie lacht mit geschlossenen Augen. Eine schnelle Skizze, aber das ist ohne jeden Zweifel Janelle.

»Ist das gut! Und du hast das gezeichnet?«

Natalia nickt. »Mir wurde klar, dass ich jeden von euch im Laufe der Jahre irgendwann mal gezeichnet habe. Das mag unheimlich sein, ich weiß, aber das war keine Absicht. So habe ich zeichnen gelernt. Einige Bilder sind besser gelungen als andere, ich lerne immer noch. Aber ich wollte, dass ihr sie bekommt. Damit ihr wisst, dass es okay ist, gesehen zu werden. Ich sehe euch.«

Das Feuer knistert zwischen uns allen, als der Wind durch die Eukalyptusbäume fährt. Das Rascheln der Blätter hört sich an wie strömender Regen. Alle sind still und schauen sich ihre Zeichnungen an.

Plötzlich springt Rainn auf. »Ich muss auch was sagen. Oder eher … vorlesen.« Er räuspert sich und holt ein kleines Stück Papier hervor. »›Wenn ich mutiger wäre, würde ich es mit den großen Wellen aufnehmen.‹«

Moment mal, liest er jetzt auch seinen Lion Letter vor?

»›Die Wellen machen mir Angst. Manchmal habe ich Schiss, mitgerissen zu werden oder vielleicht sogar zu ertrinken. Aber wenn ich mich nicht pushe, werde ich nie besser werden. Ist irgendwie so wie im Leben. In meinem letzten Jahr an der Liberty will ich was wagen. Ich will besser werden beim Surfen, in den Wellen, im Leben. Hauptsächlich will ich besser darin werden, meinen Freunden und Freundinnen zu sagen, dass ich sie liebe.‹«

Er knüllt das Blatt zusammen und wirft es ins Feuer. Alle klatschen. Als er mir schließlich in die Augen schaut, weiß ich nicht, wie ich aussehe. Aber wahrscheinlich bin ich kurz vorm Heulen, er schlägt sich nämlich zweimal mit der Faust an die Brust.

»Jetzt bin ich dran!« Sienna tritt vor, sie zwinkert mir zu.

Und da geht mir ein Licht auf. Die haben das geplant. Diese teuflischen Wunderwesen haben das hier geplant. Jetzt möchte ich wirklich losheulen.

Sie zieht ein Blatt gelbes Schreibpapier aus der Tasche. »Fürs Protokoll, wir haben das hier noch mal neu geschrieben, weil wir uns nicht an dem Glas zu schaffen machen wollten – wie gewisse andere Leute«, zieht sie Natalia auf.

Natalias Augen sind glasig, sie lacht ein bisschen, genau wie ein paar von den anderen. Mein Herz quillt über. Dank Sienna und Rainn könnten die Dinge für uns tatsächlich eine Wende zum Besseren nehmen.

Sienna räuspert sich und legt los: »›Wenn ich mutiger wäre, würde ich meine Wahrheit lauter leben an der Liberty. Ich möchte einen sichereren, inklusiveren Ort für alle und jeden schaffen, der queer ist – oder noch zweifelt. Also werde ich eine Petition bei Rektor Cooper einreichen, damit ein echter LGBTQIA+-Club gegründet wird, der genauso von der Schule finanziert wird wie alle anderen Clubs und nicht von Spenden abhängig ist, die die Schüler:innen aufbringen. Ich werde nicht ruhen, bis wir ein Budget haben, das es mit dem mittlerweile stillgelegten Waluigi-Wertschätzungsclub aufnehmen kann.« Sie grinst mich an und ich lächele hinter vorgehaltener Hand. »Außerdem werde ich die *Variables* zu einem beeindruckenden Sieg über Havenport Prep führen!«

Ich stimme in das allgemeine Juchzen ein. Sie zerknüllt ihr Blatt und wirft es ins Feuer.

Natalia springt auf und schlingt erst die Arme um sie, dann um Rainn. »Danke«, sagt sie mit tränenerstickter Stimme. Offensichtlich hatte sie auch keine Ahnung, dass die beiden so was für uns tun würden.

Sienna zeigt in die Runde. »Wie wir euch gestern Abend schon gesagt haben, können jetzt alle mitmachen, die wollen.« Sie setzt sich neben mir in den Sand. Dankbar lege ich ihr den Arm um die Schultern und drücke sie.

Dann warten wir. Und warten.

Und warten.

Die Wellen rauschen in der Ferne und gelegentlich knackt ein Stück Holz im Feuer, sonst ist es still.

»Na, das ist schlimmer als *Dwarf Fortress*«, flüstert Sienna.

Und das entlockt mir trotz allem ein unterdrücktes Lachen. Ich war so fixiert auf das Drama des vergangenen Tages mit den Briefen, Natalia und meiner Familie, dass ich ganz vergessen habe, wen ich an meiner Seite habe und haben werde, selbst wenn alles andere den Bach runtergeht. *Meine Freunde, meine Freundinnen.*

»Gut. Dann eben ich.«

Alle schauen. Es ist Prashant.

Er nagt an der Lippe, und als er sein Blatt Papier zum Vorlesen hochhält, zittert seine Hand. Er rückt sich die Brille zurecht, im Feuerschein glitzern die Schweißperlen auf seiner Stirn. Eine ganze Weile bleibt er stumm, dabei sieht er sich das Blatt genau an. Dann senkt er es wieder. »Ehrlich gesagt, ich glaube, es wäre sinnvoller, wenn ich … ich …« Er wirft einen nervösen Blick zu

Claire rüber, ehe er die Augen schließt. »›*On the outside looking in …*‹«

Und er singt. Prashant Shukla, der zugeknöpfte Typ aus dem Mathletics-Team singt vor dem ganzen Jahrgang und es klingt … einfach großartig.

»Oh mein Gott, er singt?« Sienna kann es nicht fassen. »Was ist das für ein Lied?«

»Das ist aus dem Musical *Dear Evan Hansen*«, sagt Sara Lui mit feuchten Augen. Dann übernehmen sie und ein paar andere die zweite und dritte Stimme.

Das und die Beifallsjuchzer der Gruppe bringen Leben in Prashant. Er fängt sogar an sich ein bisschen in den Hüften zu wiegen. Ich schaue zu Natalia rüber, die genauso erstaunt wirkt, wie ich es bin.

Am Ende explodiert der Applaus. Noch nie habe ich Prashant so lächeln sehen. Hoffnungsvoll schaut er zu Claire und die ist noch geplätteter als alle anderen. Die Gruppe beruhigt sich und er sagt: »›Wenn ich mutiger wäre, würde ich fürs Frühjahrsmusical vorsingen.‹«

Die Leute von der Theatergruppe brüllen los: »Wehe, wenn nicht!«

Er senkt den Kopf und grinst noch mehr. Dann wirft er seinen Brief ins Feuer und alle jubeln wieder.

Prashants Vorstellung tritt etwas los. Mehr und mehr Leute stehen nacheinander auf. Einige lesen vor, was sie geschrieben haben, andere reden einfach. Entschuldigungen, die von Herzen kommen, Hoffnung, Bedauern. Einiges wirkt leicht, anderes ist so schwer, dass es Tränen gibt. Ganz gleich, zu welcher Gruppe sie gehören, welchen Sport oder was sonst sie treiben, alle machen etwas durch, das ist ganz klar. Ms Mercer, die schon vor einer ganzen Weile zurückgekommen ist, steht am Rand neben Mr Beckett. Sie lächelt übers ganze Gesicht, aber beide wischen sich die Augen.

Über uns tut sich was am Himmel, die Sonne erhebt sich vor unserem letzten gemeinsamen Jahr.

Als Mason aufsteht, verdunkelt er sie beinahe mit seiner massigen Gestalt. Das Feuer wirft einen langen Schatten hinter ihm in den Sand. Er hält ein Blatt Papier in der Hand, doch das zerknüllt er und strafft die Schultern. Während er in die Flammen schaut, sagt er: »Wenn ich mutiger wäre, würde ich in diesem Jahr Siennas Club beitreten.«

Das lässt er ein, zwei, drei lange Sekunden so stehen. Und alle glotzen ihn mit offenem Mund an. Sein Blick bleibt bei Rainn hängen, dann schaut er schnell weg.

Oh.

Als klar wird, dass Mason nicht mehr sagen wird, springen Sienna und Leti auf und umarmen ihn. Er läuft in vier verschiedenen Schattierungen von Rot an. Rainn ebenfalls. Doch er stimmt furios in den Applaus der anderen für Mason ein. Nun ja, den der meisten anderen. Unter den Footballspielern werden definitiv einige unbehagliche Blicke gewechselt, aber das ist mir so was von egal.

Vor diesem Ausflug dachte ich, Mason wäre wie ein Streichquartett. Nicht nur eine Arschgeige, sondern das ganze Quartett. Aber heute ist klar geworden, dass er tatsächlich zu den coolsten, aufrichtigsten Leuten in unserem Jahrgang gehört.

Mir wird ganz warm und schwummerig. Und dann steht Claire auf.

Sie wartet ab, bis alle Blicke auf sie gerichtet sind – in den Jahren auf der Bühne hat sie gelernt, wie man sich Aufmerksamkeit verschafft. »Guten Morgen alle miteinander. Ich wollte nur darauf aufmerksam machen, dass Natalia offensichtlich versucht uns zu manipulieren. Und ich falle nicht darauf rein. Ich schaue mir jetzt den Sonnenaufgang an. Komm schon, Janelle.«

Janelle steht auf. Doch statt Claire zu folgen, wendet sie sich der Gruppe zu – und nagt an der Lippe.

»Janelle, wir gehen«, sagt Claire verärgert.

Plötzlich platzt es aus Janelle heraus: »Ich catfishe Tanner Brown. Darüber hab ich in meinem Lion Letter geschrieben, okay?«

Ich reiße die Augen auf. Ihr Brief war das also, den Tanner gefunden hatte. Der Brief, der bei der Prügelei vernichtet worden ist.

»Jedes Mal, wenn er Nudes will, schicke ich ihm Bilder von haarlosen Katzen. Das macht ihn so sauer«, sagt Janelle. Sie setzt sich hin und vertieft sich wieder in Natalias Zeichnung.

Das muss wohl ihre Version einer Entschuldigung sein. Ich kann das Lachen nicht mal unterdrücken. Es platzt aus mir heraus. Natalia geht es genauso. Und dem Rest auch. Claire stapft davon.

Ms Mercer tritt vor und verkündet: »Es ist so weit.«

Wir führen das Sonnenaufgangsritual durch und übergeben die verbliebenen Briefe den Flammen. Ist ein gutes Gefühl, sie brennen zu sehen, besonders nachdem so viele von uns sich geöffnet haben.

Gähnend erwacht der Horizont, alle verteilen sich am Strand, um aufs Meer hinauszuschauen. Natalia lehnt den Rücken an meine Brust. Ich lege die Arme um sie, während wir in den rosigen Dunst starren.

»Hast du gewusst, dass Gedichte über die Morgendämmerung Aubaden genannt werden? Serenaden wurden als Abendlieder geschrieben, für jemanden, den man liebt. Und Aubaden als Morgengruß«, sage ich.

Janelle kriegt das mit und schüttelt den Kopf. »Okay, Ethanpedia.« Aber das klingt nicht feindselig, eher … kumpelhaft.

Befreundet sind wir auf gar keinen Fall, doch sie scheint mich nicht mehr auf Teufel komm raus verletzen zu wollen. Das ist schon mal was.

Claire kommt wieder anmarschiert, mit meiner Jacke in den Armen. Ich lasse Natalia kurz los.

»Hier.« Claire reicht mir die Jacke.

»Alles okay bei dir?« Ich bin nicht bereit, ihr all die Lügen und den Scheiß zu vergeben, den sie auf diesem Ausflug angerichtet hat. Aber sie ist nicht die Einzige, die Fehler gemacht hat – und irgendwie tut sie mir leid.

Sie schlingt die Arme um ihren Leib. »Ich hab eine Menge Scheiße durchgemacht dieses Jahr. Und … ich weiß, du glaubst mir das jetzt nicht oder so, aber es tut mir leid.«

»Danke«, sage ich.

Tränen steigen ihr in die Augen. »Ich will mit jemandem zusammen sein, der mich so anguckt, wie du sie ansiehst.«

Ich gucke zu Natalia, die echt mies vortäuscht, nicht zu lauschen. »Das wirst du, ganz bestimmt«, sage ich.

Claire winkt mir kurz, dann sucht sie sich einen Platz, um den Sonnenaufgang allein anzuschauen.

Ich gehe zurück zu Natalia und lege ihr die Jacke um die Schultern. Dankbar schiebt sie die Arme in die Ärmel.

»Du bist viel netter als ich«, sagt sie, den Blick auf Claire gerichtet.

»Das ist mir bewusst«, sage ich.

Sie lacht.

Der Himmel hat Streifen in Pink und Lila. Erinnert mich an Natalias Bilder, wie sie Farbe einsetzt, so als wäre jede Leinwand ihr Himmel.

Ich ziehe sie fester an mich, unsicher, wie lange ich sie so halten kann. Sie hat gesagt, sie würde mit ihren Eltern reden. Und ich glaube, sie wird die richtige Entscheidung für sich treffen. Ich weiß, wir schaffen das. Aber ich will jedes Molekül von ihrem Jasminduft, das raue Lachen und die fiesen Blicke aufsaugen, solange ich kann. Sie drückt meine Hand, als würde sie meine Gedanken lesen.

»Ich male dir eine Aubade«, sagt sie leise.

»Ach ja?« Ich grinse.

Sie nickt, ihre Haare kitzeln meinen Hals. »Irgendwas muss ich tun, um das hier einzufangen.«

»Was davon?«

»Alles. Dich. Mich. Diesen Himmel.« Sie dreht sich zu mir um. »Unseren Anfang.«

38

Natalia

Zu Hause, 9:35 Uhr

Auf der Fahrt nach Hause rechne ich damit, haufenweise Textnachrichten von meinen Eltern zu kriegen. Von Mom, die gar nicht erwarten kann, tausend Sachen mit mir in Sacramento zu unternehmen, und mein Zimmer für mich ausräumen will. Oder kalte, wütende Nachrichten von Dad.

Stattdessen schreibt Dad im Familienchat:

Wir reden, wenn du nach Hause kommst. Mom ist schon hier.

Ethan biegt auf unsere Auffahrt ein und parkt. Wir sind allein zu zweit, Hand in Hand.

Ich starre auf dieses verwitterte Haus, das ich liebe, und mein Herz schlägt schneller. Mom wird wirklich gehen. Ich werde wirklich bleiben.

»Soll ich mitkommen?«, fragt er.

Natürlich merkt er, wie nervös ich bin.

Er hat Ringe unter den Augen. Nach der durchgemachten Nacht wird er genauso erschöpft sein wie ich. Ich sollte ihn heimfahren und schlafen lassen, aber ich hätte ihn so gern an meiner Seite bei dem, was kommt.

»Echt jetzt?«

Er küsst mein Handgelenk. »Echt.«

Hand in Hand gehen wir ins Haus. Mom und Dad sitzen am Küchentisch und warten auf mich. Sie begrüßen uns beide herzlich. Dann – im selben Moment – fallen ihre Blicke auf unsere Hände. Die Hitze steigt mir in die Wangen.

Mom überspielt das, indem sie aufsteht und Ethan in den Arm nimmt.

»Ist das schön, dich zu sehen, Ethan«, sagt Mom. »Setzt euch doch, ihr beiden.«

Wir setzen uns an den Tisch. Es könnte komisch sein, dass Ethan bei dieser Sache dabei ist, doch das ist es nicht. Er ist wichtig. Sogar meine Eltern begreifen das. Ihre Blicke sind sanft und besorgt. Vermutlich haben meine Nachrichten sie sensibilisiert. Wurde auch Zeit.

»Was ist los, mija?«, fragt Mom.

Ich hab mit meinen Eltern schon ewig nicht mehr offen über mein Leben geredet. Wir sind drei verschiedene Inseln ohne feste Fährverbindung. Aber das Nichtreden ist vermutlich der Grund dafür, dass wir hier sitzen.

»Als ich dir geschrieben habe, war der Senior Sunrise gerade ziemlich heftig«, beginne ich.

Die Augenbrauen der beiden gehen hoch. Unheimlich, wie ähnlich das bei ihnen aussieht. Dad nickt wissend.

»Es hat so eine Kraft«, sagt er.

Ethan und ich sehen uns an. Ja, das stimmt.

»Ich wollte einfach … irgendwohin, wo ich neu bin. Weg von hier. Weg von mir selbst«, sage ich.

Mom legt die Stirn in Falten. »Du weißt, dass ich dich gern mitnehmen möchte. Der Gedanke, nicht mit dir zu leben …« Sie redet nicht weiter, Tränen steigen ihr in die Augen. »Aber ein Umzug ist nicht der Ausweg, den du dir vorstellst. Du bleibst immer noch du selbst, wo du auch hingehst. Ganz gleich, wie gern ich dich auch bei mir hätte, lass das keine Ausrede sein, um die großartige junge Frau zu verstecken, die du bist.«

»Ich weiß, aber …«

Unterm Tisch drückt Ethan meine Hand und nickt mir ermutigend zu. Dann purzelt der Rest einfach so raus. Alles, was ich den ganzen Sommer für mich behalten habe. Stress und Druck. Die Panikattacken. Dass ich nicht vor die Wahl zwischen ihm und ihr gestellt werden will, so als müsste ich entscheiden, auf wessen Seite ich von nun bis in alle Ewigkeit stehe. Oder welche Seite von mir wichtiger ist.

»Und ich will wieder malen. Ich will meine Kunst nicht mehr verstecken.«

»Ich verstehe nicht, warum du das Gefühl hast, so was tun zu müssen«, sagt Dad ehrlich verwirrt. Irgendwie wirkt er auch verletzt. Plötzlich habe ich Schuldgefühle.

»Also … du hast meinen Kunstkurs gestrichen. Und meine Bilder bezeichnest du immer als ›mein kleines Hobby‹.«

Dad lehnt sich zurück. »Okay, aber nur, weil das auch ein Hobby ist, Natalia. Du hattest nur ein paar Kurse, darüber hinaus hast du dich nie damit beschäftigt. Ich kann nicht deine Gedanken lesen. Ich wusste nicht, dass du dich auch für eine Kunstkarriere interessierst.«

»Ich habe ja nicht mal gewusst, dass es überhaupt eine Option ist.«

Ich denke daran, was Ethan gesagt hat. Dass ich mich selbst unglücklich mache, wenn ich versuche Standards zu erreichen, die nicht in Einklang mit dem sind, was ich bin oder will. Aber wie können meine Eltern wissen, was ich will, wenn ich kaum selbst dahintergekommen bin?

Zum ersten Mal sagt Ethan was: »Haben Sie sich in letzter Zeit mal ihre Arbeiten angesehen? Sie ist unglaublich.«

Ich starre ihn an, die Leinwand in meinem Kopf wird roségold. Es tut fast schon weh, wie sehr ich ihn liebe.

»Das ist sie«, pflichtet Mom ihm bei – mit feuchten Augen.

»Talia«, sagt Dad. »Das ist dein Leben. Du bist fast erwachsen.« Sein leicht argwöhnischer Blick streift Ethan. »Wenn du mit deiner Kunst weitermachen willst, werde ich dich nicht aufhalten. Bedeutet das, dass ich es verstehe oder für eine weise Karriereentscheidung halte? Nein. Du weißt, wie chaotisch meine Kindheit war. Immer habe ich darauf gewartet, dass dein Großvater seinen großen Durchbruch hat mit seiner Kunst. Erst an der Liberty habe ich erfahren, was Stabilität ist. Aber ich liebe dich, was auch kommen mag. Ich will, dass du glücklich bist.«

Ich bekomme einen Kloß im Hals. »Wirklich?«

Seine Augen werden feucht. »Natürlich, Schatz. Du bist meine Tochter.«

Das ist das erste Mal, dass ich das Gefühl bekomme, ebenso seine wie Moms Tochter zu sein. Ich weiß, es wird schwer werden, mich mit den Konsequenzen dieses Tages auseinanderzusetzen. Aber ich weiß auch, dass es das wert sein wird. »Ich will hierbleiben.«

Ethan drückt meine Hand noch fester. Mom nickt, als habe sie genau das erwartet. Sie langt über den Tisch und nimmt meine andere Hand. Wir weinen zusammen.

Noch immer fühlt es sich an, als hätte ich einen Riss im Herzen. So was wie den letzten Knacks vom Auseinanderbrechen unserer Familie. Trotzdem sind sich unsere Inseln näher gekommen. Gestern schien mir diese Entscheidung noch unmöglich, weil ich versucht hatte, es allen anderen recht zu machen. Jetzt weiß ich, dass Hierbleiben für mich die richtige Wahl ist – ebenso wie Weggehen für Mom das Richtige ist.

Später, als sie das Auto packt, fragt Mom mich, wie das mit Ethan passiert ist.

Ich erzähle ihr fast alles. Sie lacht, weil mein Dad dieses Jahr alle Hände voll mit mir zu tun haben wird. Und dann weinen wir. Ihr zu erzählen, wie ich mich verliebt habe, ist nicht so, wie ich es mir vorgestellt hatte. Wir sitzen nicht auf meiner Bettkante. Wir haben es uns nicht in dem Haus gemütlich gemacht, das wir teilen. Aber es ist trotzdem ziemlich perfekt. Denn Liebe ist ihr eigenes Haus. Eines, das ich mir bauen werde.

Lange nachdem Mom weggefahren ist und meine Tränen getrocknet sind, sitzen Ethan und ich im Schatten der Zedern auf der Verandatreppe.

»Du bleibst hier.« Seine Stimme ist leise, der Ton verwundert.

Ich lächele. »Ich bleibe.«

Für meine Kunst. Für mich selbst. Für alle ersten Male mit Ethan und alle letzten an der Liberty.

Er zieht mich an sich, eine seelenbeschwichtigende Umarmung, und streicht mir über den Rücken. Ich ziehe ihn noch näher an mich heran, drücke einen weichen Kuss auf seinen Hals – und er seufzt tief.

Die Zeit rollt dahin. Irgendwann werden wir schlafen und um alles andere kümmern wir uns später.

Erst mal halten wir einander nur in den Armen und atmen. Denn darauf haben wir so lange gewartet.

Wir haben so lange auf uns gewartet.

39

Ethan

Tag der Abschlussfeier

Ich könnte Rainn umbringen.

»Psssst!« Ich halte Rainn den Mund zu.

Natalia guckt uns argwöhnisch an.

Ich zerre ihn weg, bis wir außer Hörweite sind. Sobald ich ihn loslasse, schlägt er nach mir.

»Mann, was soll das?«

»Das ist ein Geheimnis«, zische ich ihm zu.

»Ach, ja. Hatte ich vergessen«, sagt er. Er rückt seinen Hut zurecht. Die grün-goldene Quaste baumelt ihm ins Gesicht, er packt sie, damit das aufhört. »Sie hasst Geheimnisse.«

Ich gucke ihn nur an. »Denkst du, das weiß ich nicht?«

Ich weiß es. Und ich fand, das hier war eine tolle Idee.

Aber jetzt, wo sie auf der Bühne Stühle und Blumen für die Abschlussfeier zurechtrückt, herumnestelt und Prashant Befehle zubellt, der sich eigentlich auf seine Abschlussrede konzentrieren sollte statt auf die Ausrichtung vom Rednerpult, fällt mir wieder ein, dass meine Freundin unter Stress alles verabscheut, was sich ihrer Kontrolle entzieht. Und heute, da alle Augen auf die Liberty gerichtet sind, ist sie gestresst. Ich frage mich, ob die Liberty sie stresst oder der Rest ihres Lebens.

Ich gehe zu ihr und drücke ihre Schultern. »Hey, das wird toll.«

Ein skeptischer Blick aus diesen großen blauen Augen – und schon muss ich an mich halten, damit ich ihr nicht den ganzen roten Lippenstift wegküsse. Ich versuche es trotzdem, sie lehnt sich nach hinten weg, zieht die Augenbraue hoch.

»Du weißt, wie ich Geheimnisse hasse, Ethan.«

Ich seufze, lasse den Kopf hängen. »Es ist kein Geheimnis, sondern eine Überraschung. Und ich verspreche, dass sie dir gefallen wird.«

»Aber wenn es peinlich ist? Wenn ich panisch werde? Und wehe, ich muss im Rampenlicht stehen. Wenn ja, dann ist das dein Ende. Du musst es mir sagen.«

Ob ihr wohl gleich einfach der Kopf abfällt? Sieht fast so aus. Ich drücke ihre Schultern noch mal.

»Okay, okay. Du bist sicher, dass du es hören willst?«, frage ich.

Sie verschränkt die Arme – sie ist eine der wenigen, die ihre grüne Abschlussrobe tatsächlich gebügelt hat – und nickt.

»Kannst du bitte trotzdem total überrascht tun?«

»Ja. Versprochen. Sag's mir einfach, bevor mir der verdammte Kopf platzt.«

»Sie werden eines der Liberty-Lion-Stipendien, für die du mit dem Schülerparlament Mittel beschafft hast, nach dir benennen. Es wird gezielt an Schüler und Schülerinnen vergeben, die Kunst studieren wollen.«

Ihr roter Mund klappt auf.

»Verdammt, das ist genau das Gesicht, das ich auf dieser riesigen Leinwand da drüben sehen wollte.« Ich grinse, denn die Nahaufnahme ist unschlagbar.

»Ethan …«, weiter kommt sie nicht.

Ich halte die Hände hoch. »Das war meine Idee«, sage ich stolz, »aber Prashant und das ganze Schülerparlament haben sich dafür starkgemacht. Es gab eine Schulvorstandssitzung und alles. Du hast es verdient, Talia. Das ist dein Vermächtnis.«

Und so ist es. Das ganze Jahr lang hat sie unermüdlich Spenden eingeworben, weil sie sicherstellen wollte, dass es ein nicht von privaten Gönnern gestiftetes Stipendium gibt. Sie hat ausreichend Mittel beschafft, damit die Finanzierung durch nachhaltiges Crowdfunding über Jahre gesichert bleibt, solange sich das Schülerparlament an Siennas Prognosen und Pläne hält.

Natalia strahlt wie unser Sonnenaufgang.

Ich lasse meine Finger unter die weiten Ärmel gleiten und so kommt es, dass mein ganzes Gesicht beim Schulabschluss mit rotem Lippenstift beschmiert ist. Meine Mutter ist alles andere als begeistert von den Fotos, aber Adam lacht.

Dad ist nicht gekommen.

Wir hatten einen riesigen Streit, als ich ihn mit dem konfrontiert habe, was er mit Natalia gemacht hat. Er hat es abgestritten. Sie paranoid und verrückt genannt. Klassisches Gaslighting. Dann hat er sie beschuldigt, mit *ihm* geflirtet zu haben. Und da reichte es mir. Adam musste mich von ihm runterzerren.

Dann ist er eingeknickt. Seine Lippe war geschwollen und blutig, wo ich ihn getroffen hatte.

»Ich weiß, ich bin ein gebrochener Mann«, sagte er unter Schluchzen.

»Dann werde ein besserer.« Es war eine Bitte. Eine verzweifelte.

Wenig später hat er sich dann in eine therapeutische Einrichtung begeben.

»Ich wünschte, ich könnte bei deiner Abschlussfeier dabei sein, aber ich will es nicht schlimmer machen für dich«, hat er mir bei dem monatlichen Telefongespräch erzählt, zu dem meine Mom mich zwingt.

Ich glaube, er ist einfach nur ein Feigling. Will Mom nicht sehen, sich nicht mit den Blicken und dem Geflüster auseinandersetzen, die ihn überall verfolgen, seit seine Karriere an die Wand gefahren ist. Sofía Sanchez hat in einem Exklusivinterview enthüllt, dass sie sich von ihm am Set bedrängt gefühlt hat. Nach allem, was Natalia mir erzählt hat, glaube ich ihr auch jedes Wort.

Ich bin froh, dass er nicht gekommen ist. Ich wollte nicht, dass Natalia ihm begegnen muss – und ich bin auch noch weit davon entfernt, ihm zu verzeihen. Weiß nicht, ob ich das je tun werde. Ich möchte glauben, dass er wieder zu uns zurückkommen kann. Der Dad sein kann, an den ich mich erinnere. Aber wenn es nie dazu kommt, dann ist das sein Verlust. Es ist sein Job, wieder heil zu machen, was er zerstört hat.

Ich habe Mom, Adam und Natalia, die noch mal völlig aus dem Häuschen war, als das Stipendium bei der Abschlussfeier offiziell angekündigt wurde. Ein so lautes Publikum habe ich wahrscheinlich noch nie dort gehört. Na ja, vielleicht als mein Basketballteam zum zweiten Mal in Folge das Showdown-Spiel gewonnen hat, trotzdem …

»Bin stolz auf dich, E. Wünsch mir immer noch, du würdest nächstes Jahr auf die U Dub kommen«, sagt Adam.

Adam ist jetzt ein ganzes Jahr clean und wird wieder an die Uni gehen. Ich hab dran gedacht, mich auch für die Universität von Washington zu bewerben, damit ich ihn im Auge behalten kann. Aber mir ist klar geworden, dass das nicht meine Aufgabe ist. Ich hab ihn lieb und wir reden immer noch jeden Tag, aber ich kann ihn nicht vor sich selbst schützen. Ich muss mein Leben leben.

Abgesehen davon bin ich absolut fasziniert vom Computer-Science-Programm der UC Berkeley. Ist auch nicht verkehrt, dass Natalia auch in der Bay bleibt. Sie geht ans CCA. Da wird sie alle umhauen mit dem, was sie kann. In ihr ist ein Licht angegangen, seitdem sie wieder malt. Wenn sie über ihre Kunst redet, fehlen ihr nie die Worte.

Nach Hunderten von Bildern und dem Abschiednehmen von all den Familien steigen Natalia und ich mit allen anderen Seniors in den Bus zur Grad Night. Das ist das letzte Event, das sie als unsere zurückgetretene Präsidentin organisiert hat. Offiziell hat sie ihr Amt niedergelegt, bevor das Schülerparlament darüber abstimmen konnte. Sie fand, das zu tun, war das Richtige für das Vertrauen des Jahrgangs und für sich selbst.

Sie konnte sich auf Kunstkurse und Spendenaktionen konzentrieren und sich fürs College und Stipendien bewerben. Sie hat Wochenenden bei ihrer Mom gehabt und Zeit für Therapie. Seit dem Senior Sunrise hatte sie kaum noch Panikattacken. Sie passt jetzt so viel besser auf sich auf, ich bin richtig stolz auf sie.

Abgesehen davon hat Natalia aus dem Hintergrund trotzdem das Schülerparlament geleitet. Prashant war nämlich enorm damit beschäftigt, die Mathletics-Wettbewerbe zu gewinnen und im Frühlingsmusical mit Claire zu glänzen.

Natalia schiebt die riesigen Posteraufsteller, die sie gebastelt hat, unter den Sitz vor uns. Auf dem ersten sind die Fotos aus dem ersten Jahr an der Schule, die sie für den Senior Sunrise zusammengestellt hatte. Die Bildunterschrift lautet: »Wie alles anfing.« Auf der zweiten sind die Polaroids von jedem Event in diesem Jahr. Darunter steht: »Wie es läuft.«

»Wie stehen die Chancen, dass der Abend heute besser wird als der Senior Sunrise?«, frage ich Sienna, als sie und Leti sich auf die Plätze vor Natalia und mir setzen.

»Öh, gleich null?«, sagt Mason. Er sitzt hinter uns, neben Rainn. Wie Leti ist er jetzt ein festes Mitglied unserer Truppe. Rainn scheint immer noch keine Ahnung von Masons Crush zu haben.

»Den Senior Sunrise kann man nicht toppen. Du solltest das doch wissen«, sagt Mason und klatscht mir die fleischige Pranke auf die Schulter. Manche Dinge ändern sich nie.

»Wie wahr.« Ich grinse.

Natalia läuft in dem Rosaton an, den ich am liebsten mag.

»Wie würdet ihr ›besser‹ definieren?«, fragt Prashant. Er trägt dieselbe Mathletics-Jacke wie Sienna, inklusive Siegerorden.

Sienna zeigt auf ihn. »Stimmt. Wir brauchen genaue Definitionen.«

Rainn überlegt. »Weniger Drama?«

Sienna macht ihr Mathegesicht. »Dafür stehen die Chancen bei achtundsechzig Prozent.«

Prashant zuckt mit den Schultern. »Ich hätte siebzig gesagt.«

Rainn gibt Mason einen Rippenstoß und verdreht die Augen. Mason lacht, sie werden beide rot. Huch? Vielleicht ist er doch nicht so ahnungslos.

»Mehr Tanzen?«, schlägt Leti vor.

»Hundert Prozent«, sagt Sienna. Sie schauen sich an, das ist so süß, sogar ich muss weggucken.

»Weniger Beschwerden?«, fragt Natalia.

Sienna kneift ein Auge zu. »Das willst du nicht wissen.«

»Und dass Natalia weniger gestresst ist?«, frage ich und als Dank spüre ich einen Ellenbogen zwischen den Rippen.

»Null«, sagen Sienna und Prashant einstimmig.

Natalia kneift die Augen zusammen, ist nicht ernst gemeint, und ich weiß gar nicht, wie es angehen kann, dass ich sie noch mehr liebe als an jenem Tag. Aber so ist es. Auf dem Planeten gibt es nur eine wie sie. Da bin ich mir sicher.

Die Leute ziehen gern über Highschoolbeziehungen her, die im College kaputtgehen. Zu gern erinnern sie uns daran, wie jung und naiv wir sind und dass man in unserem Alter meistens nicht die wahre Liebe findet, die ewig hält. Und okay, das mag auch auf viele Menschen zutreffen. Vielleicht sogar auf uns. Aber ich habe da meine Zweifel.

Denn ich weiß, was wir durchgemacht haben. Was wir überwunden haben, um hierherzukommen. Immer wenn wir solche Sprüche hören, fassen Natalia und ich uns fester bei den Händen und lächeln uns verstohlen zu. Wir wissen, was immer die Zukunft auch bringen mag, wir werden es angehen wie alles in unserer Freundschaft: indem wir jedes Risiko in eine Chance verwandeln, jeden Kuss in ein Versprechen.

Jedes Ende in einen Anfang.

Danksagung

Ihr haltet meinen Lebenstraum in den Händen. Es gibt nicht genug Worte, um die immense Dankbarkeit zu beschreiben, die ich allen gegenüber empfinde, die mich hierhergebracht haben.

Zuerst danke ich meiner Agentin, diesem Energiebündel, der unvergleichlichen und unübertroffenen Chelsea Eberly. Worte können sie nicht beschreiben. Ich danke ihr in jeder erdenklichen Weise, dass sie mich mein *Rent* schreiben lassen hat.

Ich danke meinen brillanten Lektoren und Lektorinnen – Brian Geffen und Carina Licon. Vom ersten Telefongespräch an hatte ich das Gefühl, mit mir selbst zu sprechen. Ihr versteht diese Liebesgeschichte bis ins Mark. Danke für euren unerschütterlichen Enthusiasmus und dafür, dass ihr mich zu einer besseren Schreiberin gemacht habt.

All meine Dankbarkeit gilt dem ganzen Henry-Holt-Team, inklusive Jean Feiwel, Ann Marie Wong, Mallory Grigg, Lelia Mander, Erica Ferguson und Claire Maby. Ein ganz besonderes Dankeschön geht an Abby Granata und den Künstler Fevik für das zum Umfallen schöne Cover.

Ein besseres Verlagsteam als Macmillan und Henry Holt hätte ich mir nicht wünschen können, es war so eine große Ehre, mit euch allen zu arbeiten.

Dank an Ruth Bennet und dem ganzen Team bei Hot Key und Bonnier Books, die das Buch mit so viel Hingabe und Begeisterung ins Vereinigte Königreich gebracht haben. Es war fantastisch, mit euch zusammenzuarbeiten.

Ein mehrsprachiges Dankeschön an die Leute der Rechteabteilung, die dieses Buch in die Hände von Leserinnen und Lesern in aller Welt gebracht haben!

Meinen Film- und Fernsehagentinnen Mary Pender und Orly Greenberg bei UTA danke ich vielmals, weil sie von Anfang an an dieses Buch geglaubt haben.

Ein wahrer Segen ist für mich die kritische und begeisterte Dreieinigkeit: Tierney Anderson, Katryn Bury und Kara Trella. Ich schätze eure Weisheit, Einsichten und Freundschaft so sehr.

Tierney, meine Alphaleserin, die Beste der Besten. Du bist immer da gewesen – für jeden Anruf, jeden Entwurf, jede Träne –, vom ersten Wort an. Ohne dich wäre ich jetzt ganz bestimmt nicht hier. Das ist so sicher »wie der Mond, der ums Meer herumrollt«. Ich danke dir. Hab dich lieb.

Kate, meine Seelenverwandte beim Schreiben und Kriegskameradin. Ich danke dir (und deinem viktorianischen Geist) dafür, mich hierhergebracht zu haben. Und dafür, dass du immer all meine Plotprobleme gelöst hast. Kara, danke, dass du mich und meine Worte so verstehst, als würden wir uns schon seit Jahrzehnten kennen. Ich liebe euch alle und könnte ohne euch wirklich nichts von all dem fertigbringen.

Tamar, danke, dass du so eine wunderbare Freundin bist – und der Link, den Kate und ich gebraucht haben.

Ms Rousseau, meine Englischlehrerin an der Highschool: Danke, Sie waren die erste Lehrerin, die in meinen Worten etwas gesehen hat.

Wenn Schreibende genährt werden, wird auch das Schreiben genährt. Nichts ist nährender, als Teil der »Writing With the Soul«-Community zu sein. Ein besonderer Dank geht an meine Schottland-Crew von 2022 und die Green Group. Ihr wisst, wer gemeint ist – und ICH LIEBE EUCH.

An meine persönliche Heldin Adrienne Young, deine Leidenschaft fürs Geschichtenerzählen entfacht auch meine wie eine Salve von Blitzen. Was du für Autorinnen und Autoren tust, was du für mich getan hast, ist nur so zu beschreiben: Du hast mein Leben verändert. Ewigen Dank dafür. (Nun weißt du, warum ich immer weine, wenn ich dich sehe.)

Helen Chance, meine BE FRI, du warst es, die mir vor langer Zeit scheinbar verbotene Worte zugeflüstert hat: *Ich glaube, du willst Schriftstellerin werden*. Du hast mich gesehen. Du siehst mich wie niemand sonst. Maggie Hofmann, danke, dass du so viele frühe Entwürfe gelesen hast, dass du mir Mut gemacht hast und mich verstehst, seit Oakenshield. Chelsea Cook, danke, dass ich unter deinem Schirm stehen darf. Ich liebe euch alle für immer und ewig.

Ewig dankbar bin ich, weil das Schreiben mich zum liebevollsten aggressiven Unterstützungssystem geführt hat: Alexa Lach, Zwillingsseele. Der geliebten Großmutter ARMY, die mich nie meinen Wert vergessen lässt. Und ich werde deinen nie vergessen. I HAVE DEAD. Joseline Diaz: Natalias Nachname ist ein Zeichen dafür, dass wir vom Schicksal als Seelenfreundinnen füreinander bestimmt waren, als gemeinsame Swifties und ARMY. Unsere Freundschaft ist ein enormes Geschenk und dein Klappentext hat mich zum Weinen gebracht. Megan Puhl: Hype-Frau Nummer eins. Leigh Ashford: Dank dir bin ich stolz darauf, Zwilling zu sein. Ihr seid alle zum richtigen Zeitpunkt in mein Leben gekommen und ich werde an euch festhalten.

Ein ganz besonderer Dank unter Tränen an Kristin Dwyer. Deine Mentorenschaft, ansteckende Begeisterung, Genialität und Großzügigkeit (hauptsächlich wegen des Jin) sind unerreicht. Der Tag, an dem du mir gesagt hast, dass du dieses Buch liebst, war der Tag, an dem ich wusste: Das ist es. Völlig uncool gestehe ich ein, dass ich mich glücklich schätze, deine Freundin zu sein.

Dank an Rachel Lynn Solomon, Jenna Evans Welch, Maurene Goo und Kristin Dwyer für die Werbetexte, die mir so viel bedeuten, dass ich sie immer in Ehren halten werde. Ich bin euch ewig dankbar.

An die *Write Where It Hurts*-Hörerinnen und -Hörer: Ihr wisst, was dazu nötig war. Danke, dass ihr mich auf meiner Reise begleitet habt.

Meine Familie besteht aus liebevollen, schillernden Geschichtenerzählerinnen und -erzählern, ohne sie wäre nichts möglich gewesen. Mama, mein liebevolles, bahnbrechendes, brillantes Chicana-Vorbild: Ich bin ehrgeizig und leidenschaftlich, weil du es zuerst warst. Danke für deine Liebe zu Büchern – und dass du mich bei jedem Schritt auf dieser Reise geführt und gestützt hast. Wir haben es geschafft!

Dad, danke für die lebenslange Film- und Musikausbildung und dafür, dass du immer ein weicher Landeplatz bist. Mit dir über Kunst (und Paul Simon) oder sonst was zu reden, ist schon immer meine Lieblingsbeschäftigung gewesen.

Danke schön, Jim, weil du dich immer nach meinem Schreiben erkundigst und mich unterstützt. Danke, Mary, für andauernde Unterstützung und Ermutigung.

An all meine Freundinnen und Freunde, meine ganze Familie (die Fernándezes und Des Laurierses and Doanes), die mit mir auf dieser Reise waren: DANKE!!!

Mame, Schatz der Familie, von dir habe ich die Macht des Geschichtenerzählens gelernt. Und ich bin all meinen Großeltern, die jetzt verstorben sind, dankbar: Pete, Grandma Dolores und vor Kurzem Grandpa Al. Danke, dass ihr an die Kunst und an mich geglaubt habt. Dankbar und bescheiden stehe ich auf euren Schultern.

An die Geheimagenten-Göttinnen, meine Schwestern Dolores, Carmen und Nora. Ihr seid wirklich *jeden Tag* da gewesen. Ich hätte (und habe) (und werde wahrscheinlich) Romane darüber schreiben, was jede von euch für mich bedeutet. Ihr seid meine Felsen in der Brandung. Danke, dass ihr mich zum Lachen bringt – und mich immer weinen lasst. Und dafür, dass ihr mein sicherer Ort seid. Gott sei gedankt (und Mom und Dad vermutlich), dass wir einander geschenkt wurden. Ich liebe euch. Paciencia y fe.

An meine Kinder, meine Polarsterne, die ihre Mutter mit so vielen Welten teilen, ihr seid der Grund dafür, dass ich träumen kann und inspiriert werde und bodenständig bleibe. Ich liebe euch von ganzem Herzen.

An die Liebe meines Lebens, meinen Lieblingsmenschen Justin. Natürlich war dieses Buch – unser Buch – das Richtige. Es ist für dich, den Menschen, der mir das Gefühl gegeben hat, mutig, schön und fähig zu sein, seit wir selbst Teenager waren. Deine Liebe hat mich gelehrt, mich selbst zu lieben. Du hast mich nie, niemals aufgeben lassen. Ich hasse es nicht mehr, dass ich dich so sehr küssen möchte.

Und zum Schluss danke ich euch, liebe Leserinnen und Leser. Hoffentlich hat euch dieses Buch ein wenig sanfter und ein bisschen mutiger gemacht. Für mich hat es das getan. Darauf könnt ihr euch verlassen.